本书为2019年国家社会科学基金项目"中国互联网广告数据治
（项目编号：19BXW106）最终成果

互联网广告数据治理研究

张　艳◎著

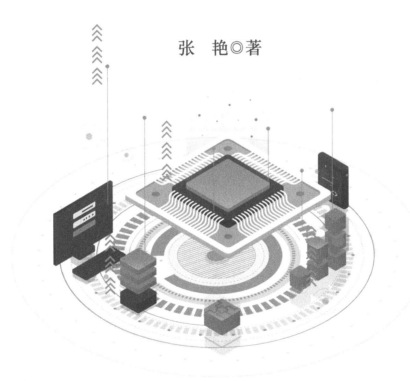

科学出版社

北　京

内 容 简 介

本书聚焦互联网广告数据治理问题，基于数据治理理论和协同创新理论，结合深度访谈调研结果以及行业实践现状，剖析我国互联网广告数据治理的症结所在。同时参照国际实践经验，综合运用广告学、传播学、管理学等的理论工具和研究方法，针对当前我国互联网广告行业中出现的数据造假、非法数据搜集、用户数据信息滥用以及算法偏见等各种数据失范问题，从理论、现实、对策三个维度开展研究，探究具有互联网广告行业特征的数据治理体系构建，并就政府管理部门、广告主、媒体平台、第三方数据监测机构等行业各利益攸关方的协同共治路径进行论述。

本书适合广告学、新闻传播学、管理学等相关学科的研究生、本科生以及对广告数据治理问题感兴趣的读者参考使用。

图书在版编目(CIP)数据

互联网广告数据治理研究 / 张艳著. -- 北京：科学出版社 ，2024.12.
ISBN 978-7-03-079844-2

Ⅰ. F713.82

中国国家版本馆 CIP 数据核字第 2024XY3320 号

责任编辑：王 丹 乔艳茹 / 责任校对：王晓茜
责任印制：赵 博 / 封面设计：润一文化

科学出版社 出版
北京东黄城根北街 16 号
邮政编码：100717
http://www.sciencep.com
天津市新科印刷有限公司印刷
科学出版社发行 各地新华书店经销
*
2024 年 12 月第 一 版 开本：720×1000 1/16
2025 年 10 月第二次印刷 印张：18 1/4
字数：314 000
定价：98.00 元

(如有印装质量问题，我社负责调换)

目　录

<h1 style="text-align:center">绪　　论 </h1>

一、研究背景

伴随着大数据技术的兴起和发展，互联网广告产业也经历了颠覆式变革。首先是互联网广告运作全流程的数据化应用，从消费者画像分析、广告文案的智能生产、广告表现的定制化设计到程序化购买等各个环节无不依托大数据应用，数据服务的内容几乎涵盖了互联网广告运作的全链条。与此同时，基于大数据技术优势，行业新兴的数据公司、技术公司、程序化创意公司等各种技术型组织机构不断涌现，传统广告产业链呈现出多元主导的状态，并演化为主体多元的复杂产业网络。

大数据技术渗透于多元主体的互联网广告产业网络中，推动了整个互联网广告产业的智能化发展。在消费者洞察方面，基于海量数据的建模、关联、回归与聚类，可以实现消费者生活方式的数字化建构，清晰描绘消费者数字画像，精准预测消费者即时需求，极大地提高了广告效率，节省了前期调研的时间成本与人工成本；在程序化创意环节，通过数据和算法驱动技术，可以基于用户个性化需求将创意元素进行智能组合，实现广告投放的千人千面，并且通过跨平台数据的管理与分析，实现互联网广告的智能投放，使广告过程更科学、更精准；在效果优化环节，通过对广告展示量、点击率与转化率等数据的实时回传，可以实现互联网广告效果的智能评估，并根据消费转化情况进行效果优化与应对，实现广告-受众全景互联的智能匹配，提高投资回报率。

同时，在大数据技术全面应用于互联网广告生产全流程、推动互联网广告产业智能化快速发展的过程中，也出现了一些数据应用的违规操作，尤其是数据造假、非法数据搜集、用户数据信息滥用、大数据杀熟与算法黑箱等各种数据失范乱象已成为行业焦点问题。这些问题已经严重影响了中国互联网媒体行业的整体信誉，加剧了广告市场的无序竞争与决策风险，严重误导消费者的消费意愿和倾向，侵犯了消费者公平交易权和隐私权，造成互联网媒体市场数据"信号失灵"，导致媒介内容"劣币驱逐良币"的逆向选择现象发生，成为制约互联网广告行业良性健康发展的痼疾。

　　但是当前针对互联网广告传播过程中的数据失范问题的治理却面临一定困难与挑战：一是各种数据失范行为具有较强的技术性和隐蔽性，存在监管难度大、监管成本高的特点；二是面对复杂产业网络中的互联网媒体平台、广告主、第三方数据监测机构等多元行业主体，难以适用同样的治理方法与模式；三是在算法与数据技术的双轮驱动下，互联网广告传播内容并非一成不变，而是随用户需求变化进行实时动态更新，这也使得互联网广告传播过程中的数据问题难以追踪，这些无疑都增加了数据治理的难度。笔者通过深度访谈发现从业者特别希望我国能够制定与互联网广告行业适配的数据管理规范，说明行业对于数据应用合规问题已经产生了现实需要，但我国目前尚缺乏具有互联网广告行业特征的数据治理体系以及针对几类具体数据失范问题的治理路径探讨，已有研究成果缺乏系统性与实现路径层面的深入研究，研究范式单一。

　　基于此，本书聚焦互联网广告数据治理问题，基于数据治理理论和协同创新理论，结合国际实践经验与国内现实状况，剖析我国互联网广告数据治理的症结所在，综合运用广告学、传播学、管理学、信息学等诸多学科知识和研究方法，针对互联网广告传播过程中在数据采集环节出现的数据非法收集、数据泄露、数据滥用等，在数据应用环节出现的刻意模糊算法适用的场景边界、算法偏见、大数据杀熟等，以及在广告效果衡量环节出现的数据造假、流量欺诈等具体问题，有针对性地提出治理方法与实践路径，从源头上促进互联网广告数据的合规使用，推进我国互联网广告行业数据监管与治理的常态化、规范化、科学化和法治化。

二、研究框架和主要内容

　　互联网广告数据治理属于新兴研究领域，目前尚未有针对中国互联网广告数据治理的系统性研究成果出现。已有研究成果集中在单纯对某一类数据失范问题的探究，数据失范行为带来的危害及影响等方面。这些研究提供了互联网广告行业数据治理的理论依据，肯定了互联网广告行业开展数据治理的必要性，对我国互联网广告数据治理具有启示意义，但并不具备完全参考性，并缺乏适配互联网广告行业特征的数据治理体系、治理方法与实现路径层面的深入研究。

　　当前我国互联网广告数据治理最大的问题是沿用"泛信息化"的治理措施，缺乏针对行业具体问题的规范制度和治理方法，《中华人民共和国网络安全法》（简称《网络安全法》）、《中华人民共和国数据安全法》（简称《数据安全法》）、《中华人民共和国个人信息保护法》（简称《个人信息保护法》）的出台虽然已经公布了国家标准和行动指南，但是落实到互联网广告行业的时候，还需要一些适配的具体原则与路径指引；同时部分管理人员对数据治理的重视程度仍然不足，尚未建立起行业统一的数据监测标准以及监测流程的标准化管理体系，在实际应用中很容易流于形式，不能发挥出真正的作用。

　　因此，本书认为互联网广告数据治理应该按照互联网广告自身独特的规律和技术特点，充分结合行业在实践中出现的具体问题，有针对性地开展数据治理与监测。由于互联网广告数据信息实时动态更新，具有较强的技术性和隐蔽性，常规的监管和治理方法具有滞后性。所以我国互联网广告数据治理体系必须坚持动态化、智能化与定期评估的建设原则，注重源头防范和过程管理，而不是单纯的事后处理。同时，数据治理又是一个复杂性、多维度问题，互联网广告行业的数据治理主体更是复杂，涉及政府管理部门、广告主、广告代理公司、互联网媒体平台、第三方数据监测机构等多方参与者，各不同利益主体间的碰撞和博弈增加了行业标准的议定难度，这就需要发挥行业协会的组织力量，探讨各利益攸关方的最优激励问题。因此，本书基于我国互联网广告数据治理从理论、现实、策略几个维度展开探讨，研究框架如图 0-1所示。

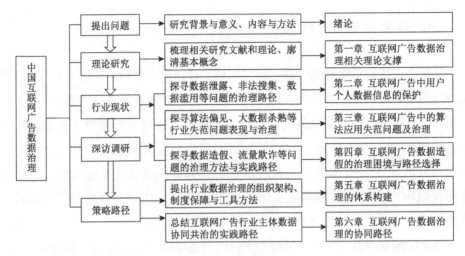

图 0-1　研究框架图

　　本书旨在剖析我国互联网广告行业中各种数据失范行为的根源所在，总结出行业治理需求，并提出具有互联网广告行业特征的数据治理运行框架，促进行业的数据使用规范和监管机制建设，找到互联网广告行业多利益攸关方的协同共治路径，丰富我国广告管理行为的层次性。

　　为了完成此目标，本书将深入探究互联网广告数据治理的如下问题。

　　1）在智媒时代，互联网广告的运作流程与产业结构发生变革，通过对互联网广告的程序化购买、大数据洞察、广告效果数据实时监测等运作流程的分析，探究当前在广告传播与运作流程中存在的数据失范问题与表现。

　　2）通过对数据治理理论相关研究文献的回顾与分析，总结数据治理理论研究的核心理念与基本概念，为治理路径的设计机制提供理论依据，并探讨数据治理理论、协同学理论对互联网广告行业数据治理研究的启示，论证互联网广告行业开展数据治理的必要性问题。

　　3）总结较早开展数据立法与数据治理的欧盟、美国、英国等地区和国家的实践经验，研究其数据治理模式在互联网广告数据与算法应用方面的实践体现。

　　4）剖析互联网广告传播过程中在数据采集环节出现的数据非法收集、数据泄露、数据滥用等问题的产生根源、危害影响以及治理难点，并结合我国行业现状与海外实践经验，提出互联网广告中用户数据安全信息保护的多元主体协同治理路径。

5）梳理互联网广告传播过程中在数据应用环节出现的刻意模糊算法适用的场景边界、算法偏见、大数据杀熟等问题的表现以及治理困境，并借鉴海外实践经验，提出针对互联网广告算法应用失范问题的治理与制度规制。

6）总结互联网广告传播过程中在效果衡量环节出现的数据造假、流量欺诈等具体问题的类型、危害及治理困境，并结合海内外行业实践，提出针对互联网广告数据造假问题的治理路径。

7）在市场条件和技术环境变化的互联网时代，面对互联网广告的种种数据失范行为表现，从总体上探讨互联网广告行业数据治理的战略目标、治理原则、组织架构与制度保障体系的建设，并基于业内人士深度访谈，梳理总结互联网广告数据治理的工具与方法。

8）探讨在智能技术快速发展下，行业主体应如何加强在数据层面的数据合规应用，如何形成数据治理共同体的认同，并基于协同学理论，提出互联网广告数据协同共治的路径选择。

三、研究意义

1）开展互联网广告数据治理研究，可以从学理上丰富广告规制理论与实践的内容。当前各类互联网广告数据失范现象已成为行业焦点问题，而有关互联网广告监管与治理研究多着眼于整体产业的宏观视角，缺乏具体到数据监管与治理层面的深入研究，本书通过借鉴传播学、管理学、经济学等学科领域有关数据治理、产业组织、激励规制等方面的理论成果，在全面考察中国互联网广告行业数据失范行为的展现类型、产生根源和监管现状基础上，探索我国互联网广告数据治理的运行框架与实践路径，将有助于丰富广告行业规制研究范式的内容要素，有助于配合政府进行互联网广告管理，为促进中国互联网广告行业的数据合规应用提供理论观照与智力支持。

2）进行互联网广告行业数据治理研究，对净化我国互联网广告数据监测环境具有重要意义。互联网广告数据信息实时动态更新，具有较强的技术性和隐蔽性，本书基于大数据的背景，综合政府监管部门、行业多方资深从业者以及专家学者的深度访谈，针对当前互联网广告行业的几类主要数据失范行为，探究价值多维、主体多元、过程多样的长效治理体系构建，提出具有中国互联网广告行业特征的数据治理实践路径，有利于推进我国互联网广告数据治理决策科学化、智能化和协同化以及治理目标的精准化，促进企业在实现数据价值的过程中做到运营合规与有序可控，促进行业数据使用规范和监管机制建设，推进我国互联网广告行业数据监管与治理的常态化、规范化、科学化和法治化。

3）开展互联网广告数据治理研究，对于规范我国互联网广告数据市场行为具有指导作用。本书可为提高我国互联网广告数据监管的有效性提供指导与借鉴，可以给政府管理部门、互联网媒体运营管理者、广告主、广告代理公司、第三方数据监测机构以策略参考，进而丰富我国互联网广告管理行为的层次性，抑制或解决由不良数据欺诈所引发的违规经营和不正当竞争问题，为加强互联网广告监管和行业自律提供决策依据，方便社会公众准确衡量媒体及内容信息价值，保持用户数据权利与平台数据权力之间的平衡，提升政府部门和行业机构数据监管与治理的有效性，促进整体广告市场的繁荣健康发展。

四、研究方法

本书主要采用定性研究方法，针对不同研究问题对具体的方法加以灵活运用。

首先，对国内外相关文献进行整理、分析和评述，梳理当前关于互联网广告数据治理的相关研究，并在数据治理理论、协同创新理论、生态学、产业组织理论、激励规制理论等学科领域，廓清相关基本概念，为研究视角、研究框架的确定提供理论依据。

其次，本书采用深度访谈法对互联网广告的相关从业人员进行访谈。深度访谈研究关注的不是样本数量的多少，而是样本是否可以比较完整地、相对准确地回答所要研究的问题[1]。本书中对受访对象的确立采用的是目的性抽样，目的性抽样能够根据研究目的，选择有可能为研究问题提供最大信息量的样本，由于本书研究对象带有很强的实践属性，因此本书将访谈对象主要聚焦于从事互联网广告数据应用与监管相关工作的业内人士，如从业经验丰富的数据分析师、广告监管工作人员等。此外，根据地域、职业、从业经验等人口统计学特征，适当考虑包含尽量多样化的样本，如受访者涉及互联网广告政府管理人员、广告主、广告

---

① 孙晓娥. 深度访谈研究方法的实证论析[J]. 西安交通大学学报(社会科学版), 2012, 32(3): 101-106.

代理公司、第三方数据监测机构以及高校的相关研究学者等，共抽取 21 位受访者进行深度访谈。采用半结构化访谈的方式，面向不同行业角色的受访者设计了差异化访谈提纲，并且根据访谈内容进行灵活调整和追加提问。为了便于定位样本的个体特征，研究中为受访者制定了编号，在编号中，前两个字母代表城市（北京为 BJ，深圳为 SZ），跟在前两个字母后面的两位数字则代表同一工作地点受访者的编号（BJ02 指在北京工作的 02 号受访者），随后是从事相关行业的工作经验，用字母"E"表示，紧随其后的数字代表具体的工作经历年限，例如，"BJ01-E15"就是指目前在北京工作的 01 号受访者，有从事互联网广告相关行业15 年的工作经验（见附录一）。

　　同时，本书在对国际经验的借鉴与辨别方面运用了比较分析的方法。除上述研究方法外，还采用了博弈分析、多学科交叉分析等方法，各种研究方法之间并不是孤立使用，而是有机结合，兼收并蓄，从不同视角、不同侧面揭示互联网广告数据治理的本质和内在客观规律。

第一章

互联网广告数据治理相关理论支撑

国外学界对数据治理的认识始于 2004 年，党的十八届三中全会提出国家治理体系和治理能力现代化之后，我国学界与业界陆续展开有关数据治理的研究与实践探索。根据国内外学者的研究，目前数据治理的研究内容已经涉及政府、企业、金融、电信等多个领域，对数据治理理论的了解有助于我们更为深入地理解其内涵与意义。

第一节　数据治理的内涵

数据治理的概念最早起源于数据行业，理解数据治理首先要了解数据的含义及特征。数据是指用符号表示的事实或观察的结果，是对客观事物的状态、性质以及相关性的记录与表述。数据的表现形式非常丰富，数字、文字、可视化的信息等，都可以作为数据储存和使用。尽管数据的概念是明确的，但这一概念适用的语境会随着社会环境的整体变迁发生转移，经济合作与发展组织给出的定义中就明确指出，数据要同时满足人类操作和自动化方式的需求[①]；国际标准化组织则将数据定义为"以适合于通信、解释或处理为目的，以形式化方式对信息重新

① OECD. OECD glossary of statistical terms: Complete edition-ISBN 9264025561[J]. *Source OECD General Economics and Future Studies*, 2008(4): 605.

解释的表达"①，该定义明显倾向于将数据视为现代通信的基本介质，强调了数据所具有的"电子"性质。因此，我们对数据的认识也需要以互联网和计算机技术正在蓬勃发展的社会现实作为知识背景和前提条件。

一、大数据时代中"数据"的特征

大数据是近年来的热门话题，但其实早在 20 世纪 80 年代，阿尔文·托夫勒在他的著作《第三次浪潮》中就已经预见了一个将充盈着各式数据的未来；而另一位美国科学家约翰·马西从 20 世纪 90 年代起就在学术会议以及活动中大量宣传"大数据"的概念，为推动大数据思想的传播和研究做出了显著的贡献。②在 2008 年和 2011 年，国际顶尖期刊《自然》和《科学》就分别出版了讨论大数据发展状况的专刊，大数据也逐步变成一门显学，直到今天，大数据逐步从未来变成了现实。③在当前时代，理解数据的概念不能仅停留在对数据定义的认识方面，同样要观照"大数据"带来的新特征。

大数据时代的数据具有被称为 3V 属性的三重特点，即规模性（volume）、多样性（variety）和高速性（velocity）。其中规模性对应数据规模，随着计算机科学的进步，数据存储、传输的硬件设备都有了长足发展，人类开启了信息熵增的时代，数据体量呈现高速增长的趋势，衡量数据规模的单位也越来越大。《大数据白皮书（2020 年）》显示，2020 年全球数据总产量达 47ZB，而到 2035 年这一数字将达到 2142ZB④。多样性则不仅是指数据的类型丰富，同样指数据来源的多样性。从硬件层面来看，个人用户的移动终端以及分布在社会各个角落的传感器都在持续地记录和生成数据；从软件层面来看，电子商务、社交网络等互联网的应用程序源源不断地为平台企业收集用户的数据和信息，并且由于数据的体量扩大、多样性增加，数据间的关联性也得到了充分体现，数据主体可以通过某一特定数据获取相关联的数据，这也使得数据应用更加丰富多样。高速性则是大

① ISO 10782-1: Definitions and Attributes of Data Elements for Control and Monitoring of Textile Processes—Part 1: Spinning, Spinning Preparatory and Related Processes[S]. Switzerland: International Organization for Standardization, 1998.

② Lohr, S. The origins of 'Big Data': An etymological detective story[N]. *The New York Times*, 2013-02-01(B4).

③ 马建光, 姜巍. 大数据的概念、特征及其应用[J]. 国防科技, 2013(2): 10-17.

④ 中国信息通信研究院. 大数据白皮书(2020 年)[R]. 北京: 中国信息通信研究院, 2020.

数据区别于以往海量数据挖掘的主要特征，大数据时代要求数据处理达到几乎无延时的程度，例如算法推荐就是大数据技术的代表性应用，云端的数据处理需要在微秒级的时间内对用户的请求做出响应，这与传统的数据挖掘通过批量分析的方法发掘数据价值有很大的不同。除了传统的3V属性外，同样有数据的4V属性的说法，但对于第四个V究竟是什么仍然存在分歧，国际数据公司认为数据携带着价值性的特征，即数据的存在是由于其具有开发价值，而国际商业机器公司则指出数据"必然具有真实性"①，因为只有真实的数据才具有价值。

二、从数据资源到数据资本：数据价值的进化

从20世纪80年代人们意识到数据在推动社会各方面的发展中所具有的潜力开始，直至今天，人们对数据的认知仍然处在一个不断深化的过程之中。起初数据被视为一种资源，数据资源与自然资源在概念上有相同之处，无论是数据资源还是自然资源，都能够作为生产要素为使用资源的组织或个人带来价值增量。某些部门，例如科研、军工等，积累的数据甚至具有战略性价值，因此国际商业机器公司也将数据喻为一种新的"自然资源"；与自然资源不同的是，数据资源是人为创造的，并不随使用而受到损耗，相反，数据总量会随着使用不断增加，并且对旧数据的使用会生成新的数据。

但随着对数据的开发与应用逐步深入，社会组织，尤其是企业发现，数据作为资源不仅能够产生价值，经过深耕后的数据甚至可以直接产生经济上的收益，已经符合了经济学意义上"资产"的定义，组织或个人通过数字技术开发数据资源，其目的是获取预期中可能的经济回馈②；而其实，"数据产权"的概念尚不明晰，法律有关"数据产权"的规定也存在漏洞，不少网络企业将用户产生的数据和信息视为自身的"财产"，认为企业对采集到的数据一概具有"所有权"，一定程度上也支持了将数据视为"资产"的观点。③但从我国不断完善的数字法律法规来看，例如2020年公示的《中华人民共和国个人信息保护法（草案）》就

---

① 孟小峰, 慈祥. 大数据管理：概念、技术与挑战[J]. 计算机研究与发展, 2013(1): 146-169.

② 陆岷峰, 王婷婷. 基于数字经济背景下的数字资产经营与管理战略研究——以商业银行为例[J]. 西南金融, 2019(11): 80-87.

③ 汤琪. 大数据交易中的产权问题研究[J]. 图书与情报, 2016(4): 38-45.

明确提出公民享有自身数据和信息的所有权,使用公民信息需要征求公民的授权。

近年来,由数据驱动的商业模式已经真正成为主流,数据不再单纯地作为生产资料存在,而是成为可以创造剩余价值的价值,因此将数据称作资本的呼声愈发高涨,由《麻省理工科技评论》和甲骨文公司联合推出的调查报告《数据资本的兴起》就指出,由于数据在企业和个人决策中所具有的参考价值和先导作用,数据主体所持有的数据量以及分析和使用数据的能力已经成为一种新的竞争优势,成为再生产时必不可少的要素,进而具备了资本的特征。[1]澳大利亚研究员贾森·萨多夫斯基则通过分别论述马克思和布尔迪厄对于"资本"的描述,证明在当前社会中数据已经具备了"资本"的特征与功能。[2]并且数据资本具有其他生产资料所不具备的特性,分别是非竞争性、不可替代性和体验性。所谓非竞争性是指数据资本可以被同时投入到不同的生产活动中,而非像金钱或其他有形资本那样无法由多人同时使用,并且在理论上数据资本的使用方式有无限多的可能;而不可替代性则是指不同的数据间并不具备一种均质的"属性",不同的数据参与到不同的生产环节时发挥的作用也是大不相同的,无法像标准化生产的物质资料那样进行"化约"使用;体验性是不可替代性的延伸,由于数据价值并不固定,因此数据在价值生产过程中发挥的作用只有在使用后才能得到确定。[3]

三、数据治理的基本含义

数据治理的业界实践始于 2004 年,最早是两家公司开展企业数据仓库治理的实践探索,之后学界也陆续对数据治理展开研究。[4]因此数据治理最早是指一种企业行为,正如前文所述,随着人们对数据价值认识的深入,尤其是持有数据的企业和个人开始意识到数据已经成为"资产"甚至"资本"后,也开始寻求更高效的数据处理方式,以提高获取数据价值的能力,"数据治理"的概念随之而生。

① MIT Technology Review Insights. The rise of data capital[R]. Boston: MIT Technology Review, 2016.

② Sadowski, J. When data is capital: Datafication, accumulation, and extraction[J]. *Big Data & Society*, 2019, 6(1): 112.

③ 张莉. 数据治理与数据安全[M]. 北京: 人民邮电出版社, 2019: 8.

④ 刘桂锋, 钱锦琳, 卢章平. 国内外数据治理研究进展: 内涵、要素、模型与框架[J]. 图书情报工作, 2017, 61(21): 137-144.

由于提出较早，这一视角下的数据治理理论影响力较大，数据应用主体范围不断拓宽，从理论上来说，一切生产和持有大量数据的组织，包括政府、学校与媒体，都可以通过数据治理的方法放大和挖掘数据价值，从而更好地实现组织目标，因此数据治理的适用主体也不应当被局限为进行商业活动从而盈利的企业，例如乔治城大学下辖的数据贸易与数据治理中心的学者就分别从宏观和微观的角度归纳了数据治理活动的应用场景，从宏观来看，数据治理关乎国家的数据安全，尤其体现在对国家间的数据交换与流通治理方面，从微观来看，数据治理同样对企业、组织的发展有重要作用。

因此，不少国际机构和跨国企业也是从这一视角出发对数据治理活动做出相应的界定，《DAMA 数据管理知识体系指南》中将数据治理定义为"在管理数据资产过程中行使权力和管控，包括计划、监控和实施"[①]，并且应当表现为具体的"职能"。在国际数据管理协会给出的定义中，数据治理是作为数据资产管理体系中的重要手段存在，只有通过数据治理才能妥善完成企业的数据管理工作，同时强调了数据治理活动依靠组织上下的共同参与，无论组织内的部门是否兼有具体的数据治理职能，在执行数据相关的决策时都应当遵照组织整体的数据治理需求。

国际数据治理研究所在其出具的报告《DGI 数据治理框架》中将数据治理定义为"一套对信息相关活动的决策和责任体系"，同时，这套体系的运作"依据一个事先确定好的模型，这个模型则包括了谁在何时，在什么情况下，使用什么方法，对什么信息，采取什么行动"。[②]

国际信息系统审计协会在其发布的知识框架"信息系统和技术控制目标"中将数据治理描述为一套由四个条件构成的系统，实施数据治理的主体分别要满足"具有明确的信息所有权""获取及时、正确的信息""建构清晰的企业架构和绩效""合规性和安全性"[③]。同时其中的相关论述也提及了企业数据治理的前提条件，数据治理要做到授权和控制并重，数据治理是一个控制的过程，数据可以反映企业发展的各项状况，并用以评估企业发展所面临的风险；但数据治理也是

① DAMA 国际. DAMA 数据管理知识体系指南(原书第 2 版)[M]. DAMA 中国分会翻译组，译. 北京：机械工业出版社，2020: 4-10.

② Thomas, G. The DGI data governance framework[R]. Washington: The Data Governance Institute, 2009.

③ Myles, S. & Roger, N. Using COBIT 5 to deliver information and data governance[J]. *COBIT Focus*, 2015: 1-6.

一个企业高层授权的过程，企业的各项决策需要在有数据资料作为支撑的前提下进行。

由于数据治理概念的流行，我国于 2018 年以国家标准文件的形式发布了《数据治理规范》，该文件是我国信息技术服务标准体系中有关"服务管控"领域的标准，属《信息技术服务 治理》的第 5 部分。该文件通过论述数据安全活动可预期的结果对数据治理的概念进行了界定，指出通过数据治理活动最终要使数据符合"源于组织的外部监管、内部数据管理及应用的需求"，主要包括"法律法规、行业监管和内部管控等对数据及其应用的安全、合规的要求""数据产品化、资产化和价值化的要求""数据生存周期管理及应用过程中，数据架构、数据模型、数据标准、数据质量和数据安全等体系建设的要求"。①信息技术服务标准给出的论述中，数据治理被描述为一整套体系，这个体系需要有一个类似专业委员会的组织对企业的信息化建设及各项数据进行统一的调度和全面监督，而数据治理的体系涵盖了数据活动的全部流程，从"前端事务处理""后端业务数据库"到"终端的数据分析"，而且数据治理需要企业从五个方面来保证执行，分别是"发现、监督、控制、沟通、整合"。②

学界对数据治理也有大量的讨论，不少学者认为数据治理是一个工作流程，包含了一系列环节，何波等总结国外经验将数据治理分成了五个方面，包括数据基础设施建设、数据资产管理、公共数据开放共享、数据综合利用、网络数据安全保护③；陈火全引李海丽的研究指出数据治理包括建构数据标准体系和数据组织架构、元数据和主数据管理、数据的安全和生命周期管理④；唐童洲则根据业界的做法将数据治理分为数据收集和预处理、数据保留和管理、建构数据计算方式和体系、数据的挖掘与提取、数据可感化计算以及数据安全与保密六个不同的阶段。⑤尽管不同的学者对数据治理这一概念在具体的理解和表述上存在差异，但总体上可以将数据治理的过程分为采集、管理和使用。

此外，也有学者从不同的方向出发，对数据治理的概念进行了补充，例如桑

① 国家市场监督管理总局, 中国国家标准化管理委员会. 信息技术服务 治理 第 5 部分: 数据治理规范[S]. 北京: 国家市场监督管理总局, 中国国家标准化管理委员会, 2018.

② 刘小茵. 云端数据治理[M]. 北京: 电子工业出版社, 2017: 4-5.

③ 何波, 李韵州, 马凯. 新形势下网络数据治理研究[J]. 现代电信科技, 2016(5): 6-11.

④ 陈火全. 大数据背景下数据治理的网络安全策略[J]. 宏观经济研究, 2015(8): 76-84, 142.

⑤ 唐童洲. 浅谈大数据背景下数据治理的网络安全策略[J]. 网络安全技术与应用, 2018 (5): 35-36.

尼尔·索雷斯把数据视为一种公共资源，在他所著《大数据治理》一书中将数据治理看作一种更多是由公权力主导的活动，并最终表现为一系列的政策，在他看来，数据治理主要的任务是完成"数据优化、隐私保护"以及对"数据变现"活动的规范和调整。① 夏义堃指出数据治理涵盖了数据来源、数据质量、隐私安全、安全责任等多个领域，要同时实现数据信息保护和数据价值挖掘②；陈氢等的研究则将数据治理描述为一个更加庞大的活动的集合，数据治理需要集合人员、工具以及对两者的管理，但最终要落脚于数据资产的处置决策③；余鹏等在研究高校建设中的数据治理活动时指出数据治理要重视创新，服务于创新活动，这样才能更好地利用数据创造价值④；杨嵘均在总结他人研究的基础上提出当前的数据治理研究，往往局限于对数据治理活动框架、流程、规则的探讨，而忽视了数据治理活动应当遵循的价值取向、数据持有者的义务与权利以及数据活动中的法律保障等。⑤

综合上述研究对数据治理概念的理解，本书认为互联网广告数据治理主要是指在互联网广告传播过程中涉及数据使用的一整套管理行为，通过数据治理活动最终使数据使用符合行业的外部法律法规监管、行业内部监督和管控等对数据及其应用的安全、合规要求。互联网广告数据治理的主体应包含政府、广告主、互联网媒体平台、第三方数据监测机构等行业各利益相关方。

第二节　互联网广告数据治理的相关研究

1994 年，随着世界上第一则互联网广告的出现，业界和学界对互联网广告的研究开始不断深入拓展。在互联网广告发展初期，数据的价值与应用就备受业界与学界关注，但伴随互联网技术的快速发展，互联网广告领域也出现各种数据应用问题，数据治理的相关研究便应运而生。

① 桑尼尔·索雷斯. 大数据治理[M]. 匡斌, 译. 北京: 清华大学出版社, 2014: 4-6.
② 夏义堃. 试论政府数据治理的内涵、生成背景与主要问题[J]. 图书情报工作, 2018(9): 21-27.
③ 陈氢, 刘文梅. 基于关联数据的企业数据治理可视化框架研究[J]. 现代情报, 2021(6): 76-87, 107.
④ 余鹏, 李艳. 大数据视域下高校数据治理方案研究[J]. 现代教育技术, 2018(6): 60-66.
⑤ 杨嵘均. 论政府数据治理的价值目标、权利归属及其法律保障[J]. 东南学术, 2021(4): 113-124, 247.

一、国外互联网广告数据治理的相关研究

西方发达国家互联网广告产业发展较早，在互联网广告数据应用方面的研究也起步较早，纵览其研究成果主要形成两大方向，一是从数据价值与实际应用层面展开探讨，主要涉及数据挖掘、数据库应用、数据营销模型建构等细分领域。如美国西康涅狄格州立大学的罗纳德·德罗兹登科教授和数据营销咨询师佩里·德里克在其著作中谈到数据对于广告营销的重要性，认为通过数据库进行用户数据细分、建立营销模型等策略能够有效提高营销活动的效率。[①]印度学者拉达克里希南讨论了数据挖掘在广告营销领域的应用，认为广告数据的价值在于为广告主或品牌提供更精确的营销目标和参照数据。[②]阿姆利塔工程学院的教授库马尔·森蒂尔开发了一种基于人工神经网络模型的智能算法，通过分析相关数据，为企业的广告营销提供决策依据，这一算法模型中涉及的数据包括企业的内外部环境、战略目标、预期收益等。[③]美国数字广告商 MaxPoint 和杜克大学的专家基于自然语言处理技术的语义分析和词袋分析，讨论了算法能够解析广告平台页面中的文本信息，以匹配对应的广告文本的价值与应用。[④]卡塔尔计算研究所的学者马苏马利·法塔奇亚和他的同事对印度和菲律宾的社交媒体广告进行了一系列实证研究，认为脸书等大型广告媒体采集到的用户画像数据在反映区域范围内的人口的社会化结构和特征方面具有相当的精度。[⑤]克罗地亚学者爱娃·格雷克等则专门研究了用户数据库对广告活动的影响，一方面用户数据库能够帮助企业在维系旧客户的同时发展新的客户；另一方面存储的用户数据有利于企业开展个性化的精准营销。[⑥]

① Drozdenko, R. & Drake, P. *Optimal Database Marketing: Strategy, Development, and Data Mining*[M]. London: SAGE Publications, 2002: 2-34.

② Radhakrishnan, B., Shineraj, G. & Anver, K. M. Application of data mining in marketing[J]. *International Journal of Computer Science and Network*, 2013, 2(5): 41-46.

③ Kumar, T. S. Data mining based marketing decision support system using hybrid machine learning algorithm[J]. *Journal of Artificial Intelligence and Capsule Networks*, 2020, 2(3): 185-193.

④ Soriano, J., Banks, D., Lowe, M., et al. Text mining in computational advertising[J]. *Statistical Analysis and Data Mining: The ASA Data Science Journal*, 2013, 6(4): 273-285.

⑤ Fatehkia, M., Isabelle, T., Ardie, O., et al. Mapping socioeconomic indicators using social media advertising data[J]. *EPJ Data Science*, 2020, 9(1): 22.

⑥ Gregurec, I., Vranešević, T. & Dobrinić, D. The importance of database marketing in social network advertising[J]. *International Journal of Management Cases*, 2011, 13(4): 165-172.

二是针对互联网广告发展过程中出现的广告数据欺诈、算法偏见、用户数据安全与信息保护等具体问题而展开的相关研究。新加坡学者理查德·奥恩塔里奥和他的团队研究了如何通过数据挖掘解决广告数据欺诈问题，并在实际的广告数据欺诈检测中对这一方法进行了验证。①英国、加拿大和美国学者在一篇合作文章中提出了一种算法，用以检测并评估招聘广告输入文本中的性别偏见，认为可以通过提供与原始输入密切相关的替代措辞来指导文本如何消除算法偏见。②用户数据安全管理是互联网广告数据治理研究中最常见的话题，主要集中在如何保护广告用户的数据安全、防止隐私泄露等方面。自 2018 年欧盟的《通用数据保护条例》生效后，许多学者围绕这一条例在广告领域内的适用性展开了讨论，哈佛大学的教授迪帕延·戈什认为这一条例对广告活动的数据使用设置了一定的准入规则，例如跨国的数据流动以及基于大数据的用户数据采集会受到更多的限制，实际上是倒逼广告行业关注数据隐私保护和数据安全问题。③查尔斯·泰勒则指出，尽管欧洲率先通过了数据保护法案，但隐私保护是数据安全管理理论与实践发展中不可逆的趋势，对于广告行业而言，需要找到一条精准投放与用户隐私保护共存的发展路径。④澳大利亚国立大学的学者达米安·克利福德则对法律的效力提出了疑问，他认为要通过技术手段保护用户的数据隐私，并且列举了隐私强化技术的例子，互联网广告行业内已经为用户提供了上百种规避信息读取和数据追踪的工具，能够以插件的形式轻松集成在浏览器或社交软件中。⑤除用户外，广告商自身也暴露在数据泄露的安全风险之下，弗吉尼亚理工大学的几名学者就指出，数据泄露已经成为企业最紧迫的安全问题，数据泄露不仅暴露企业的商业机密，还会连带影响到企业用户，扩大了用户数据被滥用的风险。⑥

　　总体而言，国外有关互联网广告数据治理的研究是紧随行业发展而展开的，

　　① Oentaryo, R., Lim, E. P., Finegold, M., et al. Detecting click fraud in online advertising: A data mining approach[J]. *Journal of Machine Learning Research*, 2014, 15(3): 99-140.

　　② Hu, S., Al-Ani, J., Hughes, K., et al. Balancing gender bias in job advertisements with text-level bias mitigation[J]. *Frontiers in Big Data*, 2022(5): 805713.

　　③ Ghosh, D. How GDPR will transform digital marketing[J]. *Harvard Business School Cases*, 2018(5): 1.

　　④ Taylor, C. R. Artificial intelligence, customized communications, privacy, and the General Data Protection Regulation(GDPR)[J]. *International Journal of Advertising*, 2019, 38(5): 649-650.

　　⑤ Clifford, D. EU data protection law and targeted advertising: Consent and the cookie monster—Tracking the crumbs of online user behaviour[J]. *JIPITEC*, 2014(5): 194-212.

　　⑥ Cheng, L., Liu, F. & Yao, D. Enterprise data breach: Causes, challenges, prevention, and future directions[J]. *WIREs Data Mining and Knowledge Discovery*, 2017, 7(5): e1211.

首先从互联网广告数据价值与实际应用层面探讨，随着行业数据应用的加深与普及，便开始产生各种数据应用方面的问题，进而出现了针对互联网广告数据欺诈、算法偏见、用户数据保护等数据失范问题的细化研究。回顾这些成果不难发现，尽管相关研究在数量上已形成一定规模，但大多仅仅聚焦于数据治理的某一个面向，鲜有成果将数据治理整体作为理论落脚点展开，学界未能通过数据治理的系统性视角观察广告行业；同时，相关研究多是计算机科学专业的学者以广告数据为对象开展的纯技术或纯应用型的研究，这些研究也更倾向于将数据视作辅助广告活动的工具，尚缺乏具有广告学专业面向的系统性研究。

二、国内互联网广告数据治理的相关研究

互联网广告是数据收集、使用和交易密集的行业，国内有关互联网广告数据治理的相关研究也紧跟行业现实问题，伴随我国互联网广告的快速发展，行业中出现的数据造假、非法数据搜集、用户数据信息滥用、"大数据杀熟"与"算法黑箱"等各种数据失范乱象已成为焦点问题。学界的相关研究也多围绕这些具体问题而展开，主要可以分为三个研究方向。

一是有关互联网广告数据质量方面的相关研究，孙晓东从广告数据质量的角度出发，强调了广告数据审计的重要性，提出了广告价格、客户信用、核算管理、平账管理等审计环节有机结合的审计体系。[①]杨正军等从行业标准制定、元数据匿名化处理等层面探讨了互联网广告数据合规应用的可行性路径。[②]鞠宏磊等认为程序化广告在购买过程中出现的数据造假问题严重影响了广告主、用户及互联网广告产业的健康生态，并基于其治理难点，从数据层、管理层、技术层等方面提出了治理建议。[③]笔者曾在 2020 年从防范数据造假的视角，分析了互联网广告数据治理的智能技术应用问题，提出应基于智能数据分析技术建立虚假流量识别系统等数据治理路径[④]，并探究了美国互联网广告业在防范互联网广告数据欺诈

① 孙晓东. 媒体广告管理信息化和审计[J]. 青年记者, 2020(35): 99-100.

② 杨正军, 陈婉莹. 数据法治背景下, 互联网广告合规发展路径初探[J]. 现代广告, 2021 (22): 48-50.

③ 鞠宏磊, 李欢. 程序化购买广告造假问题治理难点[J]. 中国出版, 2019(2): 31-34.

④ 张艳, 王超琼. 互联网广告数据治理的智能技术应用——基于防范数据造假的视角[J]. 青年记者, 2020(15): 84-85.

方面的行业自我规制路径。[1]柳庆勇基于 BAT 平台的应用分析，探究了数字广告流量造假的产生机理及本质，提出区块链智能合约的治理方案。[2]

二是有关"大数据杀熟"与算法问题的相关研究。林升栋教授等通过发放 176 份问卷进行调研，得出计算广告失算的技术原因主要来自数据、模型和算法三个方面，提出互联网广告算法应取"中"，将工具理性和人文主义相结合，平衡两者之间的张力，构建和谐的计算广告生态系统。[3]曾琼等提出许多消费者在算法的监视、偏见、操纵与规训下，自主权利被迫让渡，遭受算法的侵犯与危害，认为不同技术平台在广告智能算法开发与应用上应确保算法为人掌控，同时应达到精准而高效的效果。[4]段淳林教授等认为面对"大数据杀熟"与算法黑箱，消费者存在着被"操控"的危险，建议对算法的伦理隐忧进行规制。[5]伦一认为互联网精准营销的治理存在监管内容与对象复杂化、数据保护责任不均等问题，建议针对数据应用场景和监管目的差异，采取分阶段的立法和规制措施。[6]笔者论述了人工智能营销传播中算法偏见的类型与归因，并分析了算法偏见的规制难点，提出在智能营销传播领域采用元规制的管理模式，即政府监管部门通过正反面激励与合规指引，促使算法控制者针对偏见问题做出自我规制回应。[7]

三是从用户角度探究互联网广告用户数据安全的相关研究。例如邵国松等讨论了用户的数据安全问题，建议国家通过立法方式对互联网广告平台进行合规指引，并强调了广告数据审计的重要性，提出广告价格、客户信用、核算管理、平账管理等审计环节有机结合的审计体系。[8]上海外国语大学姜智彬教授等针对互联网广告在数据采集、交易和使用等环节存在的安全问题，运用调适性结构理论

① 张艳. 美国互联网广告业自我规制：多元主体与路径选择——以广告数据欺诈防范为切入点[J]. 编辑之友, 2020(7): 108-112.

② 柳庆勇. 数字广告流量造假的区块链智能合约治理——基于 BAT 平台应用的个案研究[J]. 全球传媒学刊, 2021, 8(2): 95-112.

③ 林升栋, 李丹瑶, 李伟娟. 计算与失算：广告算法的迷思[J]. 中国广告, 2022(12): 83-89.

④ 曾琼, 曹钰涵. 冲突与忧思：广告算法中的主体性缺乏——基于技术哲学的视角[J]. 传媒观察, 2021(9): 63-68.

⑤ 段淳林, 宋成. 用户需求、算法推荐与场景匹配：智能广告的理论逻辑与实践思考[J]. 现代传播, 2020(8): 119-128.

⑥ 伦一. 互联网精准营销中的算法规制问题初探[J]. 网络信息法学研究, 2020(1): 136-151.

⑦ 张艳, 程梦恒. 人工智能营销传播算法偏见与元规制路径研究[J]. 中国出版, 2021(8): 27-30.

⑧ 邵国松, 杨丽颖. 在线行为广告中的隐私保护问题[J]. 新闻界, 2018(11): 32-41.

提出构建区块链广告数据安全管理的新模式。①徐卫华从大数据时代用户隐私泄露问题出发，提出广告用户的数据保护需要政府指引下的行业自治，对此政府需要确立责权平衡的原则，企业也要积极响应，发展数据保护技术，制定数据保护的行业规范。②刘宝珍等认为程序化广告运作过程中存在过度收集用户数据的问题，进而侵犯消费者的数据隐私权、商品知情权与选择权等，提出应建立消费者数据使用安全保障机制，建立消费者数据使用的行业自律准则与监督管理机制。③陈太清等分析了计算广告中影响数据安全的因素，提出可以借鉴欧美数据安全的法律保护经验，在法律层面规制计算广告中的数据运用问题。④

也有学者从大数据时代广告的智能治理出发，讨论了实现广告智能治理仍需面对的技术困境，指出要从数据获取和数据分析两个环节着手，综合加强广告违法监测的能力。⑤还有学者提出互联网广告形式多样，并且集中了海量的广告数据，仅仅依靠政府力量开展治理并不现实，必须做到公共治理、协同治理和智慧治理的有机统一。⑥但是这类研究仍然停留在将大数据视作互联网广告活动的时代背景层面，并未深入把握数据在广告行业中的价值，也未能体现数据治理精神。

总体来看，国内对于互联网广告数据治理的相关研究主要集中在数据质量、用户数据安全以及基于大数据应用所产生的算法问题等几个方面，并且随着互联网广告行业对于数据应用的加深，研究问题也随之细化。这些研究能紧密对接行业发展动态，但是尚缺乏整体视野和对数据治理全环节、全流程的阐述，并缺乏相应的理论支撑。

因此，本书基于当前我国互联网广告行业的发展动态，并结合学界的研究成果，以数据治理理论为支撑，以行业从业人员访谈为依据，重点探讨我国互联网广告现存主要数据应用失范问题。一是在互联网广告数据获取方面的用户数据安全问题，涉及用户数据隐私侵犯、数据滥用等数据失范问题；二是在互联网广告

① 姜智彬, 崔艳菊. 区块链赋能互联网广告数据安全管理研究[J]. 当代传播, 2022(4): 95-98.

② 徐卫华. 大数据时代个人信息保护与互联网广告治理[J]. 浙江传媒学院学报, 2017(2): 105-110, 153-154.

③ 刘宝珍, 马孝真. 程序化广告的侵权风险及管控对策[J]. 今传媒, 2022(11): 136-140.

④ 陈太清, 郁倩. "互联网+"时代下计算广告的法律问题及对策展望[J]. 山东商业职业技术学院学报, 2022, 22(4): 81-88.

⑤ 王丽萍, 周序生, 何地, 等. 大数据背景下的广告智慧监管[J]. 电脑知识与技术, 2020 (31): 254-256, 260.

⑥ 张晓静. 协同治理与智慧治理: 大数据时代互联网广告的治理体系研究[J]. 广告大观(理论版), 2016(5): 4-9.

投放过程中出现的数据应用失范行为，包括数据造假、流量欺诈等问题；三是数据本身没有问题，但是在数据应用过程中所产生的算法歧视、算法黑箱等问题。并针对以上三类主要问题提出各自的针对性解决方案与建议，在此基础上，融合数据治理理论，再从总体上探讨我国互联网广告行业数据治理的组织架构与协同路径。

第二章

互联网广告中用户个人数据信息的保护

互联网广告在信息推送过程中，通过大数据建立起个人用户画像，个人隐私信息在不同设备和平台间流动，产品浏览记录、个人活动轨迹、定位、社交关系，甚至语音都能被互联网媒体平台收集获取并依此向受众进行广告产品推送。受众接收到的广告信息也许正是某个时刻不经意的语言表达或对某一产品长时间的屏幕停留，受众的这些"不经意"都被大数据"有意"记录下来，成为广告信息精准推送的重要凭借。受众享受着精准推送带来的便利，随时接收自己关注产品的广告信息，但殊不知这些信息的获取可能越过了个人隐私的边界，广告信息的精准推送并不代表要以泄露用户隐私数据为代价，互联网广告中的用户数据信息安全问题亟须我们关注并予以重视。

第一节　互联网广告中的用户数据信息安全问题

在互联网广告服务中，基于大数据获取用户信息时，用户数据信息安全受到了极大挑战并极易引发一系列隐私安全问题。在人工智能、大数据助力广告业发展的同时，用户的数据信息安全问题也逐渐显现出来。

一、用户数字身份失控与信息过度提取风险

随着数字时代的到来，互联网深深嵌入人们的日常生活，大家用虚拟身份在互联网上进行着各种社会交往活动，这些虚拟的身份信息被称为"数字身份"。[①]在互联网广告服务过程中，用户的数字身份信息面临的风险主要表现在两个方面：一是用户数据信息被过度商业化运用；二是用户数据信息被非法提取，并被应用于不良广告的推送中。

（一）用户数据信息的过度商业化运用

在互联网广告中依托大数据平台可以获得以下四类数据：位置数据、注册数据、交流数据和社交关系数据。这四类数据都在日常的广告推送中得以显现，当我们到达一个新的城市，我们会收到该城市所在地相关酒店、餐馆的信息，甚至是以广告推送为目的的短信提醒，这时我们的信息就有了被商用的可能性。用户通过各种社交媒体平台接收到的广告信息，其实都存在着身份数据信息被过度商用的风险。

当用户刷短视频、浏览网页信息、驻足停留于某产品页面时，表面上是在满足自身的使用需求，实则已经沦为各个资本巨头的数字劳工。用户贡献的每一个浏览数据，都会成为互联网广告公司精准推送信息的凭借和参考，这种"免费的劳动力"也成为互联网公司盈利的重要依据。微信就因为曾在用户朋友圈界面进行精准的广告推送而被指控监视用户的文字聊天数据。2020年新冠疫情居家隔离期间，中小学生均在家中进行网课学习，学生在登录网课所在 APP 时经常遇到网课前突然跳出广告的现象，且广告内容涉及注册人的隐私信息，如姓名、性别等，中小学生的数据信息面临被过度采集的风险，广告丛生的界面混杂着个人隐私信息，这一现象引发了国家教育部门的关注，国家教育部门及时采取了措施。

此前也有媒体报道，部分手机 APP 过度索取用户数据调用权限，并私自进行数据贩卖。有的商家甚至在网络商城中公开售卖 17 万条"人脸数据"，涵盖约2000人的肖像信息，美国 Brightest Flashlight Free 独立软件追踪用户的精确地理位置信息，并将这些数据打包卖给第三方机构。这些商家对用户的注册数据、位置数据进行过度商业化运用并从中获利。一般而言，客户端注册需要绑定手机号、

---

① 荀雨杰, 魏景茹, 陈昱含. 《数字身份监管指引》解析[J]. 银行家, 2020(12): 122-124.

个人姓名、家庭地址等信息，由于互联网服务商收集用户数据信息成本低廉，因此其对收集到的信息并不重视，这些信息都会成为广告服务过程中的商机且有被过度商业化运用的风险。

（二）用户数据信息面临被非法提取的风险

用户数据信息被非法提取，一种是在用户毫不知情的情况下发生的，如受访者 BJ07-E15 所述：

> 最近，X 品牌被曝光，其涉嫌"私自采集用户数据"。根据爆料内容，X 品牌后台默认运行着"Y 数据服务"。对这项服务的分析发现，它每隔 10 分钟就会扫描一次家中所有联网设备，记录下设备的 hostname、IP 等等信息。最后，信息被打包并传到一个域名。（受访者 BJ07-E15）

另一种是在用户"知情"的情况下发生的，许多用户在网站和各类应用平台填写一些个人数据信息的时候，通常会比较盲目地同意"服务和隐私政策条款"，其中往往包含允许网站或应用将用户的个人数据用于营销或共享给"值得信赖的合作伙伴"，当用户在勾选"同意"时，可能并没有意识到这其实也就意味着放弃了自己对个人信息的控制权。这样一来，用户的信息就很容易出现在非法广告的供应链条上。

用户的身份数据很可能在不经意间被一些 APP 软件非法获取。如通过人工智能技术而新兴的"AI 换脸"软件应用，用户在注册此类 APP 时，并不知自己的肖像、身份信息等数据已经被采集并进行了二次售卖。在这一过程中，用户的肖像及个人信息甚至被用于淫秽色情广告信息推送中。"AI 换脸"基于人工智能技术，通过利用深度图像生成模型，如 Deepfake 软件或 ZAO 软件等，对某人的照片进行分析与处理，从而把照片上的人脸"移花接木"到不良广告信息上，将其"替换"为广告信息的主角。用户在使用互联网时，经常进行人脸识别或通过 APP 拍摄图像、视频，这样用户的数据信息极易被非法提取。受访者 SH01-E16 还提到了行业内对用户数据的非法采集和买卖等数据滥用行为：

> 从目前普遍情况来看，大数据这个行业的行为相比早年要规范多了，

不规范的行为不那么明显，但也有一些，比如某公司和国企广告主的省公司谈合作，省公司不可能输出明文数据，给的是 MD5，MD5 是可以解密的数据，该需求公司还是可以通过撞库的方式获得自己的数据（用不同设备，打好自己的标签，形成自己的用户池，然后去卖数据）。另外有些地级公司可以提供手机号，手机号也属于用户个人隐私信息。（受访者 SH01-E16）

现今，我们处于社交媒体用户注册实名制的时代，大部分用户的认知仍停留在社交网络只是一个虚拟的社交场域，他们认为自己的数据信息除了服务商以外其他人无从获取。在这样的潜意识作用下，用户过分地信赖服务商，便会无意识地输入、发布自己的个人隐私信息。有时用户为图便利，会在社交网络中存储重要的个人隐私信息，认为这样不仅可以节省手机终端的存储空间，还可以随时随地利用移动终端登录社交网络查阅，然而当个人的社交账号被盗丢失时，存储在社交网络上的个人信息便会暴露无遗。这些都加大了用户数据被非法提取的风险。

二、用户数据深陷"标签"牢笼受单一画像胁迫

用户画像是大数据技术在新媒体时代的重要应用之一，其目标是构建多维度描述性的用户标签。交互设计之父阿兰·库珀最早提出用户画像的概念，即"以真实数据为基础而建立的目标用户模型"。①互联网广告投放的数据库会为每个用户生成一张画像，这张画像不断提示着用户的喜好、浏览动态与行为轨迹。在用户享受着个性化广告推送带来的便利时，也为身陷重复的推送圈层而苦恼，这个圈层像一层层茧房将我们包围、禁锢，在信息茧房中我们不断地看到同样的内容，因为算法会通过用户行为来判定用户兴趣，为用户贴"标签"，并向用户推荐越来越多强化用户已有标签的相关内容。人们目之所见全是相同的观点，每天接触到的都是同一类资讯——你越爱看什么，广告就会给你推送什么。今天在淘宝搜索了某品牌的日用品，等切换到抖音短视频平台，就会发现视频中弹出该品牌的广告；昨日下单了某品牌零食，转头就会看到该零食在另一 APP 中的推送广

---

① 赵雅慧，刘芳霖，罗琳. 大数据背景下的用户画像研究综述: 知识体系与研究展望[J]. 图书馆学研究，2019(24): 13-24.

告。慢慢地，我们会发现最近喜爱的东西会重复且高频地出现在手机的广告弹窗中，相关品类的产品也会反复重现。当人被映射、拆解、外化成各种数据，这些数据又被强制纳入各种商业或社会系统时，人们会在一定程度上失去对自身数据的控制力，并受到来自外部力量的多重控制。①

在互联网广告中，用户的数字画像因其浏览记录而被每日更新，这一张张数字画像上布满了用户个人数据信息。用户每天都在网络上给广告商、互联网平台呈现个人数据，广告商、互联网平台也在每日接收用户的数据信息，并更新、重塑着用户的数字画像。其实并非数字画像绝对有风险，而是用户画像极易被广告推送商利用或被以经济利益为首的互联网广告平台获取。当用户的数字画像错被利用时，用户的自身利益就面临损失风险，用户的数字身份有被不正当利用的可能。

算法在互联网广告中的应用到底是固化着人们原有的社会结构，还是帮助人们突破现有圈层，我们目前无法得到准确的答案，这都要取决于算法本身的设计思路。而在当下，不同的互联网广告平台由于本身数据获取的局限性和技术使用层级的不同，对算法的训练水平参差不齐，这使得用户不可避免地受到单一画像的胁迫，深陷同温层中。

三、互联网广告投放中用户语音信息的越界监控

在互联网广告投放过程中还存在视听侵犯的问题，即对用户语音数据信息的捕获与内容抽取。语音信息的越界监控主要是指用户的智能产品上安装的APP会随时捕获用户的语音信息，并将此数据信息进行清洗、筛选以及用于广告信息的推送。这很容易让用户产生一种错觉，即"想什么就来什么"。当我们随口说出某个产品信息、某个喜爱的品牌、想买的某物时，不经意间的语言表达其实已经被人工智能悄悄记录了下来，之后的浏览中会弹出相关广告信息，视频平台也会推送相关产品的广告。语音信息的监控在我们生活中不易被发现，大多用户并未察觉到自己的语音信息受到大数据捕获。在用户下载、注册APP时，页面往往会弹出"是否允许手机访问你的声音"这一选项，大部分用户

---

① 彭兰. "数据化生存"：被量化、外化的人与人生[J]. 苏州大学学报(哲学社会科学版), 2022, 43(2): 154-163.

在登录时并未留意，而系统又直接默认选择允许。这时，用户的语音就开始被智能监控了。

互联网广告平台也在用语音监控的方式察觉用户喜好、追踪用户信息。2019年某外卖平台陷入"偷听门"风波，当时有多位用户反映外卖 APP 在使用过程中存在"偷听"用户语音信息行为。此外也有用户反映，在刚谈到想吃什么后，打开外卖 APP 就可见到对相关店铺的推荐。《IT 时报》记者耗时 3 个多月，通过模拟用户使用场景，对安卓手机、苹果手机、苹果平板电脑上的外卖 APP 进行多轮测试。从测试情况来看，在谈话提及某种食物后的数分钟到数小时，出现相关推荐的概率高达 60%—70%。这正契合了纪录片《监视资本主义：智能陷阱》中阐明的一个道理：如果你没有花钱买产品，那你就是被卖的产品。外卖 APP 正是将用户的语音数据信息当作被售卖的产品。数据平台对用户语音信息的获取，因为不易被用户察觉而在近几年愈演愈烈。以上案例只不过是用户语音信息受到侵犯的沧海一粟。语音监控为互联网广告平台提供了更为精准且直接的信息数据，但于用户而言显然是弊多利少，用户的语音属于个人的隐私信息，当我们身处智能时代，手机、电脑等都随时随身携带时，我们的语音信息却随时随地被窃听以及被用于广告的推送。

此外，智能广告的追踪定位也存在侵犯个人隐私的风险，让用户时刻处于"透明"的状态。这会引起个人信息安全失控、个人私事泄露、个人财产失窃、心理失衡、心理焦虑甚至恐慌，个人行踪泄露同时也会危及人身自由和安全，妨害社会秩序的稳定。广告信息的个性化定制推送一定程度上将消费者束缚在"自己喜欢的世界"，而非"真实的世界"。消费者被智能广告包裹在"信息茧房"中，这使得"信息沟"加深，也易造成消费者视野偏狭、思想封闭等问题。

总之，互联网广告传播中的用户数据信息安全问题，已经影响了互联网广告产业的良性健康发展。用户数字身份失控与数据信息的过度商业化运用，会导致互联网媒体平台公信力下降，加剧用户对广告信息的反感心理，并会影响品牌方的美誉度及信任度，长此以往必将影响互联网广告行业生态的健康发展，威胁用户的人身财产安全和社会关系的健康有序发展。因此，互联网广告传播过程中的用户数据信息安全问题亟待重视与治理。

第二节 实践中用户数据安全与信息保护的治理困境

脸书上超过 5000 万用户的数据信息被剑桥分析公司泄露的事件成为探究用户数据安全与保护的典型案例，由此案例可以看出保护用户数据安全的紧迫性。随着 5G 技术、大数据技术、人工智能技术等新兴技术的发展，用户数据安全保护面临着全新的挑战，本节从法律监管、技术风险、用户意识、重要权利本土化等方面对当下用户数据安全与信息保护的治理困境进行探究。

一、法律监管体系的健全与内容细化的不足

自 2021 年 1 月 1 日起，《中华人民共和国民法典》（简称《民法典》）正式施行。《民法典》第四编第六章"隐私权和个人信息保护"专门为保护公民隐私而设立。《个人信息保护法》的出台对我国公民个人信息保护而言具有划时代的里程碑意义。从我国法律法规制定与施行现状来看，我国在健全个人信息保护的法律监管体系方面取得了重大突破，但在人工智能和大数据技术快速发展的时代，公民隐私权也出现了新的变化，法律法规依然存在内容细化不足等问题，受访者 BJ02-E15 认为行业主体目前也希望有更为细化的规范化文件出台：

> 法律层面应该有一些规范化的强制性执行的文件，明确哪些数据可采集、哪些数据不可采集，采集数据以什么形式存储、要有什么安全规范，哪一类数据属于几级授权、哪一类数据属于几级保密，应该怎么去规范等，这些标准都可以细化。（受访者 BJ02-E15）

可见，在数据环境愈加开放的背景下，新技术为互联网广告行业乃至全社会商业发展带来新机遇的同时也带来了新的风险，各方行业主体也希望能有明确且细化的规范化文件，这样他们就可以在框架下规范自身行为。

（一）数据概念新变化与模糊化使用的矛盾

大数据真正的价值不在于数据本身，而在于对数据的分析。万事万物皆可记

录的大数据时代，数据的功能发生了巨大的变革，在变革过程中，数据与信息的模糊化使用带来了一系列问题。大数据时代，信息逐渐数据化，数据和信息的交替使用成为常态，但正是由于数据与信息的关系更加复杂，二者更不该长期混淆使用，数据与信息的模糊化使用会导致权力设定出现偏差与权利保护受限等问题，从而影响司法裁判。如大数据产品的价值在于把握用户信息内容，但是大数据究竟属于数据还是信息？经由大数据推断得出的衍生数据是否等同于信息？这种数据与信息的模糊化使得侵权案件发生后法律规制实践具有不确定性。正如韩旭至教授所说，"对信息、数据混用的习以为常，本身便是不正常的。"[1]只有厘清数据与信息的关系，才能在法律层面更好地保障用户隐私数据。

当前我国对于数据的法律规定尚不明晰，《个人信息保护法》全文没有出现"隐私"或"数据"词语，且没有详细规范数据主体权利。盛小平教授等提出应该将个人数据纳入《个人信息保护法》保护范围，将个人数据纳入"个人信息"范畴。[2]用户数据在新环境下发生了新的变化，除了数据范围的界定问题，个人数据的经济价值也不容小觑。《民法典》对隐私的规定中是以人格权为侵犯客体，而在大数据时代，掌握大量个人数据的公司能够利用数据进行精准营销甚至数据贩卖，最终获得更高的经济利益，在技术的加持之下数据在智能时代拥有了更高的经济价值。一旦用户数据遭到不合理利用，用户的经济利益也会相应受到损害，比如利用大数据分析得出用户消费潜力，对稳定的用户设置更高价格的"杀熟"行为则直接损害了用户的经济利益。随着智能技术的发展，数据、信息等重要概念的范围界定、经济价值等发生了新的变化，互联网广告行业需要在明晰数据概念新变化与模糊化使用的矛盾的基础上思考行业数据治理体系的建设问题，以更好地保护用户数据安全。

（二）内容细化不足

随着网络世界与现实生活的边界逐渐消融，隐私权的内涵正在逐渐扩张。《民法典》明确指出，隐私是指自然人的私人生活安宁和不愿为他人知晓的私密空间、

---

① 韩旭至. 信息权利范畴的模糊性使用及其后果——基于对信息、数据混用的分析[J]. 华东政法大学学报, 2020(1): 85-96.

② 盛小平, 焦凤枝. 国内法律法规视角下的数据隐私治理[J]. 图书馆论坛, 2020(6): 1-15.

私密活动、私密信息。①张新宝教授在《隐私权的法律保护》一书中将隐私权定义为"自然人享有的私人生活安宁与私人信息秘密依法受到保护，不被他人非法侵扰、知悉、搜集、利用和公开的一种人格权"②。人工智能时代个性化定制广告发展迅猛，个人隐私相关法律伦理规范也受到了冲击，有研究者提出法律层面隐私内容应该包含"推断性信息"，即"通过对个人信息的推断分析得到的个人不曾公开、不愿公开的信息"③。大数据技术和人工智能技术的加持让本身不具有个人识别性的碎片数据能够相互关联，从而产生了指向个人的新的数据信息。"推断性信息"则很可能包含个人敏感信息，在与其他公开资源的联系中，个人身份可以被再次识别。在"推断性信息"定义的基础上，公民隐私权的保护问题更加复杂，如推断性个人信息的有效性如何判断、用户对推断性个人信息的知情权如何保障等，与此相关的一系列问题都值得考虑。在隐私权内涵不断扩张的背景之下，相关内容细化的问题尚待解决，受访者SH02-E10也提到了这种现实困境：

> 在数据治理方面，目前业内有关于大数据的大屏监测，但X数据公司刚刚爆出新闻，说明大数据的采集方式在法律法规上依然有很大的风险，而我们与用户签订协议，因此从法律上讲是比较安全的。但是我们也并不十分清楚目前数据安全的边界，因此我们也在推进各种内部的研究，目前希望政府能够给出具有一定指导性和操作性的建议（受访者SH02-E10）

在学界的不断研究之中，保护隐私安全逐渐得到重视，观其发展现状，内容细化方面仍然存在问题。学界对保护隐私安全涉及的相关权利的探讨主要集中在被遗忘权、撤回同意权、限制数据处理权、数据可携权、算法解释权等新型权利之上。被遗忘权是指用户删除自己在网络上发布的相关数据的权利，其本质上关注的是数据被删除而非信息被遗忘的问题。④万物互联时代，用户数据被全方位

---

① 《民法典》第一千零三十二条规定：自然人享有隐私权。任何组织或者个人不得以刺探、侵扰、泄露、公开等方式侵害他人的隐私权。隐私是自然人的私人生活安宁和不愿为他人知晓的私密空间、私密活动、私密信息。

② 张新宝. 隐私权的法律保护[M]. 2版. 北京：群众出版社, 2004: 10-11.

③ 王军. 从脸书"泄密门"看人工智能时代隐私保护的困局与出路[J]. 北方传媒研究, 2018(4): 46-50.

④ 韩旭至. 信息权利范畴的模糊性使用及其后果——基于对信息、数据混用的分析[J]. 华东政法大学学报, 2020(1): 85-96.

收集，收集方式更具有隐蔽性，数据的完全删除在错综复杂的网络环境之中也更为不易，权利保障也更加复杂。限制数据处理权是当个人与个人信息处理者发生矛盾时，个人有权申请限制对个人数据的处理。《个人信息保护法》中明确提出个人有权请求个人信息处理者更正、补充、删除个人信息。其中明确提出了个人撤回同意情形下，个人信息处理者应当删除个人信息。这与学界所提议的保障用户对信息的删除权、被遗忘权、撤回同意权、限制数据处理权的目的一致，但其说明较为简单，在具体保障与实践处理中则更为复杂。《个人信息保护法》提高了信息处理者对个人信息处理的要求，个人在个人信息处理活动中的权利保障已在不断完善中。但就现实生活中技术对用户隐私侵犯的复杂性而言，《个人信息保护法》仍需进一步完善。法学博士张凌寒教授提出了算法解释权的合理性，算法解释的目的是使自动化决策的人能了解对其不利的决定是如何做出的，以便出现算法歧视和数据错误时提供及时的救济。该权利本质上是在保障用户的知情权，但在学界依然充满争议，也有学者认为算法解释权不是一项法律权利。对于相关权利的探讨是为了更好地平衡经济发展与保护用户隐私的关系，重要权利的不断探索和完善仍是法律保护用户隐私安全的一大方向，数据可携权作为保护用户数据的重要权利将在后文集中探讨。

（三）数据共享与用户隐私权保护的矛盾

随着 5G 技术的革新，物联网将在我们生活中扮演重要的角色，万物互联的背景下，数据开放和共享是必然趋势，伴随着互联网用户数据内容及形态的多样化，数据安全保护形势更加严峻复杂，数据开放环境下数据共享与保护用户隐私的矛盾问题不可忽视，如何把握数据开放和共享的限度成为保护用户隐私安全必须思考的重要命题。

我国数据隐私治理法律法规在有效解决数据开放与个人隐私保护之间的冲突矛盾方面还存在不足。数据越来越开放的环境下，隐私保护更加复杂，数据泄露风险加大。当广告主根据用户使用互联网痕迹进行监控与记录之时，很容易冲破个人隐私在现实生活中的边界，获取个人日常活动信息和其他隐私信息。我国法律法规对数据开放的合理控制范围的界定有待明晰,这与数据开放的复杂性有关。在数据开放的互联网商业模式下，个人隐私数据一旦开放共享，很难去追溯哪些主体侵犯了某些公民的个人隐私数据，以至于无法彻底删除已经泄露的个人隐私信息。[1]如脸书超过 5000 万用户的数据信息被剑桥分析公司泄露，尽管公司受到罚款处理，但是用户数据泄露的问题仍然无法根本解决。另外，隐私侵权法律举证较为困难也是一大挑战，技术运用的隐蔽性使得侵权人的侵权行为难以被证明，例如精准广告投放利用 Cookie 跟踪技术捕捉手机用户信息，普通用户很难注意到隐私风险的存在，并且这些隐私数据可能已在用户完全不知情的情况下被非法买卖，如受访者 SZ03-E08 所述：

> 广告主存在一些对敏感信息收集的不规范行为，比如通过优惠券活动采集用户的姓名、生日、身份证号等大量数据，这些数据可能会非法流通到诈骗团伙手上。这是现在大数据行业最大的问题所在。尤其是一些小公司，它们在数据收集和使用上往往更加不规范，有的公司收集完信息后会进行售卖，甚至出售给一些从事非法活动的公司。（受访者 SZ03-E08）

数据滥用与非法买卖等行为所造成的损失不只包括物质层面，还包括精神层面，而受害者则很难去证明自己受到了精神损失，这也为法律规制的实施带来更大的困难。

（四）法律规制滞后，尚待更新完善

世界万事万物瞬息万变，科技不断创新发展，较之于科技进步速度，法律规制难免具有滞后性，这使得数据保护领域存在灰色地带，而违法犯罪分子却能够利用先进技术钻取法律的空子，侵害公民的隐私权。打击犯罪是犯罪防治的重要内容，而此前我国对于侵犯隐私权的处罚力度较低。2021 年起实施的《个人信息保护法》对侵害个人信息权益行为的处罚力度问题作出规定：侵害个人信息权益的违法行为，情节严重的，没收违法所得，并处 5000 万元以下或者上一年度营业额 5%以下罚款，5%的额度甚至超过了在个人信息保护方面规定"最严"的欧盟。[2]我国并没有专设《隐私法》或《个人数据保护法》，目前来看，

---

① 王岩, 叶明. 人工智能时代个人数据共享与隐私保护之间的冲突与平衡[J]. 理论导刊, 2019(1): 99-106.

② 罗亦丹, 李薇佳, 李项玲. 个人信息保护法草案"看齐"欧盟, 最高处罚年营业额 5%[N]. 新京报, 2020-10-14.

我国《个人信息保护法》对数据主体权利的规定还有待细化。[1]当然，法律的出台远比我们想象的要复杂得多，《个人信息保护法》的出台对个人及行业产生了非常大的影响。另外，反观我国对个人隐私安全的保护举措，我国依然欠缺数据隐私权救济机制。比如，缺乏预防性救济措施、侵犯数据隐私权的救济途径不完善、传统的救济方式无法完全有效解决侵犯数据隐私的问题。

二、数据技术发展下用户数据保护的复杂化

技术发展是推动社会变革的关键力量，大数据技术、人工智能技术、云计算等技术正在不断推动广告运作与产业竞争模式的变革。我国互联网广告朝着智能化发展方向迈进，智能广告产业规模日益扩大，广告市场竞争更加激烈。人工智能、大数据技术等关键技术的发展直接影响广告运作的整个流程，如人工智能广泛运用于消费者数据收集、广告策略制定、广告创作、广告分发、广告反馈及效果监测等多个环节，大数据已然是广告产业智能化发展的基础资源，而在人工智能和大数据等关键技术的广泛运用过程中，用户数据安全与隐私保护也面临全新挑战。

（一）大数据加持便捷服务与隐私边界难以掌控的矛盾

能否掌握消费者需求是广告营销成功与否的关键，广告主在掌握消费者的真实需求时需要通过数据驱动的用户画像来了解目标受众，即《新闻传播的大数据时代》一书中所提到的利用大数据抓取分析得出"用户兴趣图谱"，从而进行广告的精准营销。利用大数据抓取消费者多平台信息可以尽最大可能还原消费者的真实状态及兴趣偏好，从而帮助广告主全方位洞察并解读消费者的态度、情感、使用习惯等多维需求，而大数据的客观性提高了其分析的精准度，大大提升了广告营销的效率。更关键的是，大数据的核心价值在于其预测性功能，广告主除了通过用户画像掌握消费者当下需要什么，还能够洞悉消费者未来需要什么。最典型的案例是美国营销商塔吉特公司曾经根据 17 岁女孩的使用数据判断出她怀孕的信息，从而向其发送婴儿尿片和童车优惠券，然而其父亲却比塔吉特公司晚了一个月才知晓此事。

---

① 盛小平, 焦凤枝. 国内法律法规视角下的数据隐私治理[J]. 图书馆论坛, 2020(6): 1-15.

大数据对事物趋势的判断能够让广告营销公司比我们自己更了解自己，从而为我们提供更加便捷的服务。然而，在享受便捷广告服务的同时，也出现了全方位的广告侵扰问题，越来越多的广告信息在我们的私人生活领域不断延伸，通过预测得出的用户需求信息并不一定准确，很多企业服务在过度获取用户数据的基础之上进行强行推送，面对越来越严峻的广告侵扰问题，用户往往不胜其烦。另外，通过云计算进行的"预测性分析"是通过用户的表层行为窥探和揣测出其不曾公开或者不愿意公开的信息。[①]大数据预测分析得出的"推断性信息"并不是用户主动提供的信息，这就引发了数据安全的问题。"推断性信息"利用大数据的预测性致力于为用户提供更加便捷的服务，然而"推测"的边界究竟在哪里？无法拒绝源自"推断性信息"的便利广告服务，是否意味着我们永远无法完全规避由此引发的被窥探、被干预、被操纵的数据安全风险？在愈加智能化的互联网广告时代，保护用户数据隐私安全亟须系统性隐私边界规范的制定与落地性数据治理体系的建设。

（二）被操纵的"圆形数字监狱"

在享受广告全方位服务的同时，用户可能根本无法意识到自己已经深陷"数字监狱"的监控中。例如一些音乐 APP 年末会得出用户一年的音乐报告，用户听歌多少小时，深夜几点还在听音乐，用户的年度音乐标签是什么，最喜欢哪位歌手……各种音乐数据信息都作为标签成为用户社交的工具，同时也成为品牌方营销的利器。人们享受着利用数据的自我分享，却没有认识到我们的生活已经被技术包围，我们的行为无时无刻不被记录着。杰里米·边沁曾提出圆形监狱的概念，在圆形监狱中监管者能够监视所有犯人，而犯人却无法得知自己是否正处于监控下，长此以往，犯人会形成"自我监禁"的心理。马克·波斯特提出的基于计算机和数据库的"超级圆形监狱"比圆形监狱更加强大，人们在数据技术包围下深陷被操控、被监控的危机之中。广告商收集用户对产品的使用数据也许只是其营销策略的基础或手段，然而更难以管控的是广告商同时能够获取用户敏感信息，实现对用户敏感信息的监控，如用户在搜索引擎搜索的敏感信息很有可能成为广告推送的一个标签，当用户收到与个人敏感信息相关的广告推送，恐怕担忧会大于喜悦。

---

① 姜智彬, 马欣. 领域、困境与对策: 人工智能重构下的广告运作[J]. 新闻与传播评论, 2019(3): 56-63.

观察广告智能推送现状，技术已然过度延伸至我们的私人生活之中。智能广告能够通过对消费者的时空剥夺对其"造成一定的视听暴力、心理伤害、情绪困扰"。①碎片化时代用户注意力成为稀缺资源，广告商利用多种先进技术和营销手段对用户进行广告轰炸，广告推送看起来仿佛没有尽头，我们的一举一动都在监控之中，如体验式互动广告利用交互技术打造沉浸式体验，虚拟现实技术尽最大可能调动并刺激用户感官，让用户突破场景限制沉浸式体验产品的属性，广告主利用先进技术让用户的注意力避无可避，甚至丧失了拒绝"视听暴力"的能力。

此外，藏在大数据算法背后的是人类，人类文化中存在一定的偏见，大数据算法能够将某些歧视文化归纳出来，则难免对消费者造成侵犯与伤害。2017年，斯坦福大学的一个研究团队称通过面部图像分析深度神经网络，对男同性恋的识别准确率高达81%，对女性的性取向判别准确率为74%。②用户的私人信息、敏感信息不断被技术挖掘出来，一旦被不法商家利用就可能导致用户的经济利益受损，甚至人格权受到侵害。奥斯卡·甘迪将互联网时代视为全景式监狱控制系统，维克托·迈尔-舍恩伯格也提出了"数字化监视"的现实，并指出数据保留的永恒使监视具有了成为永恒的可能性。人工智能技术迅猛发展背景下，人脸识别、传感器等应用技术不断被开发，在被技术包围的"圆形数字监狱"中，用户隐私保护问题将更加复杂。

马歇尔·麦克卢汉在《理解媒介——论人的延伸》一书中表达了媒介对人有着潜移默化的控制力和影响力，也指出"对媒介影响潜意识的温顺的接受，使媒介成为囚禁其使用者的无墙的监狱"。智能广告对个人隐私信息的分析，能够实现对人的隐蔽操控，广告主通过对用户未来行为的预测可以进一步制定营销策略，从而影响人们的行为选择。算法的预测功能也极易侵犯用户隐私权，数据的选取依然带有主观性，算法黑箱的存在也使得预测结果并非纯粹客观。③彭兰教授也提到数据分析能够干预客观事物或客观进程，这将不断与数据分析的客观性进行博弈。④通过大数据分析能够较为客观地得出用户对广告产品的真正需要，然而

---

① 蔡立媛，龚智伟. 人工智能时代广告的"时空侵犯"[J]. 新闻与传播评论，2020(2): 70-83.
② 彭兰. 假象、算法囚徒与权利让渡：数据与算法时代的新风险[J]. 西北师大学报(社会科学版)，2018(5): 20-29.
③ 蔡立媛，李晓. 人工智能广告侵犯隐私的风险与防御[J]. 青年记者，2020(18): 93-94.
④ 彭兰. 假象、算法囚徒与权利让渡：数据与算法时代的新风险[J]. 西北师大学报(社会科学版)，2018(5): 20-29.

在海量的用户数据抓取分析基础上，定向广告铺天盖地，很多广告商致力于在激烈的竞争中不断挖掘数据来刺激用户的虚假欲求，干预用户的理性选择。正如赫伯特·马尔库塞提出的"虚假需求"理论，人们的需求并不是其自身的真实需要，而是虚假的需求。科技发展刺激人们的物欲追求，技术理性引导、控制人们的思维，人们难以感知到自身的真实需求，虚假欲求的刺激过程本质上是一种技术力量的控制过程。随着技术在时间空间上的延伸，用户的信息生活不断被透支，企业方依赖大数据技术进一步干扰用户的个人选择，广告主通过用户个人数据精准定向推送广告信息，影响用户的态度和立场，使用户陷入失控的海量信息而无法自拔。彭兰教授曾提到在技术层面应当给予用户更多"隐身"的可能，值得思考的是：以何种方式才能解决数据的"隐身"与数据商业价值不断实现的矛盾问题。

以大数据分析为基础的人工智能技术使广告形式更加多元，广告内容更加有趣，广告创意更加个性化。但正是如此，智能广告让我们深陷被监控、被操纵的"圆形数字监狱"。对于广告主来说，这可能会起到相反的效果，无所不在的智能广告对用户时间空间上的剥夺和侵犯很大程度上会引起用户对品牌的反感，甚至引发用户强烈的"广告回避"行为以及举报行为，形成"希望与失望并存，推送与侵犯同在"的一种局面。[①]

（三）广告智能化进程中数据安全风险增加

当今广告行业朝着智能化方向加速转型发展，在此过程中广告产业链对数据分析的依赖性愈加强烈。在技术赋权的背景下，数据利用一旦出现问题，广告产业链的多元环节中就很有可能伴随出现数据非法收集、数据泄露、数据不合理利用、智能欺骗等问题，威胁用户数据安全。

人工智能时代，用户数据的价值与经济利益直接挂钩，企业一般通过两种方式利用数据实现盈利，一种是通过对用户数据进行智能分析实现精准营销，从而创造巨大经济效益，另一种则是通过对个人信息的贩卖盈利。正是由于数据能带来高收益，企业对于用户隐私权的侵犯行为往往屡禁不止。中国消费者协会2018年发布的《APP 个人信息泄露情况调查报告》显示，85.2%的受访者遭遇过个人信息泄露情况，近七成受访者认为手机 APP 在自身功能不必要情况下获取用户隐

---

① 蔡立媛, 李晓. 人工智能广告侵犯隐私的风险与防御[J]. 青年记者, 2020(18): 93-94.

私权限。其中，经营者没有经过本人同意收集个人信息，经营者或不法分子故意泄露、出售或非法向他人提供个人信息，是个人信息泄露的主要途径。[①]由此可见，大量用户个人数据遭到泄露，当下很多互联网公司存在过度监测和获取数据的问题，同时平台方并没有真正让用户获得知情权。

在智能时代，用户数据收集更为全面，收集方式更为便捷。数据收集的全面性不仅体现在个人身份信息的完善上，还体现在个人敏感信息的收集上。例如传感器技术发展到可以检测到用户生理信息，敏感信息很可能面临着被企业多次流转利用而用户不知情的风险。数据收集方式的便捷性也为用户隐私带来风险，如今生物识别技术发展迅速，几乎运用到各行各业，如人脸识别技术广泛运用到支付平台、娱乐软件中。典型案例如 2019 年火爆全网的 AI 换脸软件 ZAO 存在着数据泄露的风险，其用户协议中存在 ZAO 可以免费使用并修改用户肖像，并可将其授权给第三方的不合理条款。一旦用户重要隐私信息遭到不法利用，用户的经济利益甚至人格权益都会受到损害，例如当今用户的人脸数据与重要账号相互关联，甚至作为主要加密的手段，一旦人脸识别技术被攻破，后果不堪设想。警方侦查发现，有不法分子使用 AI 换脸技术，绕开多个社交服务平台或系统的人脸认证机制，为违法犯罪团伙提供虚假注册、刷脸支付等黑产服务。智能技术的发展为利用数据进行违法犯罪创造了条件，一方面，用户数据来源除却公司内部交易合作的数据，还包括黑客非法入侵获取的数据、网络爬虫非法爬取的数据、山寨 APP 骗取的用户数据等。另一方面，重要技术如人脸识别技术、深度伪造技术一旦遭到不合理利用，则很可能起到"反噬"作用，最终受到伤害的依旧是信息主体。

总体来看，互联网广告行业在激烈的商业竞争中对技术的依赖性将越来越强，大数据技术、人工智能技术在广告业的运用将更加多元、更加广泛。随着技术环境的不断变化，广告智能化进程中数据安全风险不断增加，规制难度也逐步加大，数据安全与隐私保护问题越来越复杂，互联网广告行业必须积极探索构建互联网广告数据治理体系的思路与方法，提升业内数据治理能力。在此过程中，技术建设必不可少，虽然以用户多元数据为基础的智能技术与用户数据安全保护问题存在矛盾，但解铃还须系铃人，如何实现获取经济利益与保护隐私的平衡仍然离不

---

① 中国消费者协会. App 个人信息泄露情况调查报告[R]. 北京: 中国消费者协会, 2018.

开技术手段的更新与规制。正如布莱恩·阿瑟在《技术的本质：技术是什么，它是如何进化的》一书中提到的，我们无法抛弃技术去谈时代，因为技术总比其他任何事物都更能代表一个时代的特征。我们活在技术的潮流之中，时代的更迭与技术的发展息息相关。①社会发展与技术进步紧密相连，在科技发展过程中如何降低技术进步带来的负面效果，保护用户隐私与数据安全，是业内将不断探索的长久命题。

三、定制化营销服务与用户隐私保护的矛盾

在数据流量发展迅速的今天，越来越多的人开始关注用户的隐私问题，这一趋势向通用的营销手段和归因方法发起了挑战。如何在确保用户隐私的前提下，打破传统的营销度量及归因方式，为用户提供定制化营销服务，成为数字营销领域颇为棘手的问题。受访者 SH04-E20 提到当前行业从业者已经愈发关注这一现实问题：

> 后 ID 时代，ID 变了很多次。对于 iOS 来说，最早年间它使用 UDID（设备识别符），后来又推出了一个 OpenUDID，再到后面的 IDFA（广告标识符），直到现在通过 ATT（APP 追踪透明度）隐私框架取消用户的限制。在我们来看，用户隐私的红线越来越高。我们怎么在用户隐私红线越来越高的情况下，去获得更精准的人群，去满足之前的营销需求，这是我们面临的问题。当我们回看这件事情的时候会发现，其实我们的数据还在，流量还在，广告库存也还在，那什么没了呢？其实就是有些 ID 我们获取不到了。基于我们现有的基础，应该通过什么样的方式去实现定制化服务及商业增长？在我看来，应采用更科学的方法，利用我们积累的数据和算法，实现科技驱动的增长。（受访者 SH04-E20）

（一）个性化营销服务引发隐私悖论困境

大数据时代，用户数据丰富多样，数据来源更加多元。在社会生活朝向智能化发展过程中，数据的泄露与滥用使垃圾广告骚扰用户、网络诈骗等问题层出不

---

① 布莱恩·阿瑟. 技术的本质：技术是什么，它是如何进化的[M]. 曹东溟，王健，译. 杭州：浙江人民出版社, 2014: 80-82.

穷，早在 2016 年，脸书的"泄密门"事件导致 5000 万用户的数据被泄露，而在中国，个人隐私在互联网上被泄露的情况也时有发生。随着互联网的快速发展与隐私泄露事件的频发，人们逐渐意识到保护隐私的重要性。另外，人们的隐私保护意识受到多重因素影响，其保护个人隐私的行为又不容乐观，这就引发了"隐私悖论"的困境。

隐私悖论是指用户在高度担忧自身隐私安全的同时，依然保持对个人信息的自我披露行为的矛盾。用户对个人数据的披露场所往往集中于各大社交媒体，用户大量的隐私数据常常源于其自我主动呈现的信息，此类信息绝大部分来源于微博、微信、小红书等社交媒体平台。社交媒体平台拥有优质广泛的用户基础，是众多广告主最青睐的广告投放场所之一，社交媒体平台用户覆盖范围广、用户黏性高、数据留存度高，广大用户留下的大量数字痕迹能够有效支持广告的定向投放，广告主还能够根据其信息的动态性调整广告投放策略。用户一方面对动态投放的个性化广告感到担忧，另一方面又希望广告能满足自身需求。[1]用户在个人信息的自我披露中不知不觉为广告主和媒体平台提供了养料，且在后续使用服务的过程中可能面临更大的信息泄露风险。例如受访者 SZ01-E10 提到平台可能通过技术升级获取用户的多种数据：

> 对于广告主而言，其拿到的数据越精准，出价也会越高；对平台而言，广告主出价越高，平台获得的收益也会越多；对于媒体而言，它也能获得较高的广告分成。但是唯一的缺点就是，这种模式会有风险，因为要把外部的 SDK（软件开发工具包）集成到 APP 里。现在通过技术手段，比如说热更新等方式，广告平台可以自行升级自己的 SDK，测试的时候是符合规范的 SDK，但是后续有可能通过技术手段升级 SDK 来非法获取用户的其他数据。（受访者 SZ01-E10）

用户自我披露与呼吁保护隐私的矛盾行为与用户行为习惯与消费心理息息相关。隐私计算促使用户以隐私交换便利。隐私计算是指用户通过权衡潜在风险与收益来决定是否选择自我披露，当收益大于风险，用户则会更倾向于自我披露。[2]

① 师文，陈昌凤. 驯化、人机传播与算法善用: 2019 年智能媒体研究[J]. 新闻界，2020(1): 19-24, 45.
② 黄程松，王雪，胡哲. 移动社交媒体用户自我披露行为研究[J]. 新世纪图书馆，2019(11): 15-20.

"选择的机会成本"与隐私计算的本质相同，都是对自我利益的权衡与考量，"选择的机会成本"指用户为了实现利益最大化，放弃某一机会成本，机会成本不只包括物质产品，还包括时间、空间、便利、隐私等非物质性质的内容，用户会以交换隐私的方式获取应用服务提供的便利或者免费服务。[①]除了获得相关基础使用性服务，心理满足也是促使用户交换隐私的动因之一，用户在自我信息的披露中能够得到相应满足感，如自我形象的塑造、人际关系的维系等等，用户对社交媒体平台的依赖以及信任等心理因素都在潜移默化地推动自我信息的主动呈现。用户对隐私泄露的风险感知不足是促使其交换隐私的又一动因。感知风险指人们对风险事物和风险特征的感受、认识、理解。[②]技术风险指技术发展带来潜在的危害。当用户的感知风险大于技术风险，其可能会采取激进的行为应对风险，例如"抢盐风波"；当感知风险小于技术风险，用户往往对防范隐私风险表现出无动于衷的态度，从而影响对风险的正常防范。另外美国哥伦比亚大学教授 W.P. 戴维森在《传播中第三人效应的作用》中提出用户往往会认为，相较于自己，媒介对他人有更强大的影响效果，这种心理往往具有自我拔高的动机，用户做出隐私披露行为，一定程度上是由于低估了自我呈现的隐私泄露风险以及隐私泄露对自我的影响效果。[③]

互联网广告的个性化营销服务无孔不入，在此背景下用户已然无法完全脱离个性化营销服务而存在，用户在追求便利服务与隐私保护的权益衡量之中，个人隐私保护往往被搁置，用户尽管具有担忧意识，但在技术力量的推动之下，个人隐私往往让位于服务。

（二）用户隐私保护意识不足，难以抗衡技术力量

很多用户在享受企业提供的服务便利之时，并未意识到自我披露的潜在风险。我们处在一个风险社会中，在享受科技发展带来的福利之时也面临着新的技术风险。科技水平不断提高，科技对用户数据与隐私安全的危害程度也随之加大。算法、人工智能、大数据等技术在现实生活中不断渗透，仅靠用户的个人控制难以对抗有组织的信息干预行为，而新一轮的技术革命则可能引发更深层次的隐私问

---

① 蔡立媛，龚智伟. 人工智能时代广告的"时空侵犯"[J]. 新闻与传播评论，2020(2): 70-83.

② 王锋. 当代风险感知理论研究：流派、趋势与论争[J]. 北京航空航天大学学报(社会科学版)，2013(3): 18-24.

③ Davison, W. P. The third-person effect in communication[J]. *Public Opinion Quarterly*, 1983, 47(1): 1-15.

题。正如黑格尔提出的"异化"所表达的，人类被自己所创造的东西操控。技术本质上是为人类服务的产物，如今却成为威胁个人隐私的强大力量，在技术发展过程中，对技术不甚了解的大多受众更容易被技术蒙蔽，人类的自我沉沦很可能让自己成为技术的"仆人"。

当然，技术力量日趋强大并不意味着人类在技术面前是完全被动的，而是说在技术不断拓展到私人生活的过程中，人类必须与时俱进，不断提升数据素养以及隐私保护意识。近年来，随着数据泄露事件的频发，公众已经逐步意识到隐私保护的重要性，并且在国家出台《个人信息保护法》之后，用于营销的用户个人信息的收集也会越来越难，如受访者 BJ05-E20 所述：

> 我们也在做一些有关《个人信息保护法》和数据安全的研究。包括配合工业和信息化部，做一些工业 APP 或者是个人 APP 的个人信息非法收集的测试评估，并对一些非法行为进行打击。其实我认为在国家的这种高压态势之下，通过私域流量收集个人信息将会越来越难。这给我们企业带来的挑战是什么呢？就是我们要更精准地去获取我们想要的一些必要数据，而且是通过合法的渠道去获取。（受访者 BJ05-E20）

可见，定制化营销服务与消费者隐私保护的矛盾依然存在，在数据共享趋势日益明显的互联网平台，如何引导用户进行合理的自我披露，如何使平台个性化营销与用户服务保持健康的合作关系等问题依然是互联网隐私治理面临的困境。

四、数据可携权与用户隐私保护的冲突

大数据时代用户的个人信息安全保护现状不容乐观，在愈加开放共享的互联网生态之下，如何平衡个人信息保护与产业发展成为亟须解决的重要问题。在用户隐私泄露、数据滥用等问题日益严峻的背景之下，为了加强对用户数据的保护并打造更加公平的市场竞争环境，2018 年 5 月 25 日欧盟正式实施了《通用数据保护条例》，这一数据保护条例创造性地引入了"数据可携权"，成为实现数据保护与数字经济发展动态平衡的一大探索成果[①]，对我国的数据经济发展有一定

---

① 查语涵. 欧盟个人数据保护立法上的数据可携权研究[J]. 北京印刷学院学报, 2020(3): 107-109.

借鉴意义。数据可携权是促进数据流通与利用的方式，从理论上来看能够增强用户对个人数据的主动控制权，同时能够消除数据"锁定效应"，减少行业垄断，从而打造良好的互联网生态环境，实现数据主体与企业的双赢。但鉴于我国互联网环境的复杂、数据可携权与用户隐私保护存在一定冲突，数据可携权的引入仍存在问题，学界对数据可携权的本土化问题也展开了探讨，基本达成了数据可携权的引入应当更加慎重的共识。

（一）数据可携权的内涵与关键要素

数据可携权是指"在技术可行的情况下，数据主体有权以一种结构化、通用化和可机读的形式，获取其向数据控制者提供的有关数据主体自身的数据，并不受阻碍地将这些数据转移至其他数据控制者处"①。副本获取权和数据转移权是数据可携权所包含的关键要素。副本获取权简单来说就是数据主体有权从数据控制者处获得个人数据副本；数据转移权是指数据主体能够不受原数据控制者的阻碍，将个人数据从原数据控制者转移至另一方数据控制者的权利。数据可携权必须在数据主体同意之后以自动化方式实施，数据的转移有两种方式，一种是数据主体下载个人数据之后再传输至另一个数据控制者，另一种则是利用技术进行直接传输，依托技术的方式显然更为高效便捷。数据可携权使个人数据的获取与转移的权利回归数据主体，增强了数据主体对个人信息的操控能力，但同时数据可携权也让数据的处理更加复杂，由于数据控制者之间传输数据时存在隐私安全设置较低、传输过程不透明的问题，数据主体未必能够真正有效掌握个人数据，因此无法规避数据被泄露的风险。

（二）数据可携权保护用户隐私的困境

数据可携权所针对的是数据主体向数据控制者提供的个人数据，包括用户主动提供的个人数据，以及数据控制者通过服务获取的数据信息，如通过智能传递设备获取的用户信息，但数据控制者基于统计和分析推断得出的用户数据并不在数据可携权的应用范围之内②，如广告商对用户分析得出的用户画像。数据的可识别特征是界定个人数据范围的重要标准，仅将数据提供者视为数据主体，可能

---

① 化国宇, 杨晨书. 数据可携带权的发展困境及本土化研究[J]. 图书馆建设, 2021(4): 113-122.

② 刁胜先, 李絁芩. 欧盟数据可携权的困境与本土化思考[J]. 重庆邮电大学学报(社会科学版), 2020(2): 68-77.

导致规避某些数据来源的情形。《通用数据保护条例》并未明确澄清数据可携权的权利客体，有学者指出应对个人数据的范围做出限制性解释，过宽的解释将进一步加重企业成本，过窄的解释可能会影响个人数据保护的实现。[1]权利客体所涉及的用户数据边界，尤其是隐私边界具有一定模糊性，只有对其范围的解释合理适中，才能推动企业盈利与用户数据保护的平衡发展，而如何把握个人数据的适当范围仍需不断探索。

数据可携权对技术具有高度的依赖性，一次性获取数据并进行转移的便捷方式极有可能引发数据泄露问题。数据可携权通过技术互联实现数据传输的"互操作性"要求进一步增强了黑客盗取、篡改数据等风险发生的可能性。《通用数据保护条例》将保护数据安全的责任交给数据控制者，但没有规定安全措施的最低标准，这不仅增加了数据控制者的技术压力，还加重了一些小型企业的运营负担，而且在数据可携权现实操作中很可能加剧大企业的数据垄断，无法真正塑造健康的市场竞争环境，这与数据可携权的初衷相违背。

数据主体所转移的个人数据极有可能涉及第三方数据。万物互联时代，个人数据与多主体、多平台、多设备相互关联，社交网络的基本特性就是相互关联，其数据也具有天然的"涉他属性"，在此基础上则须考虑关联过程中涉及的第三方数据主体的知情同意问题。知情同意原则是数据可携权行使的基础之一，数据主体所携带的第三方数据并没有被请求数据可携，对此种数据的责任划分也更为复杂。有研究者认为只有以极其不合理的方式造成第三方数据主体无法挽回的损失，数据主体才需承担责任[2]，尽管如此，涉及第三方数据的转移仍然会给第三方数据主体带来隐私风险。如何保障第三方数据主体的知情权与信息自决权是需要思考的问题，尽管涉他数据并不能阻碍数据可携权的行使，但数据可携权在运用实践中必须考虑第三方数据主体的数据安全问题。

从法律的层面出发，数据可携权的引入还需不断细化与探索，目前国内尚存争议，有学者认为数据可携带权不应该被界定为一种人权或者基本权利[3]，另外，数据可携权的行使需要用户具有高度的数据敏感性，当下我国用户数据保护意识相对欠缺，过快引入数据可携权极有可能引发数据失控、数据泄露等负面效果，

① 高宁宁. 数据可携权的建构与隐私保护[J]. 北京城市学院学报, 2020(4): 45-50, 60.

② 高宁宁. 数据可携权的建构与隐私保护[J]. 北京城市学院学报, 2020(4): 45-50, 60.

③ 化国宇, 杨晨书. 数据可携带权的发展困境及本土化研究[J]. 图书馆建设, 2021(4): 113-122.

数据可携权对用户控制个人数据而言是一大创新权利，但数据可携权在我国的本土化发展还有很长的路要走。

人工智能带领人类进入信息产业革命时代，在改变社会生活的同时也使得先前技术场域中的道德伦理受到冲击。人工智能时代，技术对个人信息的侵入与干扰的隐蔽性更强，而我国互联网广告行业规制的表现则相对滞后。只有不断探索与法律法规体系相搭配的广告行业自律体系与行业规制途径，积极建设互联网广告数据治理体系，才能更好发挥监督管理的作用，规避数据失控的风险，保护用户隐私安全。

第三节　用户数据信息保护的多元主体协同治理

网络空间是亿万用户共享、涉及多方利益的新型发展空间，互联网广告行业进入快速发展阶段后，各种矛盾问题也叠加、交织在一起，呈现出复杂、多样等全新特征。在新情况、新问题层出不穷的境况下，要治理好涉及亿万人利益的一张大网，必须全面统筹政府、企业、社会、网民等多主体力量，将经济、技术、法律等多种手段、方法相结合，形成强大合力，构建起全方位、多层次的治理体系。

一、完善用户数据隐私保护的法律体系

我国互联网广告业相比于欧美等发达国家和地区起步较晚，相关法律、政策也滞后于我国互联网广告业的现实发展，美国和欧盟等国家和地区近些年所出台的一系列监管条例，可以为我们提供一定的借鉴与参考。

（一）细化立法规则，实现数据分类处理

在大数据背景下，每一个用户的个人信息都以大数据的形式存储在多个不同网站或者 APP 上，对于数据收集利用方来说，用户个人信息基本上处于一种开放状态，基于盈利的目的，各互联网运营商对用户个人隐私数据的收集呈现出多样化、隐蔽化、频繁化的态势。随着互联网的普及以及大数据对个人信息收集、整

合、分析技术的不断深化，互联网广告经营者能够依托强大的技术对用户画像进行更加精准的描绘，同时根据网络爬虫等大数据专业采集方式对用户在使用软件过程中所留下的个人数据进行实时采集，以预测用户的兴趣偏好和未来行为，并进行个性化的广告投放。这种基于海量数据资源而进行的广告活动相较于传统投放方式来说更为精准，传播效果更好，但也极易造成对网络用户个人隐私的侵犯以及不正当竞争行为的发生。例如，2013 年北京瑞智华胜科技股份有限公司通过其他关联公司与运营商签订精准广告营销协议，获取运营商服务器登录许可，并从中非法采集用户登录数据进行牟利。①以法律手段监管互联网运营商行为，旨在以权威性制度规避各类不合法行为，对侵犯用户隐私权的不同类型行为表现进行区分，以降低政府执法成本，实现高效管理。

1. 明确隐私内容的不同区隔

有学者将隐私划分为"合成型隐私"和"自然型隐私"。合成型隐私是指多个在单独情况下并不能构成隐私的个人信息或者行为，通过大数据技术的整合挖掘可以形成新的具有明确指向性的隐私；自然型隐私是指在单独情况下就可以直接构成隐私的个人信息或行为。未经同意对这些信息的公开和使用就构成侵犯隐私权的行为。②用户在一个网站进行注册登记时，一般会首先注册自然型隐私，这些信息单独看来并不会形成具有丰富价值的营销信息，但各个互联网平台通过技术将用户使用网站过程中所留存的各分散信息整合成具有鲜明指向性的信息后，可以通过竞价平台为不同的广告商提供精准广告营销服务。陈克非和翁健将隐私分为"绝对个人隐私"和"相对个人隐私"，绝对个人隐私是指信息主体个人的与他人无关的绝对隐私，比如自己的人身数据等，相对个人隐私则是指因某种关系而与他人相联系所产生的多人共同拥有、共同支配的隐私，例如夫妻之间的隐私等。③相较于绝对个人隐私，相对个人隐私因涉及多个信息主体，个体之间的诉求存在差异，利益纠葛复杂，保护起来难度较大。

用户个人信息可以按照敏感程度分为一般个人信息和敏感个人信息，《信息

---

① 金元浦. 论大数据时代个人隐私数据的泄露与保护[J]. 同济大学学报(社会科学版), 2020, 31(3): 19-29.

② 陈堂发. 互联网与大数据环境下隐私保护困境与规则探讨[J]. 暨南学报(哲学社会科学版), 2015(10): 126-130.

③ 陈克非, 翁健. 云计算环境下数据安全与隐私保护[J]. 杭州师范大学学报(自然科学版), 2014, 13(6): 563-570.

安全技术 个人信息安全规范》将个人敏感信息定义为"一旦泄露、非法提供或滥用可能危害人身安全和财产安全，极易导致个人名誉、身心健康受到损害或歧视性待遇等的个人信息"，对于敏感信息的侵犯可能会造成更加严重的后果，应该予以更高级别的保护。

美国的受控非密信息保护制度将用户个人信息分为 20 个大类，又按照一定原则将这 20 个大类细分为 124 个子类，比如一般隐私信息、死亡信息、遗传信息等，这些子类别均明确了所对应的相关保护标准以及被侵犯时侵犯主体所应承担的法律责任。

2. 针对不同用户进行分级分类保护

法律面前人人平等，但鉴于实际应用中道德和伦理的考量，应该将保护主体进行划分，针对不同主体进行分级分类保护。其分级标准主要有两个方面：一是根据隐私被侵犯后个人的自我修复能力来考虑，个人隐私被侵犯后难以短时间内修复且所受影响较为深远的群体应该受到更高级别的保护；二是根据被侵犯主体与公共利益之间关系的密切程度来进行考量，"公共性"较高的群体所受的保护相较于普通人有所降低。在这种标准下，有几类群体应该受到更高级别的保护，即女性、14 岁以下的儿童、65 岁以上的老人，而从事公共性较高职业的人群的受保护级别相对较低[①]，在处理涉及儿童个人信息的情形时，应该事先征求当事人的意见，取得其监护人的明确许可。美国是较早意识到儿童网络数据安全和隐私保护的国家，通过制定并实施《儿童在线隐私保护法》来限制网络运营商的数据收集行为以保护儿童在线隐私。我国可以结合具体国情，借鉴美国对儿童隐私保护的做法，制定明确的法律条文限制针对儿童的数据收集、定位追踪等可能损害儿童利益的做法。[②]对于某些特殊群体，如残障人士、精神病患者、已故人士等的隐私，为了维护其人格尊严，应该给予其比普通人更加严格的保护。

（二）明确主体责任，落实权责对等

在大数据时代，个人信息作为海量的数据资源呈现在各类网络服务商的数据

① 王敏. 大数据时代如何有效保护个人隐私?——一种基于传播伦理的分级路径[J]. 新闻与传播研究, 2018(11): 69-92.

② 汪靖, 符梦婷. 美国儿童网络隐私保护法律制度经验与启示——基于 1998—2018 年处罚案例分析[J]. 中国青年社会科学, 2019(4): 120-127.

库中，基于强大的数据收集整理能力，各个网络服务商以及各类广告商对大量的用户数据进行深入分析，从而完成商业变现。在用户—网络服务商—广告商这条产业链上，由于用户与大型机构之间存在平台、资金、技术等多方面的权力鸿沟，而且在数据利用过程中不可避免地存在信息输出与接收的不对等关系，因此用户成为这条产业链上的相对弱势群体，而网络服务商以及广告商通过对用户个人数据的利用，完成了精准广告投放等一系列能够产生巨大商业价值的广告活动，是产业的实际受益方，理应在整个营销过程中承担起保护用户个人数据信息的责任。

在保护用户个人数据信息的主体责任划分中主要涉及两方。一方是主要参与用户个人数据搜集的各类网络服务商。新媒介环境下，越来越多的用户通过互联网平台参与到日常生活各类场景的构建中，比如通过信息搜索平台获取自己想要的信息，或者通过各类社交软件与亲朋好友交流沟通，完成社交仪式。大量用户转移到线上后，网络服务平台便成为用户数据最主要的存储中心和中转站，在利益的驱使下，网络服务商将数据整理转化为可以完成价值转换的二次有用数据并与广告商进行商业对接，因此，各类网络服务平台尤其是社交媒体平台是广告投放的主要阵地。作为最为基础的数据收集方，网络服务平台不仅要在数据收集、数据存储以及数据的二次售卖过程中加强对个人数据的保护，同时在日常广告投放过程中也要落实对涉及用户个人数据信息的广告活动的监管责任。受访者BJ03-E13提到当前我国相关管理机构已经加快平台主体的责任落实：

> 我们最近会接受中国信息通信研究院的监管。虽然他们不是政府机构，但会要求我们提供一些个人数据隐私保护方面的举措。工业和信息化部会进行管理，因为中国信息通信研究院是工业和信息化部下属的机构，还有国家市场监督管理总局那边也会管理我们。（受访者BJ03-E13）

在2020年11月27日召开的全国APP个人信息保护监管会上，苏宁、蚂蚁、爱奇艺、360、小米、新浪、快手、哔哩哔哩、滴滴、阿里、百度等11家互联网企业相关负责人公开向社会做出郑重承诺，将严格落实APP侵犯用户权益各项整治工作，保障用户合法权益，这也意味着网络服务平台的主体责任逐渐向更深处推进。

另一方则是进行广告活动的广告商。大数据时代真正有价值的并不是用户保存在数据库中的简单呈现的各类基础数据，而是基于数据整合的数据二次利用。在以用户个人数据为行业基础的互联网广告行业中，广告商是数据二次利用的直接受益方，在现行法律对数据的二次利用保护尚未有明确制度规范、平台管理用户数据存在漏洞的情况下，根据权责对等的原则，即"享受什么权利，承担什么责任"，应将用户个人数据信息的保护重心放在数据实际使用者身上，明确数据使用者的责任，使其在受益的同时承担一定的责任，这样既可以增强对用户数据的保护力度，又可以形成示范效应，有利于营造健康公平的市场环境。①

对于用户个人数据的保护除了在主体上进行明确的责任划分之外，还应该将责任落实贯穿于整个产业链条。一方面，在数据的收集、存储和利用上，网络服务平台和广告商首先需要从数据的采集搜集、组织处理、存储维护、共享传播、访问利用等层面建立全方位、多角度、全流程的信息安全防护体系，采用控制访问、加密数据、数据脱敏、去识别化等能够有效规范数据操作的技术手段，加强对数据的流通保护，同时提前设置数据保护体系、数据流通操作流程来规范数据处理过程中的行为，以制度约束技术人员的操作行为，减少由工作人员失误引起的不必要的数据安全问题，并且在日常工作中加强对员工的隐私保护培训，确保其认真履行隐私保护承诺。②其次，对于涉及用户隐私安全问题的操作行为，要认真评估隐私泄露可能会带来的潜在风险，按照预估结果划分风险等级并给予分类处理，对于不可避免且可能造成隐私泄露的操作，应尽量采取措施减少隐私泄露造成的损失。另一方面，一旦发生隐私泄露事件或侵权行为，给用户带来实际困扰，数据的使用者须主动承担起相应责任。首先，应该立即停止侵犯用户隐私权的行为，严防事态恶化，避免给用户带来更大的精神和物质损失，这也是避免数据使用者陷入隐私纠纷的首要措施。其次，对于已然造成后果的侵犯隐私权行为，应根据相应法律法规和制度对相关数据使用主体实施罚款、责令下架产品等处罚。明确数据隐私保护的主体责任，落实产业链中权责对等关系，既有助于形成良好的行业风气和市场环境，同时还能避免数据信息泄露或被侵权时用户找不到侵权方的尴尬境地，让用户利益始终能够得到法律的有效保护。

① 陈纯柱，王唐艳. 大数据时代精准广告投放的隐私权保护研究[J]. 学术探索，2020(4): 6-8, 105-112.
② 牛静，赵一菲. 数字媒体时代的信息共享与隐私保护[J]. 中国出版，2020(12): 9-13.

（三）重建举证秩序，加大赔偿力度

侵害用户个人数据信息通常表现为违反《个人信息保护法》的相关法律规定或未经自然人的许可而通过技术手段私自获取能够识别自然人身份的各项信息并加以利用。[①]对用户个人数据信息侵犯的认定标准，学术界和司法层面的观点保持一致，即未经自然人同意而获得信息就构成对隐私权的侵害，而不以是否将信息公之于众作为判断的必要条件。未经用户同意而将用户个人数据信息对外公开使用会给用户带来困扰，如果将司法判断的重点落在是否公开这一环节，由于互联网信息传播速度之快、范围之广，数据信息受到侵害的自然人所承受的痛苦是难以挽回的。自然人一旦认为自己的个人数据隐私可能遭到违法收集时即可申请法律保护，避免产生更为严重的信息泄露。

对用户个人数据信息保护不当或互联网广告用技术手段侵犯用户个人信息的后果通常是个人财产损失，但更多的是用户精神或心理受到损害，一般表现为心情低落、精神低迷并且对类似信息的采集或推送表现出强烈的抵抗情绪。与传统纸质媒体侵权不同，互联网广告的数据信息侵权给受害人带来的精神痛苦更大，在网络环境中，由于信息传播速度快且受众分布极为广泛，在各种操作的二次传播之下，用户的个人私密信息变得犹如大众信息，将会产生更加严重的后果。但是在实际的司法认定中，相较于其他更为具象的侵害行为，用户精神方面遭受的损害却难以得到准确的判断，因为精神损失并不像财产损失等可以用具体的数字表现出来，所以受害人受到侵害的程度很难判断。为了更好地保护实际互联网广告传播中用户的精神权益，应该注重以下几个方面。

加大精神损害赔偿力度。在互联网广告传播环境中，尤其是近几年依托算法技术在广告行业的大规模应用所兴起的精准广告推送等营销活动，一旦发生侵权行为，在快速流转的大数据信息传播中，其带来的后果不仅难以预测且是不可逆转的，对个人及社会都会造成严重的影响，应该加大互联网广告对用户精神损害的赔偿力度。国外的许多法律已将这一点纳入考虑。《韩国国家赔偿法》第三条第五款规定："对于生命或身体之被害人之直系尊亲属、直系卑亲属及配偶，以及因身体等受伤害之其他被害人，应在总统令所定之标准内，参考被害人之社会地位、过失程度、生计状况及损害赔偿额等赔偿其精神抚慰金。"可见韩国不但

---

① 陈纯柱，王唐艳. 大数据时代精准广告投放的隐私权保护研究[J]. 学术探索, 2020(4): 6-8, 105-112.

承认对受害人本人的精神损害赔偿，而且对受害人的直系亲属的精神损害赔偿请求也给予法律支持。欧盟于 2018 年正式实施的《通用数据保护条例》则针对违反数据保护条例的主体规定了巨额赔偿的惩罚，上限为 1000 万欧元或者企业上一年度全球总营业额的 2%（两者取其最高）。《美国侵权法重述》（第 2 版）肯定原告的精神赔偿诉求，认为这是一项得到法律保护的个人权利，同时还规定了被告的惩罚性赔偿，这类赔偿通常数额巨大。[①]可见，加大被告对原告的精神损害赔偿力度在司法实践中早已有例可循。在中国互联网广告行业出现的侵权案例中，单个用户意识到自己的个人数据信息受到侵犯而提起诉讼的例子较少，因为相较于获得的赔偿而言诉讼成本较高。适当地加大赔偿力度，可以提升公民对诉讼的热情，加大司法实践力度，切实推动用户运用法律武器保障个人保存在互联网广告行业的数据信息。同时，较高的赔偿力度也是给非法利用用户个人信息获利的数据使用主体以警告，从司法层面宣告此类行为是会受到法律制裁并需向受害者支付精神损害赔偿的，从而促使广告行业从业者自觉遵守相关的法律法规并用实际行动切实保障所涉及用户的数据信息安全。

动态规范互联网广告行业认定精神损害的标准。在认定广告传播过程中用户精神是否受到损害时，必须平衡用户隐私保护和广告行业长期发展的现实需求。认定范围过窄，容易导致受到精神损害的用户个体权益难以得到有效保障，从而导致整个广告行业大范围侵犯用户隐私情况的发生。认定范围过于宽泛，则会导致普遍的赔偿行为发生，这对于基于大数据信息的互联网广告行业的长期发展而言是极其不利的。因此，在判定广告是否使用户精神受到损害时，除了将相关的法律内容作为判断的基础之外，还需要根据实际诉讼情况，将侵权责任人的主观动机、侵犯行为持续时长、被发现后的认识态度等因素纳入考虑范围，同时，对于用户所申请保护的数据信息所涉及的范围也应区别保护。[②]

二、保障用户数据选择权和知情权

每一个个体都存在主观能动性，对客观世界形成认知并适时做出特定反应，而相应的前提就是尽可能更多地获取所涉及事项的基本信息。这体现在互联网广

① 李延舜. 大数据时代信息隐私的保护问题研究[J]. 河南社会科学, 2017(4): 5-6, 67-73, 124.
② 陈纯柱, 王唐艳. 大数据时代精准广告投放的隐私权保护研究[J]. 学术探索, 2020(4): 6-8, 105-112.

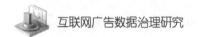

告行业就是围绕用户数据进行活动的各方，尤其是以此为基础进行商业活动的相关方主动采用一系列措施保障用户的知情权和选择权。

（一）赋予用户纠正及退出权利

推荐引擎 Hunch 的首席科学家曾经提出提供个性化广告服务的服务商应该赋予用户能够退出的权利，这就好比一栋高楼上的防火梯设置。以退为进，充分赋予用户能够自由选择是否接受此类广告投放的权利，反而能够留住更多的用户，减少用户的抵触心理。

日本于 2017 年全面实施的《个人信息保护法》中，就明确提出建立"退出同意"的保障机制。①当用户接入互联网平台时，可能已经通过相关的许可机制同意平台方将自己的部分个人信息用于商业交易，平台方在向广告商等第三方提供数据信息时无须再次取得用户同意，但在交易过程中用户可以根据自己的实时需求要求平台方或者广告商立即停止相关涉及个人数据信息的商业活动，相关机构也必须建立完善的机制向用户提供实施此项权利的渠道。受访者 BJ06-E10 也提到从营销的角度看，消费者应该获得完善的保障：

> 消费者在法律的整体框架下，应该享有被遗忘和修改数据的权利，获得完善的保障。从营销的角度看，如果一个消费者不喜欢某一品牌或与品牌建立的关系不好，那他可能会选择不允许品牌分析他。自从苹果推出 iOS14.5 以后，它允许每个 APP 在用户使用时跳出询问窗口，询问用户是否允许该 APP 追踪其活动。这个时候，我会想，我喜欢这个品牌吗？我真的需要它吗？如果我确实对这个品牌没有认知或兴趣，我就不会允许它追踪我。那么对于品牌来说，这就意味着失去了与用户建立后续联系的机会。（受访者 BJ06-E10）

在互联网广告行业的数据收集利用方面，有两个主体扮演着最为主要的角色。首先是数据收集的平台方。在日常生活中，用户在安装使用一些互联网 APP 时必须接受平台方事先设定好的隐私条例等相关硬性条款，否则将无法正常使用该 APP。平台方收集存储用户部分数据信息的确能够更好地服务用户，满足个性化

---

① 刘燕南，吴浚诚. 互联网原生广告中隐私悖论的嬗变与规制[J]. 当代传播，2019, (6): 3-4.

的需求。但是当平台方的数据保护条款明显不适于保护相关个人信息、个人隐私时，用户有权利质疑这些条款的合理性，这些条款也不能成为互联网平台方使用用户个人信息的免责声明。[①]万维网联盟在 2012 年提出"禁止跟踪"（Do Not Track），国外一些知名的网络服务商都采用此标准进行网络用户数据信息的保护，用户在网络服务商提供的相关设置中如果将此选项选中或者调为默认状态，则表示不愿意被第三方网站跟踪其网络活动，在进行之后的网页浏览活动时，用户的踪迹则能免于被第三方监测，也不会被用于下一步的精准广告投放。在大数据信息利用中，平台方利用自身收集的数据与合作方进行数据共享能产生巨大的商业价值，这也是平台用户最难以涉及的二次交易。因此，互联网企业在拟定相关的个人信息收集和使用格式条款时，应该显著标识有关二次数据信息共享和利用的条例，充分赋予用户有关个人信息共享的拒绝权利。

其次是参与其中的各广告商。互联网广告交易链上，作为直接的受益方，广告商应该在日常广告投放模式中加入允许用户在接收到广告时可以直接拒绝再接受广告信息的有效操作。用户在日常浏览网页的时候，经常能够接收到各式各样广告，这类广告多半会以小弹窗的形式出现在页面右下角位置，通常情况下，广告页面右上角和左上角会同时存在两个可以关闭弹窗的按钮，而其中一个按钮基本上是木马按钮——非但不能关闭广告反而会打开广告链接进入页面。这一类无效回避广告投放的按钮表面上赋予了用户自由选择接受广告的权利，实则只会恶化用户的使用体验，加深广告商与用户之间的矛盾。因此，在广告设置中，应将选择的权利真正交还给用户，避免通过技术上的优势实施霸权投放，而应完善广告功能，实现有效的一键关停。对于精准广告营销而言，基于大数据对用户进行精准画像，实施针对性的广告投放的确可以在一定程度上投用户所好，取得传达率更高的广告效果，但在长时间同质化内容不断地输送后，同一用户难免对相同内容产生厌倦情绪，广告商可以通过技术手段实现与用户的交流，帮助用户拒绝同类广告的投放以及同类型数据信息的收集和再利用，并在下次数据收集之前征得用户同意。

在取得用户同意，并在允许范围内对用户个人数据信息进行挖掘利用时，若出现不符合用户意愿的情况，应赋予用户纠正错误的权利，收到有误信息分析结

---

① 王利明. 数据共享与个人信息保护[J]. 现代法学, 2019(1): 12-14, 45-57.

果的用户有权查看数据分析、利用过程，对错误结果提出异议，并要求涉事相关方对结果进行更正。数据挖掘方和利用数据的广告商应针对用户提出的有误结果做出及时调整，必要时下架相关产品，并告知用户处理结果，或根据当事人的要求公开赔礼道歉。①这就需要平台方与广告商同时建立起公开透明的数据分析与利用的可查阅程序，以及完备的用户投诉渠道和相关事件的处理流程，为用户提供完善的监管个人数据信息使用的通道，确保用户能够有效干预个人数据信息利用的结果并获得制度保护。

（二）建立全过程的动态知情同意原则

知情同意原则的建立始于"小数据时代"，信息的密度低、流转慢，数据使用主体可以基于少量的信息使用问题与用户进行面对面准确且细致的交流，用户同样可以在充分知情的基础上做出具体且有效的同意。自 2012 年《纽约时报》登文宣称"大数据时代"已经来临的近十年间，大数据在各行各业得以普遍应用。当整个社会步入大数据时代，小数据时代的数据早已变成体量巨大、形式多样、传输高速、价值巨大的新型数据形态，面对着更为复杂多样的社会现实以及其带来的新型社会问题，在传统小数据时代建立的知情同意原则变得捉襟见肘也是不难想象的。大数据给传统的知情同意原则带来了巨大的挑战：获得同意的难度加大、用户同意的能力欠缺、同意的成本上升、同意原则的作用虚化以及其给行业发展带来阻碍。②面对大数据技术在人类日常生活中显示出越发突出的地位，知情同意原则在当下广告传播环境中的适用性也引起了各学者的讨论，部分学者认为传统的知情同意原则的正当性适用基础遭受到考验，另一部分学者则主张可以稍加改进后继续推进。③在大数据时代，人工智能技术以及传播信息的及时性要求使得传统的知情同意原则面临着巨大的质疑，在智能化处理机制的作用下，用户的知情同意权利大打折扣，但用户对个人数据信息利用的知情同意原则仍然是大数据时代进行个人信息保护的基本原则。④

① 崔淑洁，张弘. 数据挖掘对个人信息的侵害与保护路径[J]. 西安交通大学学报(社会科学版)，2020(6): 10-11.

② 田野. 大数据时代知情同意原则的困境与出路——以生物资料库的个人信息保护为例[J]. 法制与社会发展，2018(6): 8-13.

③ 时明涛. 大数据时代个人信息保护的困境与出路——基于当前研究现状的评论与反思[J]. 科技与法律，2020(5): 7-8.

④ 郑志峰. 人工智能时代的隐私保护[J]. 法律科学(西北政法大学学报)，2019(2): 6-7.

针对不同历史时期授权同意的需求，知情同意原则的定义也略有不同。首先是特别同意原则。基于传统知情同意模式的原则被称为特别同意原则。在经典的知情同意模式下，同意必须是具体准确的，即在授权同意时，数据使用主体必须明确指出数据将被以何种方式用于何种目的，不能是含糊不清的。只有基于此，用户才能明确知道数据利用存在的各种风险与利益，做出合乎主体意愿的自我决定。在特别同意原则的框架下，用户的知情权利得到了充分满足，该原则能为用户和数据使用主体提供更加明确坚实的保障，但繁复多次的知情取得，也会增加用户和数据使用主体的成本，阻碍整个互联网广告行业的发展。

其次是概括同意。特别同意所造成的巨大的人力物力和时间成本的压力等可能阻碍互联网广告行业发展，基于此提出概括同意的原则。所谓的概括同意，即网络服务商提前设置宽泛概括的数据使用条款，取得关于用户的个人数据信息收集和使用权利。[①]在概括同意的情形下，服务商所提供的数据知情信息是笼统且模糊的，是在一个大的使用框架下取得的用户同意，用户对个人数据信息的收集以及个人信息的使用方式并不是完全知情的，是在并不清晰的情况下做出的决定。

在大数据时代，概括同意逐渐演化为动态同意。面对大数据背景下广告行业日新月异的发展，突破传统关于知情同意原则的固化思维，寻找到一条能够有效保障用户知情权的合理化路径成为学界和业界共同追求的方向。在所提到的众多新方案当中，动态同意是目前最受推崇的一种。所谓的动态同意，就是将知情同意原则由原来的固定呆滞的静态操作转化为一个可持续的动态开放过程。在这种模式下，我们可以运用现代科学技术在网络服务平台或广告商与用户之间搭建一个信息交流平台，专门用来公布数据信息收集利用的实时情况，借助这个平台，用户可以随时了解关于自身信息的最新消息，并根据自身需要选择继续授权使用还是禁止利用。根据一般互联网广告的运营模式，用户个人数据信息的使用涉及的环节主要包括以下几个方面：采集和收集数据、组织和处理数据、存储和维护数据、传播和共享数据、访问和利用数据。[②]从动态同意的视角出发，网络服务平台和广告商应该建立起基于整个数据生命周期的动态同意系统，全方位保障用户的自主权。

① 王利明. 数据共享与个人信息保护[J]. 现代法学, 2019(1): 12-14, 45-57.
② 李卓卓, 马越, 李明珍. 数据生命周期视角中的个人隐私信息保护——对移动 App 服务协议的内容分析[J]. 情报理论与实践, 2016(12): 2-5.

为适应大数据发展而出现的动态同意原则存在诸多优点：①将用户个人数据信息的使用权以新的方式交还给用户，将用户置于整个数据链条的中心环节，使其重新扮演起积极主动的角色；②通过动态同意原则，数据信息的使用更加清晰透明，有助于增加用户对于平台和广告商的信任，使其建立起更为牢固的交易关系；③便于用户根据自身对于信息使用不同环节的理解做出符合当下价值观的选择，有效避免之后可能产生的法律纠纷；④弥补特别同意、概括同意模式下取得用户知情同意的缺陷，大数据信息的收集和利用符合新时代下法律和行业准则的规定。

大数据时代不断发展，给个人信息保护带来巨大的挑战，知情同意原则是保护用户个人数据信息的基本准则，重塑知情同意原则是顺应大数据时代发展趋势不可回避的问题。关于知情同意原则的讨论，从根本上讲是保护主义和利用主义之争，所有的改革都应该以知情同意原则的价值为中心，以更好地平衡数据利用和用户数据自主权的保护为主线，实现大数据时代广告行业的积极发展，绝不可以大数据发展为名，忽视公平原则，侵犯用户数据隐私。

（三）保障数据主体数据可携权和被遗忘权

随着大数据技术的普及和日益推进，用户个人数据信息被收集利用的情况普遍存在，个人信息泄露和数据被非法侵入的案例时有发生，社会面临着数据信息主体对个人信息的控制权逐渐萎缩的困境。脸书、推特等美国的个人服务网站在全世界的飞速传播，威胁了欧盟本土互联网网站的发展，为避免本土用户的进一步流失和美国的商业侵略，缩小欧洲与美国互联网行业的发展差距，塑造区域内安全公平的商业竞争环境，《通用数据保护条例》创造性地引入数据可携权的概念并进行详细的定义。如前文所述，数据可携权的内容主要包括副本获取权和数据转移权。[1]数据可携权的要素包括权利主体（欧盟境内所有自然人和数据控制者）、权利客体（用户个人数据信息）、权利行使条件（数据主体的同意和结果自动化生成）。[2]

根据国家战略布局，我国的大数据产业和互联网行业正处于蓬勃发展的阶段，可以说，我国已经成长为与美国并肩站立的互联网大国。2019 年中国互联网广告

---

① 冉从敬，张沫. 欧盟 GDPR 中数据可携权对中国的借鉴研究[J]. 信息资源管理学报, 2019(2): 25-33.

② 高宁宁. 数据可携权的建构与隐私保护[J]. 北京城市学院学报, 2020(4): 45-50.

行业市场规模达 4319.4 亿元，同比增长 14.9%，2020 年受新冠疫情的影响，行业发展增速变缓，随着 5G 商业化进程和技术的演进，电商直播带货营销已经成为互联网广告发展的重要渠道。[①]行业发展形势逐渐趋于平稳的同时，广告投放对用户个人数据信息保护不当的问题也日益成为阻碍行业发展的瓶颈之一。受访者 BJ06-E10 认为营销的阶段性放缓对未来发展而言是有利的：

> 我认为《个人信息保护法》出台后，营销行业可能会经历阶段性的放缓，但未来会迎来更好的发展。从长远来看，这一法律的出台是为了让精准营销更加合法、精确，从而赢得用户的信任，使他们更放心地提供自己的数据以享受更好的服务。（受访者 BJ06-E10）

数据可携权被引入国内互联网广告行业，或许会为当下发展得如火如荼的互联网广告行业带来新的前景。首先，由于技术和资金的壁垒，更多的个人用户数据信息通常掌握在大型互联网公司手中，用户在掌握自身数据可携权的同时，加速了数据在大公司与中小型企业之间的流动，使更多新兴行业竞争者投身其中，形成一个更加公平开放的市场环境；其次，用户在掌握可以随时将自身的数据信息从一个服务商转移到另一个服务商的权利时，也就促使原数据信息控制者为用户提供更好的商业服务以维持稳定的用户群，并采用更加积极的措施保护用户的数据信息安全；最后，数据可携权使得数据主体既取得数据的拥有权又取得数据的自由传输权，从而有助于保护个人合法权益，加强数据主体权利。目前学界对于数据可携权的引入还存在一定的争议。一些学者认为数据可携权的行使有悖于竞争法当中的正当竞争规定[②]，另一些则认为我国的法律制度与社会经济发展背景不适宜引入适用于欧盟商业环境的条例。[③]虽然数据可携权在一定程度上存在着不合时宜的地方，但亦不能因此全盘否定，可以在改良或者增加适当保护措施的基础上再适时引用。一方面，针对数据可携权中数据转移权可能会涉及的侵犯第三方用户隐私的情况，加强对申请数据转移的数据主体的身份认证，设定完整的身份认证标准和程序并严格执行，同时保护可能会涉及的其他个人数

① 易观分析. 中国互联网广告市场年报 2020[R]. 北京: 易观分析, 2020.

② 高富平, 余超. 欧盟数据可携权评析[J]. 大数据, 2016(4): 3-5.

③ 刁胜先, 李絁芩. 欧盟数据可携权的困境与本土化思考[J]. 重庆邮电大学学报(社会科学版), 2020, 32(2): 68-77.

据。另一方面，强化技术措施的保障，采用匿名化、假名化等技术手段隐匿数据主体转移数据过程中可能会追踪到自然人隐私的相关数据，并通过平台间技术合作尽量避免转移过程中数据信息的泄露、被侵犯等情况，直至数据再次安全存储。

如前文所述，与数据可携权同时期发展的还有数据被遗忘权。大数据时代知识的生产方式和传播方式都发生了巨大改变，在浩瀚的用户数据信息被技术时时记录的同时，大数据技术让记忆成为常态，而遗忘成为例外，数据主体和数据控制者在技术不平等的基础上进一步形成数据权限不平等地位，大数据技术对日常生活的时时侵入使得社会逐渐形成类似于边沁笔下被全景式监控的圆形监狱，而在其中被随时记录的用户网络行为数据在成为永久性记忆的情况下则有可能造成寒蝉效应。①2012年欧盟委员会在布鲁塞尔公布的《通用数据保护条例（草案）》中正式提出"被遗忘权和删除权"的概念，后做出调整，保留删除权并将被遗忘权以备注的形式标于删除权后，条例的最终版本于2018年正式生效。根据欧盟的规定，数据被遗忘权是指数据主体有权要求数据控制方删除与数据主体有关的数据信息，尽量避免这类信息进一步传播扩散，同时，数据控制者应该按照数据主体的要求通知与其有数据共享关系的第三方执行同样的操作。数据被遗忘权的权利主体包括数据主体和数据控制者，权利客体则涵盖被平台存储的有关个人的一切信息，适用情形包括数据使用目的改变、授权期满、数据主体反对涉及非公共利益的信息利用。数据被遗忘权在以下几个方面具有重要作用：第一，捍卫自我尊严。数据的可遗忘，给予了数据信息主体修正过去不当言论、行为的机会，让数据主体能够重塑社会形象、捍卫自我尊严，这也是提倡被遗忘权最为根本的诉求。第二，尊重他人权益。随着越来越多信息暴露于网络空间，用户的个人生活场景正在受到全方位的跟踪和监控，对各类数据信息虎视眈眈的不仅是各家商业公司，还包括存在于各个角落的普通用户，这对于数据主体的威胁显而易见。②作为一种个人数据信息保护的方式，被遗忘权虽然在理论上存在诸多实用价值，但在如何使其更好地适应中国行业环境方面，仍然面临诸多挑战，例如被遗忘权与公民言论自由权、知情权等权利之间的冲突。面对此类争议，我们可以结合我国目前大数据行业发展现状，借鉴被遗忘权的体系，形成适宜我国社会环境的数据

---

① 令倩, 王晓培. 尊严、言论与隐私: 网络时代"被遗忘权"的多重维度[J]. 新闻界, 2019(7): 2-9.
② 李艺. 大数据时代的被遗忘权[J]. 当代传播, 2016(2): 1-4.

约束体系。一方面，可以将被遗忘权行使的基础着重放在数据信息的价值评估上，当数据主体需要行使该权利时，应对数据主体申请的数据信息进行全方位、多层面的价值评估，从多个角度考量数据被遗忘的参照情形，逐渐形成较为完整的价值衡量图谱，在此基础上提出操作性强、风险相对较小的执行体系。另一方面，对不同的数据主体可以分情况和分类处理，例如未成年人、公众人物和罪犯的被遗忘范围可以采用不同的标准进行划分。[①]

（四）提供清晰有效的数据利用声明及协议

用户在下载使用一些软件和应用程序时，必须在进入正式页面之前同意企业事先拟定好的关于个人数据信息利用及保护条款，否则无法正常使用该应用，在这个过程中，企业方可能利用其在技术等方面的优势或者用户不会仔细阅读相关条款的思维定式，设置一些不利于保护用户个人隐私的项目。虽然企业方根据相关法律规定告知了用户应该了解的相关信息，但利用某些漏洞设置一些阻碍反而违背了保护用户隐私的初衷。因此，利用法律条款的限制和行业协会的监督完善数据利用声明及协议，是有效保护用户数据信息安全的措施之一。2020 年 12 月，苹果公司宣布其 Apple Store 平台中的各 APP 均上线"隐私标签"类目，这些标签分为"用于跟踪您的数据""链接到您的数据""未链接到您的数据"三类，通过这些隐私摘要，用户可以掌握自身数据被收集和处理的详细情况。无独有偶，谷歌在 2024 年正式实施"隐私沙盒"计划，用户可以选择允许哪些主题和网站向自己展示广告，以保护用户隐私并提升全球隐私标准。受访者 BJ04-E15 也建议我国互联网广告行业应在数据搜集与应用方面提供明晰的数据利用声明及行业内部协议：

> 从互联网媒体的内部管理来说，收集什么样的用户数据需要明确声明并达成内部协议，敏感数据不能收集，身份证号码等不能收集。大部分情况下，需要对用户的信息和行为进行分析，每一条信息都要有标签，每一个用户行为都要有标签。还需要对数据进行加密存储和权限设置。
>
> （受访者 BJ04-E15）

[①] 李涵. 网络环境下个人信息"被遗忘权"研究[J]. 当代传播, 2016(3): 1-4.

针对目前互联网广告行业在有关大数据收集利用协议方面存在的问题，各平台的数据利用声明及协议应该符合以下基本要求。

1）注重协议当下实效性。如前文所述，目前我国很多应用程序数据利用声明和隐私保护协议的设定是在一定的法律"强制"之下的不得不为。企业方应该从改变僵化思维，将数据利用声明和隐私保护协议看作是连接企业与用户的安全桥梁，本着为用户服务、对用户负责的态度积极规划内容的设定，避免让内容流于形式，避免将其看作是推卸责任的借口。①

2）条款内容应清晰明了。隐私条款的内容必须避免概括授权，或者采用模糊化的处理方式，应该翔实规定此类操作会收集用户哪些个人信息、这些个人信息将会用于哪些除个人服务外的商业化用途以及在这个过程中用户拥有何种权利，以保障协议的实际可操作性。②同时，协议中过于复杂的表述会使得用户难以准确把握相关内容，所以可以利用行业组织规范统一相关表述，使其更加容易理解，从而打造双向共通的意义空间。

3）明确数据共享原则。数据共享在本质上就是对用户个人数据信息的再次收集和利用，企业在试图获得用户的共享授权时，对数据利用声明中可能涉及共享的条款应该显著标识，并对共享设计的数据范围、关联服务商、使用期限等内容进行详细解释，提示用户在签订协议时着重关注该条款。③

三、创建全流程智能管控技术治理体系

在智能技术快速迭代更新的时代，传统的互联网广告治理手段已经难以适应行业发展的新技术环境。针对新技术所带来的具有隐蔽性、复杂性的各类问题，可以考虑从技术治理技术的角度出发，搭建一个完备的、基于全流程智能管控的技术治理体系，将技术治理思维贯彻到协同治理全方位。受访者 BJ04-E15 认为在未来只有符合用户隐私保护趋势的技术才能适用于行业生态环境：

---

① 孟晓明，贺敏伟. 社交网络大数据商业化开发利用中的个人隐私保护[J]. 图书馆论坛，2015(6): 2-8.

② 李延舜. 大数据时代信息隐私的保护问题研究[J]. 河南社会科学，2017(4): 5-6, 67-73, 124.

③ 王利明. 数据共享与个人信息保护[J]. 现代法学，2019(1): 12-14, 45-57.

对于任何个人信息数据的处理，我们都应从国家监管、国家安全、企业财产权益以及个人信息权益这几个维度去考虑。在当前趋势下，我可能会采用一种虽然不太精确但相对直接的方法来做两个判断：一是凡符合隐私保护趋势的技术，将更有可能获得生态发展的能力；二是凡过度依赖个体可识别信息的技术和产品，将会受到一定的限制。最终，只有在合规方面真正投入，并且有实际成效的企业，才能生存下来，进而发展壮大。（受访者 BJ04-E15）

（一）实时更新数据，引入到期日设计

大数据是现代互联网广告发展的基础，消费者是一切营销活动的核心，而对消费者的精准洞察则是实现营销目的的重要基础。所谓消费者洞察，体现在现代化智能广告领域，就是利用大数据技术搭建一个集数据收集、数据整理、数据分析等为一体的全方位立体的数据化智能管理平台，通过智能管理平台分析用户上网行为，尽可能还原用户的具体生活场景，包括网络虚拟世界行为的真实状态，多方面构造用户立体画像，打造具有针对性的用户行为方式分析模型，并不断置入新鲜数据，掌握具有长效思维的动态化需求，根据用户实时状态提供个性化广告信息。在此背景下，算法推荐机制能够将合适的广告内容以适宜的广告形式在合适的场景下推送给符合传播需求的人群，提高广告的到达率和传播效果。算法推荐等技术能够迅速帮助企业方获取用户个人信息，并凭借精美的广告形式牢牢地抓住用户眼球，基于算法推荐的精准推送已然成为各大互联网平台和广告商的基本操作。

隐藏在个体消费行为背后的消费价值观和生活习惯等在一定时间内具有稳定性，正如著名物理学家巴拉巴西在《爆发》一书中提出人类行为93%是可预测的。结合人工智能技术对用户过往行为进行分析可以在一定范围内向其提供符合其消费习惯的内容。从时间跨度来看，人的心理和行为并不是一成不变的，长时间浸润于固化的算法推荐模式中，不仅会造成个人乃至社会的"信息茧房"问题，而且基于相同数据的单一算法推荐模式难以满足不同时期用户不同的消费需求。在大数据时代，用户的个人行为数据一旦被采集至平台或广告商的数据库中便会永久存在，以后的精准推送也都是基于这些过往数据进行。北京大学中国社会与发展研究中心主任邱泽奇表示，带有偏见性的阅读可能加速形成"信息茧房"效应和"情绪传染"效应，影响人类认知偏好中的自我偏好。[1]娜奥米·克莱恩也曾在其著作中称广告的扩张侵犯了人们在日常生活中的选择权，选择变得越来越狭窄。在算法推荐机制下企业与用户连接，广告内容与用户的生活场景需求高度匹配，广告内容无孔不入，像"子弹"一样击中用户，用户在面对大量的广告信息轰炸时变得无能为力，从而诱发出"虚假欲求"。[2]当特定信息与特定用户彼此相互关联时，实际上窄化了用户的选择范围，剥夺了用户接触或选择其他商品的机会，使用户固化在一定的社会阶层，减少了社会财富流动。[3]同样地，长时间接触某一类商品或服务，用户也容易产生审美疲劳，并且现在用户接触商品信息的渠道丰富多样，极有可能出于某个原因而改变一直以来的消费习惯，这时基于以往记录而重复推送的同类商品内容的广告信息对于用户而言反而是一种打扰，并不能达到当下精准推送目的。

信息时代，生活节奏快，知识与技术的更新周期越来越短，为跟上这场与时间赛跑的信息战争，许多企业都建立起自己的信息化管理系统，以实现智能化管理用户各项数据信息。用户的购买记录、评价历史、浏览信息等都是这些数据库中最为基本的信息，这类数据看上去和用户的日常消费行为息息相关，但实际上并不能很好地反映用户的现状，换句话说，这些历史数据的实用价值值得商榷。为了更好地获得用户当下最为直接的消费现状，无论是平台方还是与之相关的第三方广告商，都应该借用合适的技术实时更新用户的最新状态。

"到期日"原本是金融行业的专业用词，指的是债券业归还本金的日子，所以说实际上它并不是科学技术上的创新，不过这种思维可以运用于广告行业，来建立生命周期可控存储数据自动删除销毁的方法体系。[4]由于大数据时代数据信息的商业价值利润空间可观，大多数拥有用户个人信息数据库的企业都将数据信息看作是永恒的资产，用户个人信息一旦被存储于企业数据库中就几乎是永久性的存在，难以消除。这样一种数据利用方式与我们常讲的用户个人数据信息保护的出发点是相违背的。基于此，到期日的设计是出于限制数据使用目的而言。企业可以利用相关技术设置关于用户个人行为数据信息的存储期限，或者由用户个人

---

① 彭训文. 精准推送、大数据杀熟……我们需要什么样的"算法"[J]. 决策探索(上), 2021(1): 24-25.

② 段淳林, 宋成. 用户需求、算法推荐与场景匹配: 智能广告的理论逻辑与实践思考[J]. 现代传播, 2020(8): 119-128.

③ 张力, 郑丽云. 算法推荐的歧视与偏见[J]. 中国报业, 2020 (7): 48-49.

④ 李延舜. 大数据时代信息隐私的保护问题研究[J]. 河南社会科学, 2017(4): 5-6, 67-73, 124.

在进入网页时自行设置关于自身信息的留存时间，到达规定时间相关数据就应该自然删除。同时，完整的防数据恢复手段也应该统一，防止有心之人出于某种目的恢复相关数据并加以利用。与前文提到的被遗忘权不同，到期日设计源于企业自身保护用户个人数据信息的目的，是一种更加积极主动的措施，更能彰显企业负责任的态度。

（二）利用混合云技术安全存储数据信息

技术本身就是一把双刃剑，既可以推动社会的发展，又可以反过来在一定程度上破坏社会的和谐稳定。在大数据背景下加速发展的广告行业所出现的用户隐私安全等问题与技术的快速发展密切相关。在传统观念中，对于不合理现象的规制，基本上倾向于选择以法律和法规对行为主体的行为进行事后调控，但是在技术的作用下，本质上由自上而下技术主导的网络世界却侵犯了相应的权利，忽视了相应的义务，在这一背景下，单纯地采用相关的法律条文来规制某些违法行为往往效果有限。针对与技术发展相伴产生的用户个人隐私安全问题，可以换种思路，建立基于技术管控的安全管理体系，用技术矫正技术。[1]国际商业机器公司副总裁、大中华区首席技术官谢东曾表示用技术解决商业问题被认为是企业应对危机最有效的手段之一。

2013 年 8 月，未经授权的第三方盗取了雅虎超过 10 亿用户的账户信息；2015 年 2 月，美国第二大健康医疗保险公司安森公司信息系统被攻破，将近 8000 万客户和员工的记录遭遇泄露；2018 年，脸书称因为系统安全漏洞问题遭遇黑客攻击，导致近 3000 万用户信息泄露。在大数据产业化生产链上，用户的个人数据信息被企业采集后面临的第一个问题就是如何安全有效地存储，这既关系到后续数据有效利用，还牵涉到用户数据信息在整个生命周期内被安全保护且不被侵犯，所以选择合适的数据存储方式是众多企业在大数据时代必须首要考虑的问题之一。作为推动数字化转型两大重要力量之一的混合云已经成为当代信息产业化发展的创新热点，是大数据背景下 IT 行业的重大趋势。互联网数据中心调查显示，受 2020 年新冠疫情的影响，超过 73%的企业表示在疫情后会增加在云计算上的开支，同时，亚太地区（不含日本）企业有超过 10%的预算将会运用在云计算和云安全领

---

① 王菲. 互联网精准营销的隐私权保护：法律、市场、技术[J]. 国际新闻界, 2011(12): 90-95.

域中。①可见，在新常态数字化转型的背景下，建立安全可靠的数据存储中心是企业顺应数字经济发展潮流的重要基石之一。

公有云由第三方云服务提供商拥有和运营，这些资源通过互联网提供，在公有云平台上，各方所能查看的数据雷同，类似于"共享性质"，基于公有云的数据存储价格低廉、空间大，但信息安全不能有效保证。私有云由专供一个企业或组织使用的云计算资源构成，可由企业自己管理或者请第三方代为管理，私有云相较于公有云可控性更强，但是价格较为昂贵，存储空间也更为有限。公有云和私有云相结合的混合云技术被看作是目前解决数据安全存储问题的有效方式，它是由多个能够独立运行却又相互关联的云组成的结构体，支持数据相互关联的云之间迁移。它既有公有云的性价比优势，又有私有云的隐私性，是未来云计算和数据存储的主流模式。②

用户个人数据信息可以划分为一般个人数据信息和个人敏感数据信息，学界和业界经常讨论的用户数据安全保护问题涉及的大多是用户敏感数据信息。在通过大数据采集技术采集到用户的个人数据信息后，可以根据一定标准使用数字甄别技术对相关数据进行分类整理，划分出敏感数据和一般数据。受访者SZ03-E08提到当前整个互联网广告行业普遍会对这两类数据进行差别化处理：

> 早年，数据直接以明文形式输出，细化到每个用户维度。然而，这种做法现在变得非常敏感，在大多数情况下，我们使用用户包来处理数据，并对敏感数据进行加密。（受访者SZ03-E08）

对于敏感个人数据，企业和机构可以将其存储在更为安全的私有云系统中，在存储时可以利用隐私增强技术，例如编码、加密、匿名化处理等向包含大量用户敏感信息的数据中注入噪音，尽量降低数据信息的可确定性。③英国信息委员会办公室就曾表示隐私增强技术不仅可以通过设定隐私保护措施获取用户的信任，同时由于这些技术的成本相对低廉，还可以减少企业帮助保护用户个人数据信息的成本，降低由信息安全问题引发的法律责任风险。当然，噪音的注入也要

---

① 程梦瑶. 用户主导创新时代 混合云才是制胜之道[J]. 软件和集成电路, 2020(11): 68-69.

② 陈克非, 翁健. 云计算环境下数据安全与隐私保护[J]. 杭州师范大学学报(自然科学版), 2014, 13(6): 563-570.

③ 郑志峰. 人工智能时代的隐私保护[J]. 法律科学(西北政法大学学报), 2019(2): 6-7.

考虑后续的数据利用，实现效益最大化的隐私保护和商业利用的平衡。对于一般的个人数据信息，企业和机构则可以根据需要将其存储在空间更大、价格也更加低廉的公有云平台。在大数据时代，信息数量巨大、类别繁多，各行各业都存储着大量的数据样本，对于广告营销行业而言，掌握用户详细数据信息、洞悉用户当下消费行为习惯及心理尤为重要。值得注意的是，很多从表面上看属于用户自愿公开的公共信息看似并不涉及用户的敏感信息，或者说只是含有少量的个人敏感信息，但这类以碎片化形式大量分布式存储于各个角落的数据，经过大数据技术收集、整理、分析等操作，还是可以在一定程度上透露用户的重要隐私内容，并与特定的自然人相关联。经过重新整合后的数据在一定程度上已经脱离了单纯意义上一般个人数据信息的范围，甚至能够归属到敏感信息。从这个角度看，对用户数据信息的属性归类和存储必须实时更新，根据不同场景和情况而变动。

（三）优化算法技术提升广告传达精确度

在大数据时代背景下，随着算法技术的日益发展，精准推送的模式越来越受到各个平台以及广告商的青睐，成为提高传播效果、获得盈利的首选。互联网营销已然迈入大数据+算法的时代，精准推送的模式基于用户大数据信息的收集和利用，通过自动推送系统将合适的内容推送给系统所认为的目标消费者。既然是"精"而"准"的推送，必然涉及对用户相关个人信息的利用，其中涉及的隐私保护问题不仅是现在学术界普遍关注的问题，也是业界关注的重要问题。受访者BJ07-E15认为当前挑战就在于如何在保护用户隐私的情况下进行数据监测：

> 针对个体级匿名 ID 的问题，目前第三方数据监测机构已在着手解决，其中一个方法是利用隐私计算技术。逻辑很简单，账号、手机号等注册用户体系都具备识别每一个移动设备的能力，不仅限于手机厂商生成的匿名 ID。关键在于如何在保障用户隐私的前提下完成第三方的监测工作。（受访者 BJ07-E15）

除此之外，用户对这一类广告可能会涉及的隐私问题的关注度也普遍增高。精准推送广告所引发的隐私安全问题主要体现在以下几个方面：①基于技术优势，企业过度收集用户数据信息；②未经用户许可，擅自将用户的个人数据信息分享给第三方合作企业并用于商业用途；③分散的、碎片化的个人数据经过技术认定可以识别出具体的相关自然人，影响用户日常生活；④用户个人数据信息在收集、存储、利用过程中可能随时面临被窃取、泄露的风险。目前算法技术相对不成熟，用户在遇到精准推送类广告时考虑到可能存在的隐私安全问题，极有可能下意识地产生怀疑心理和相关广告回避行为，或者在平台收集数据时始终拒绝提供相关数据甚至是一般数据信息，使得无数据可分析的局面产生，最终影响广告的精准度和实际传播效果。①

在由大量数据和算法技术支撑的推荐系统中，最为主要的就是推荐引擎的设计。推荐引擎大致分为三个阶段，即匹配、过滤、输出排序，基于此操作，才算完成一次完整的精准推送。具体来说，就是根据大量用户的互联网在线行为数据分析计算用户画像，得出最近用户可能需要的商品内容等信息，然后从已经准备好的广告资源存储库中筛选出相关广告信息资源，再根据算法计算出的用户标签对已经筛选出的内容进行再次筛选过滤，将得出的结果按照契合度、热度等权值进行推荐排序并输出给特定用户，实现精准推送。举例来说，当一位女性用户在某一搜索平台或社交平台多次搜索查看某一款服装信息，那我们就可以通过相关数据计算出这位用户大概喜欢什么类型、风格的衣服，心理价位是多少等信息，然后再结合最近的客观因素，例如天气、节气、假期等可能会影响选择的因子给用户推荐相关内容。

基于大量用户数据信息进行个性化的精准广告推送服务，相较于传统广告推送模式的确提高了广告到达的精确度。纵观精准推送广告的发展，隐私保护问题越来越成为阻碍行业健康发展的重要因素之一，用户在对自身隐私保护意愿下产生的精准广告回避行为也成为行业关注的重点。那有没有一种既能保护用户个人数据隐私，给予用户足够的安全感，又能实现精准推送服务持续发展、进一步提高广告传播精准度的技术呢？目前来说，算法推荐技术在互联网广告行业实践中依然存在着与预期相反的不精确问题，算法推荐技术引发了诸多的批评和争议。首先就是广告内容推荐与用户实际需求不匹配。很多用户在接触到一些互联网广告时都会有这样一种感受：它推荐的东西根本就不是我感兴趣的东西或者根本就不是我需要的东西，这样推荐出的广告内容完全是牛头不对马嘴。

目前所使用的算法推荐模式中最为普遍的就是协同过滤推荐算法，这种推荐

---

① 杨嫚，温秀妍. 隐私保护意愿的中介效应：隐私关注、隐私保护自我效能感与精准广告回避[J]. 新闻界，2020(7)：41-52.

算法主要有两种视角，一种是基于用户，一种是基于商品。基于用户的协同过滤推荐，原理就是分析某一用户与其他哪些用户的购买行为之间具有相似性，然后根据这些用户的购买记录推测该用户可能会感兴趣的商品并选择推荐给该用户。基于商品的协同过滤推荐，即系统根据用户过往的消费记录、购买行为挖掘判断出用户可能会感兴趣的商品类型，然后再从用户确定喜欢的类型中选择商品，并推荐给用户。这两种模式算法简单，能够在一定程度上给用户制造惊喜，满足消费欲望。但是在可供机器学习的用户量和商品量太少的情况下，推荐结果就会比较差，这也是人工智能经常被人们吐槽推荐不智能的原因之一。再者就是算法推荐系统经常会重复推荐同质化内容。用户在浏览网页时一不小心点击了某内容后，算法就会一直向用户推荐同样的内容，用户时常会感到被算法以为的自己感兴趣的内容所包围，而难以接触到新鲜的内容。用户的兴趣并不是完全固定的，而是时常发生变化的，比如刚刚下单购买了鲜花的用户接下来想要购买器具，而算法根据其之前的鲜花浏览记录仍然向其反复推荐鲜花显然是不合时宜的。要想避免用户长时间被禁锢在单一的内容接触中，适应用户当下实时的兴趣变化的需求，再根据用户大数据信息进行未来行为预测，就需要对目前的算法技术进行优化，以提高广告传播的精准度。在利用大数据采集技术对数据采集之后，第一时间对比当下用户行为数据与相关有记录数据之间的差异性，以得出数据的有效性，通过人工智能技术第一时间捕捉用户的即时兴趣，向用户推荐当下其最感兴趣的内容，提升用户的体验感。[①]

字节跳动是国内领先的以个性化推荐技术为关键数据技术发展起来的媒体矩阵品牌，个性化推荐技术是字节跳动旗下今日头条品牌迅速占领市场的关键技术，也为其他子品牌用户流量池积累打通了技术逻辑链路。但今日头条的个性化推荐技术屡受争议也促使字节跳动采取措施以减少算法分发弊端，尽量避免给用户带来"信息茧房"。在策略上首先通过排除高度相似的内容降低内容的重复率，其次打散同一主题下可能会产生同质化的内容，重新排列，丰富内容的多样性。这种不断升级自身关键技术，增强算法的智能化，以规避给用户带来的负面影响的做法也值得其他企业学习。[②]

① 刘金芳. 关于大数据安全与隐私保护[J]. 电子技术与软件工程, 2020(6): 250-252.
② 刘珊. 传媒产业：踏上数据智能化之路[J]. 国际品牌观察：媒介, 2020(6): 26-30.

四、加强行业主体数据技术应用的自我规制

在技术赋权的背景下，用户数据信息安全保护除了依靠法律法规对企业的管控，很大程度上还需要依靠互联网广告行业主体的自我规制。相较政府规制而言，行业自我规制往往成本较低，并且拥有更多的专业技术知识，行业主体目前已经认识到这一点，如受访者所述：

> 关于监管部分，我们主要是受国家互联网信息办公室监管，主要集中在内容方面，数据层面接受的监管相对较少，我个人觉得政府监管很难进入特别细节的层面和底层，因为成本比较高。（受访者 BJ02-E15）

> 应该允许平台参与制定规则，政府不应过度细化地管理，因为那样很难管。结果统一，过程才可能统一，但实际上结果难以统一，广告形式多样，不同广告位的转化效果各异，付出成本也不同，政府很难管。程序化广告行业的发展非常迅速，可以推动整个行业前进，但定义学科很难。（受访者 SZ01-E10）

自我规制是指行业市场主体自发组织制定规则并在内部自愿实施的一种特定规制形式，其规制内容、规制方式的选择以及内部激励机制的设计均由行业内部成员决定，并在成员组织或协会内部调控行业主体对规则的执行与遵守。[①]我国互联网广告行业历经 20 多年的发展，在行业动力、市场环境、市场结构等方面已经具备自我规制的基本市场条件，进行行业自我规制可以充分发挥行业多元主体的权利、技术和专业优势，变事后监管为事前防范，降低规制成本并预防风险与危害的发生。

（一）完善互联网广告数据保护风险防范机制

自我规制并不等于完全自治，有效的自我规制需要以政府规制机构提供的法律监管框架为基础。我国互联网广告行业数据应用方面的自我规制应在政府规制的支撑作用下实现，政府为互联网广告行业主体提供数据应用方面的事前合规指引和事后归责框架，并形成行业主体的责任威慑机制，督促互联网广告行业主体

---

① 张艳. 中国互联网广告行业自我规制研究[M]. 北京: 人民出版社, 2021: 38.

建立数据技术应用层面的自我规制管理机制。

由于互联网广告数据信息实时动态更新，具有较强的技术性和隐蔽性，常规的监管和治理方法具有滞后性。因此，我国互联网广告数据治理必须坚持动态化、智能化与定期评估的建设原则，注重源头防范和过程管理，而不是单纯的事后处理。各行业行为主体应基于长期利益自发地开展数据应用的自我规制，从源头防范互联网广告数据应用过程中可能存在的各种失范问题。互联网广告媒体平台方应建立针对广告投放主体的数据应用审核制度，并从互联网广告数据层面加强应用前的审核机制建设。依据受监督的自我规制理论，政府相关监管部门可以督促互联网广告行业主体建立专门的、具有相对独立性的数据应用自我规制机构，并要求其对互联网广告数据应用进行全流程的自我规制审查，提前进行风险防范。

（二）建立互联网广告数据应用投诉与追责机制

随着智能技术的发展，互联网广告行业的数据应用主体更为复杂多元，涉及广告主、广告代理公司、互联网等各类智能媒体平台，以及第三方数据监测机构等多方参与者，而互联网广告行业有关用户个人数据信息应用失范也表现出非法数据搜集、数据的任意流动、用户数据信息滥用等多种形态，这在一定程度上增加了监管难度，更需要发挥行业多元主体的自我规制优势，形成行业主体相互监督、自我管理的数据应用投诉与追责机制。

首先是互联网媒体平台自身需要对互联网广告数据应用进行自我审查与管理，承担起媒体平台的责任，对违规应用数据的广告投放者进行追责与监督；其次是依托互联网媒体平台投放广告的广告主及其代理公司，需要对数据应用与流通的合规性负责，并接受媒体平台、第三方数据监测机构和用户的监督、投诉，进行自我整改。但是目前我国尚有一些大型媒体平台没有接入第三方数据监测机构，如受访者 BJ01-E15 所述：

> 大型媒体平台依托庞大的流量池，首要任务是消耗自己的流量，当它们消耗起来有压力时会成立联盟，因为单个媒体平台的流量无法承载巨量的预算。前两年，国内大型媒体平台有做过暗投，把一部分站内投放广告转移到站外，后来官宣以后，流量打通，就分开来投放。它们不会接入第三方数据监测机构来进行监测。但是广告主可以在外链或者落

地页接入一些埋点的统计策略。用户在打开页面的时候，相关数据会被收集，比如打开情况、打开时长等。（受访者 BJ01-E15）

可见，在这样的环境下，第三方数据监测机构更要承担起行业数据自我规制的主体责任，净化行业数据监测环境，监督各类行业主体的数据应用与保护机制，并督促互联网等各类智能媒体平台逐渐建立一种数据应用投诉与追责机制，一旦发现用户数据信息滥用、隐私数据泄露等失范行为，应立即制止，保留证据，并向应用主体追责，同时向有关部门报备。在互联网广告数据保护审核环节中，特别要加强对用户数据非法收集、隐私数据泄露、用户数据滥用等行为的监管，通过广告数据应用协议明确行业主体的责任与义务，从源头确保用户数据信息的合理应用。

（三）构建互联网广告行业数据合规应用自我规制体系

在互联网广告规制中，美国行业组织和互联网广告平台企业的自我规制起步较早。美国广告自律监管事会为广告行业自律制定准则和程序，建立了相对完善的监督体制，加强了行业对广告的审查与监管，使行业发展更高效、更自律，在美国互联网广告规制建设方面发挥了重要的作用。有研究者发现美国广告自律监管理事会在 40 多年间审阅超过 5000 个案子，其中 90% 的广告被认定为具有误导性，广告主体自愿进行修改或者停止发布，另外，美国广告自律监管理事会将拒绝进行自我规制的企业案件移交到政府管理部门进行处理。[1] 美国广告自律监管理事会自律监管机制的直接约束力有限，但是通过公开监管建议施加舆论压力以及将案件移送联邦贸易委员会等政府管理部门也促进了问题的妥善解决。美国跨行业的组织为互联网广告行业设置自我规制手段，为行业发展创造了良好的环境，行业自我规制管理在很大程度上规范了企业行为。美国网络隐私认证组织也发挥了很大作用，如美国的非营利性网络隐私认证机构 TRUSTe 建立了"网络隐私认证计划"模式，各大网站遵循其基本准则便可得到认证标志，以此保障公民隐私安全。[2]

中国广告协会的自我规制主要在政府的指导下依据系列相关文件展开，没有

---

① 杨燎原. 中美广告行业协会比较研究[J]. 广告大观(理论版), 2013(5): 9-17.

② 宋泽蓉, 张艳. 美国互联网广告业自我规制的特色与启示[J]. 传播力研究, 2019(27): 179.

专门的实施机构和运作程序，以及跨行业协会的合作，中国广告协会集管理者、经营者、服务者于一身，这使其发挥的监管作用有限，协会会员的凝聚力和吸引力也不足①，协会行业框架标准缺乏正式规则的强制性与权威性，以至于难以达成共识，如受访者 SZ01-E10 所述：

> 行业协会制定的一些广告监测标准、程序化互通标准等很难发挥落地作用，行业协会背后往往是行业内的博弈，是某个角色要做什么事情，行业协会很难产生强制性的效用。（受访者 SZ01-E10）

可见，目前我国广告行业自我规制手段仍然比较传统且单一，管制、命令型规则让企业方表面上被动接受，实质上可能采取更为隐蔽的方式制造"信息缺口"，获取经济效益，这也导致了行业监管效率不高等问题。针对用户个人数据信息保护问题，我国互联网广告行业可以成立专门的个人数据信息利用管理机构，对数据控制者的数据处理行为进行有效的监督与审查。在互联网广告传播过程中的个人数据信息保护方面，包括互联网广告主、互联网媒体平台、广告代理公司及第三方数据监测机构在内的多方行业自我规制主体，应通过源头防范、过程监测、事后追责等多种自我规制方式，建立一个多主体、全方位的数据信息保护自我规制管理体系。

---

① 包娜. 我国与欧美国家广告行业自律的异同[J]. 中小企业管理与科技(下旬刊), 2017(11): 105-106.

第三章

互联网广告中的算法应用失范问题及治理

　　数据在广告活动中一直扮演着重要的角色，大数据所积累的用户信息能够刻画更加精致的目标受众画像，广告主从未像今天这样能够如此清晰地审视自己的受众；同时在互联网中数据流的极速传输实现了传送双方的共时性交互，当用户向互联网平台发送了自己的访问请求后，服务器能够在微秒级的反应时间里完成对用户特征的抓取，寻找与该用户特征吻合的广告主竞价信息，然后将携带有相关广告的响应以数据包的形式传回到访问者的网络端口。[1]对于用户来说，他们可能不太在意自己与朋友在同一时间浏览的页面中所展示的广告是否相同，但这正是互联网广告与传统广告在投放时的最大区别，互联网平台像一个巨大的枢纽，将广告信息引流至每个独立的个体。因此，有学者指出，当算法参与到广告信息的分发中，扮演"把关人"的角色时，算法决定的不再是广告能否获得在用户的视线中"曝光"的机会[2]，而是决定了广告在用户注意力中的排序与位置。

　　毫不夸张地说，数据成了互联网时代广告活动的重要驱动力，甚至有超越"创意"成为广告活动真正核心的趋势。[3]广告对数据有先天的敏感性以及特殊的需求，而大数据技术为数据的收集、清洗和分析提供了更高效且智能的工具。在互联网发展的起步阶段，广告活动就与互联网平台形成了一定的伴生关系，直至今

① 王佳炜，杨艳. 移动互联网时代程序化广告的全景匹配[J]. 当代传播, 2016(1): 92-95.

② 刘志杰. 算法把关失灵与编辑价值重塑[J]. 中国编辑, 2020(5): 18-22.

③ 肯·奥莱塔. 广告争夺战——互联网数据霸主与广告巨头的博弈[M]. 林小木, 译. 北京: 中信出版社, 2019: 245.

天，互联网的应用场景逐渐扩展，广告仍然是当之无愧的与互联网融合程度最深的媒介产业形态之一。通过算法技术实现对海量数据的批量化处理，是推动互联网广告业务与大数据经济实现融合的技术前提，算法的存在本质上是为了在这个信息熵增的时代解决数据过载的问题，即在纷繁复杂的数据中为我们开辟出一个能够自由呼吸的空间，减少人们处理信息的时间和精力成本，因为"媒体提供的信息量大大超过了受众的接收和处理能力"。①因此在当前互联网广告经营管理中，主流的广告售卖和购买都依靠算法程序进行自动化处理，包括实时竞价平台、聚合性的网络广告报价平台、广告交易平台等，而互联网广告交易中所涉及的各类纷繁的价格体系，包括曝光市场成本、每分钟曝光成本、每点击成本等传统的刻度性的计费标准，以及"按销售付费"和"按行动付费"等以广告效果为标准的广告计费模式，都需要借助算法支持高频变动、数据庞大的计费系统的运行。因此，在今天想要理解互联网环境中的广告活动，审视夹杂在其中的算法技术是必不可少的环节。但算法技术在为广告业吹去变革之风、勾勒出一幅动人蓝图的同时，算法主导的互联网广告营销活动也开始受到伦理的挑战，部分场景下的具体应用甚至受到法律的质疑，也因此，广告业与算法的结合就变成了一个值得我们去审视、去思考的课题。

第一节　互联网广告中算法应用失范的表现

　　任何技术的发展都不是一帆风顺的，技术所具有的"双刃剑"属性已经被一再证明，任何推动社会生产力跃迁的技术如果不被妥善使用，都有可能摇身一变成为毁灭文明的"凶手"，算法作为计算机科学送给全人类的礼物，自然也不例外，人类对算法的过度依赖很有可能将算法变为新生的"霸权"，从而成为一件具有杀伤力的数学武器。②互联网广告投放过度依赖数据，引发了数据技术的不当应用行为，这也引起了社会讨论，尤其是学界的警惕和反思。

① 刘存地, 徐炜. 能否让算法定义社会——传媒社会学视角下的新闻算法推荐系统[J]. 学术论坛, 2018(4): 28-37.

② 凯西·奥尼尔. 算法霸权[M]. 马青玲, 译. 北京: 中信出版社, 2018: 35-36.

一、算法程序自动决策带来的价格歧视风险

互联网的发展为产品销售的"个性化定价"提供了自由的空间，企业与经销商可以通过算法程序的自动决策调整面对不同消费者的实时报价，进而改变网络广告和营销活动中传播的具体信息。换言之，企业和平台网站获得了对不同消费者进行差异化定价的能力，而这种销售时的差异化，究其实质，已经构成了价格歧视。价格歧视现象伴随着金融与商业的历史，由来已久，但互联网的助力使得价格歧视现象更加隐蔽，也增加了价格歧视对社会和消费者产生危害的风险。

（一）价格歧视产生的经济学解释

价格歧视是指商家在对不同消费者出售相同产品或服务时开出不同的价码，属于垄断企业通过定价策略获取超额利润的一种手段。[①]也有研究者指出，卖方就相同或近似产品、服务，针对同一消费者因其购买数量以及购买顺序的差异所给予的差别定价，也应当视作价格歧视。[②]

传统的价格歧视现象可以用价格机制加以解释。阿尔弗雷德·马歇尔的均衡价格理论指出，特定的商品或服务，在一个完全竞争市场之中会形成固定的均衡价格，此时商品的供给量等于商品的需求量，当供需关系变化，商品的产量与销量也会随之调节，商品的市场价格始终围绕均衡价格上下波动，在一个理想的市场中，商品的市场价格应当趋于稳定。但值得注意的是，商品对个体的效用是不均等的，商品的使用价值因人而异，如果商品能够满足消费者的使用需求，就会进一步为不同的消费者带来差异化的剩余。换言之，不同的消费者对于同样的商品与服务并不总是愿意支付同样的价格。在此时，卖方并不清楚商品对于消费者的效用，而消费者也不清楚卖方的情况，这种信息不对称是双向的，因此仍然可以将买卖双方的交易视作是公平的。[③]但是当这种信息的双向不对称被打破后，卖方能够通过各种手段试探商品对消费者的效用，探知消费者对特定商品价格的心理预期，从而可以调整价格，使其更接近消费者的保留价格，即消费者愿意为

① 高重迎, 李晔. 数据平台价格歧视行为的反垄断规制问题分析[J]. 中国价格监管与反垄断, 2020(7): 19-25.
② 王玉霞. 价格歧视理论中的若干问题[J]. 财经问题研究, 2000(11): 18-21.
③ 邹辉鸿, 张德洋, 李爽. "大数据价格歧视"现象的合规性探究[J]. 现代经济信息, 2020(3): 147-148.

某一商品支付的最高价格，进而在促成销售的同时扩大企业收益。在此基础上就形成了价格歧视。

目前的研究普遍将价格歧视分为三个类型，即一级价格歧视、二级价格歧视和三级价格歧视[①]。所谓一级价格歧视，就是指卖方能够根据每一个买方的特征与情况，获悉其保留价格，并依据该价格进行商品销售，因此能够最大程度获得利润；二级价格歧视，指卖方根据买方购买需求的商品数量与规模的差异，为不同的买方或相同买方的不同购买行为提供差异化报价；三级价格歧视，则是指卖方根据消费者的所属群体进行差异化定价，卖方根据对不同群体的认知，得出群体的消费属性，并相应地制定价格，这一定价策略在今天也比较常见。当企业滥用自身的产业规模和市场竞争力压低售价时，很有可能会导致竞争对手难以承担相对低价而被迫出局，属于企业主动排斥竞争，因此价格歧视有演变为掠夺性定价的风险，这是值得警惕的。

但价格歧视也并不完全是坏事，企业通过适当地调控售价，提升了商品销量，从而获得更高的利润，用户在某种程度上也享受了企业价格政策的红利，甚至有些商品采取统一定价的方式反而不利于企业的发展，也会损害用户的利益。以软件产业为例，软件研发所需的成本较高，而复制生产的边际成本低，因此，针对不同的用户群体（例如公司用户和家庭用户、学生用户等）会执行差异化的定价。由于不同用户群对产品使用的依赖程度不同，因此对需要软件提升生产力的公司用户设定更高的报价，对普通用户则提供接近边际成本的相对低价，在保证商品销量的同时为企业提供充足的资金，以进行后续的研发工作。[②]对于价格歧视是否一定损害了消费者的公平权利，学者们的观点也莫衷一是，阿列克谢·M.马尔库就认为，卖方根据消费者购买产品所能收获的效用决定售价，其本质是向消费者提供了同一产品所蕴含的不同效用，因此不能简单地视为损害了消费者的公平权利。[③]

同时，我们也要看到，在前互联网时代，企业想要实施价格歧视并非一件简单的事情，往往需要满足以下条件：首先，企业必须清楚地知晓消费者对于商品所抱有的心理预期和保留价格，在此基础上才能制定出让企业利益最大化的价格

① 傅萍. 互联网经济下价格歧视反垄断的国际经验及启示[J]. 改革与战略, 2017(3): 162-164.
② 许光耀. 价格歧视行为的反垄断法分析[J]. 法学杂志, 2011(32): 21-24, 144.
③ Marcoux, A. M. Much ado about price discrimination[J]. *Journal of Private and Enterprise*, 2007, 9(1): 57-69.

策略；其次，企业实施价格歧视的商品市场中不能存在显著的竞争，否则被企业以歧视高价对待的消费者群体很容易被竞争者以相对低价的优势拉拢，并成为其客户；最后，企业要保证自身出售的商品无法被套利，换言之，如果企业以歧视低价销售的商品被消费者转手出售，不仅会损害经销商的利益，被企业以歧视高价对待的消费者同样会降低对企业的信任。①

（二）价格歧视现象在网络营销环境中的新表现

互联网为商家实施价格歧视提供了难以想象的便利，消费者对某一商品的"保留价格"在大数据技术面前不再是什么秘密，尽管谷歌等在算法领域内处于领先地位的科技巨头纷纷呼吁运营算法需要"不作恶"，但实际上运用算法处理大数据以探知用户"秘密"却屡禁不止。在尼古拉·尼葛洛庞帝预言的"我的日报"中，不仅新闻和信息变得以用户兴趣为导向加以定制②，"我的日报"中所呈现的产品或广告信息同样由用户的需求以及购买意愿所决定，这也就导致了网络营销活动中的价格歧视现象表现出了新的特点。

1. 对消费者开展价格歧视的主体更加多元

随着计算机科学的不断发展，互联网在生活场景以及商务活动中的使用也愈发广泛和频繁，网络中出现了大量的商品零售平台和比价网站，这一新的变化使得双边市场对产品销售的影响得到前所未有的加强。简单来说，双边市场就是连接买卖双方，通过中介服务实现交易的网络平台，受到网络外部性特征的影响，双边市场中买卖双方的利益都受到另一边的用户规模的影响，网络平台聚合的大量消费者无形中为产品的销售方扩大了市场，而对于消费者而言，更多的卖方也促进了市场竞争，为市场价格的调控提供了保证。③国内的电子商务平台如淘宝、京东、拼多多以及境外电商亚马逊、易贝等网站都是运用双边市场的模式获得商业成功的典型案例。因此，对消费者开展价格歧视的主体范围扩大了。

企业的定价策略会随着商业模式的更迭不断摇摆，在电商平台中，产品价格

① Stole, L. A. Chapter 34 Price discrimination and competition[J]. *Handbook of Industrial Organization*, 2007(3): 2221-2299.

② 尼古拉·尼葛洛庞帝. 数字化生存[M]. 胡泳, 范海燕, 译. 北京: 电子工业出版社, 2017: 149-151.

③ 董雪兵, 赵传羽. 双边市场、不完全信息与基于购买行为的价格歧视[J]. 社会科学战线, 2020(4): 59-75, 281-282.

不只是简单地受到卖方意愿操控，平台的销售策略也参与到商品的定价环节中。例如拼多多和淘宝的"百亿补贴"活动，以价格战的形式拉低了苹果公司产品在两个平台上的售价，在"双11"等电商购物的降价节点，企业则利用平台形成的规模经济效应填补商品降价的收益损耗，而通过"网络直播"销售商品时，因为不同的主播与企业之间的价格协议不同，直播间中商品的实时售价也会出现较大的波动。因此在网络销售的双边市场中，不仅是企业，平台在制定价格中同样发挥着作用，换言之，平台与商家一样，具备了对消费者开展价格歧视的能力，而这种价格歧视不仅会影响消费者，同样会影响入驻电商平台的商家的销售活动。

依托互联网的实时定价算法开展价格歧视使得这一风险愈发难以控制，越来越多的行业开始对消费者进行价格歧视。一方面，自动定价算法和计算广告的投放模式具有相对优势，其推广使用是不可逆的技术发展趋势，"精准"的思路改变了以往广告及营销的结构，广告活动引导的商品信息不再注入媒体的"广告位"之中，而是直接以用户的接收作为终点[①]，广告主在进行广告投放时可以有效控制成本，进而直接降低了营销宣传中的无用支出，提高了效率。另一方面，实时定价系统的优势在于可以通过数据与算法探知消费者的保留价格，卖方有时能比消费者更清楚其消费动机与需求，极大地拉低了复杂定价的成本，同时互联网环境下点对点的沟通传播让卖方修改价格的成本也无限趋近于零，并且能够提高定价决策的效率与质量。[②]因此在未来，平台与企业会大规模使用网络营销手段，通过大数据收集用户信息，以此为基础的精准投放会在一定程度上扩大价格歧视的缺口，而部分商家的逐利行为也使得越来越多的行业受到价格歧视质疑，其中广泛使用算法定价的领域如零售业和实时竞价广告市场，供需关系不稳定的市场如网约车和机票代理，服务成本因人而异的行业如金融信贷和保险行业，最有可能引发由算法导致的价格歧视风险。

2. 以"大数据杀熟"为代表的价格歧视成为国家治理重点

互联网构建了一个双向的信息交互场域，消费者在获取信息的同时，其自身在网络平台上的行为与活动也成为新的、对企业和平台产生价值的信息。通过算

① 许正林, 杨瑶. 基于大数据的移动互联网 RTB 广告精准投放模式及其营销策略探析[J]. 上海大学学报(社会科学版), 2015(11): 104-117.

② 喻玲. 算法消费者价格歧视反垄断法属性的误读及辨明[J]. 法学, 2020(9): 83-99.

法，卖方可以更及时地获取消费者的动态，更细致地解读消费者的消费心理，更准确地预估消费者对于特定商品的保留价格，从而执行歧视性的定价。在国内，不当的网络营销活动导致的价格歧视往往表现为"大数据杀熟"，普遍来说"大数据杀熟"被界定为在网络平台上有过多次购买经历的消费者并未享受到优惠，反而需要承担更高的价格。①这一现象往往是由消费者自觉发现和揭露的，而"大数据杀熟"现象也出现在电商零售、外卖服务、共享出行服务等诸多"互联网+"商业领域。但其实"大数据杀熟"还囊括了其他的价格歧视形式，例如平台默认使用苹果公司产品的用户属于收入较高的人群，因此相对于使用安卓手机的用户，使用苹果手机的用户通过互联网支付时会被索要高价；在一些利基市场中还存在因为新用户不熟悉产品价格导致的"大数据欺生"。因此尽管"大数据杀熟"是最具代表性的价格歧视现象之一，但当前网络营销中，价格歧视已经在不同的场景下具备了不同的表现形态。

从营销角度看，"大数据杀熟"现象并不难理解，其基本情况有两种。第一种是消费者使用新账户与老账户进行相同的交易时，网络平台为增加用户黏性，会给予新账户一定程度的价格补贴，平台首先需要用低价策略拉拢和稳固自身的用户群，这是平台为了扩大双边市场规模的必要成本，但平台已经将老用户默认为平台的"忠实"用户，这一部分用户已经不再享受平台的此类优惠红利，因此购买相同商品时所需支付的价格保持为正常价格，这就导致了使用老账户购买商品时需要支付的价格比新账户高。第二种情况则是平台滥用消费者数据所导致的。当前基于算法进行的互联网广告投放究其本质仍然是一种算法推荐，只是广告投放的过程中不仅要依靠算法分析广告信息进行目标用户的筛选，还要基于用户信息进行差异化定价（通过算法"推荐"适合某用户的信息），同时将实时生成的价格注入广告信息中。一般来说，算法推荐主要有三种不同的逻辑，即协同过滤算法、基于内容的推荐算法和基于语义的推荐算法。所谓协同过滤算法，就是算法开发者认为个体的行为会接近其所属群体或各类标签与特征相似的其他个体，因此可以用已有的用户数据预估某一具体用户的情况；基于内容的推荐算法，则是对用户已有的行为或浏览的信息进行标签化处理，并向用户推荐带有相同或相似标签的产品；基于语义的推荐算法往往要对信息进行语义分割，因此更适用于

---

① 叶明, 郭江兰. 数字经济时代算法价格歧视行为的法律规制[J]. 价格月刊, 2020(3): 33-40.

信息的推荐。[1]当前适用于网络营销领域的推荐算法大多是根据商品和内容的近似性进行关联推荐，当用户反复浏览或搜索某一商品时，算法就会默认用户对此类商品有较强的购买意愿，因而抬高售价；当用户重复购买某类产品或重复使用某项服务时，平台也能认定该用户对该商品或服务具有高度依赖性，因此也会持有较高的保留价格，进而抬高了该商品或服务的价格。在这种情况下，用户无法及时比价，因此卖方对买方形成单方面的信息歧视，从而演化为价格歧视，这不仅违背了交易的公平精神，平台方更是存在利用垄断优势进行违规操作的嫌疑。

互联网中平台与用户间的信息不对称也在逐渐扩大，尽管大数据资源被誉为21世纪的"石油"，但读取网络信息数据中的价值需要相当的专业技术以及与之相适配的商业模式，这就决定了普通用户与网络平台间在数据价值的挖掘方面存在无法弥合的鸿沟，平台在用户隐私保护方面的缺口，更加剧了侵权风险。当前我国的司法体系建设也开始着手将算法应用纳入法律法规的范畴，"算法立法"也是社会各界所普遍关注的热点之一。但就目前的状况看，法律对算法违规的惩治仍然有缺口和漏洞，例如电商平台"七天无理由退货"的政策对于类似旅游出行、演出等体验经济的项目就难以执行，消费者权利无法得到有效保障。正如前文所述，价格歧视也并非全是坏事，这一现象在某种程度上也有利于企业、市场以及社会的发展，因此价格歧视是否涉及垄断、是否侵害消费者的权益，需要从个案的角度出发加以定夺。

总而言之，算法导致的价格歧视已经引发了网络舆论和国家相关部门的重视，其作为互联网广告和营销算法应用失范的表现之一，值得我们加以审视与反思。

二、算法参与成为企业间共谋的新形式

算法共谋也被称为算法合谋，从词语的组合中就不难看出，算法共谋是对"共谋"现象在数字化时代所表现出的特殊形式的指称。"共谋"作为一个术语最初见诸美国的反托拉斯法案中，而在我国"共谋"更多被称作"垄断协议"。[2]简单来说，共谋就是市场中本应相互竞争的企业通过达成协议等手段，破坏竞争状

① 孙少晶，陈昌凤，李世刚．"算法推荐与人工智能"的发展与挑战[J]．新闻大学，2019(6): 1-8, 120.
② 刘佳．人工智能算法共谋的反垄断法规制[J]．河南大学学报(社会科学版)，2020(4): 80-87.

态下的市场均衡，以获得更高水平的利润率。算法共谋则是指利用数据算法技术，实现企业间联合以谋求最大化利润的行为。

（一）算法共谋研究的缘起

共谋行为一直被视为对经济发展的一种"破坏"[①]，不仅损害同一市场内的竞争企业的利益，也会损害消费者的利益，因此各国政府对共谋和垄断现象都会进行严格的监管和打击。但垄断现象却真实且不可回避地出现在人们的视野中。仅 2019 年，我国中央和省级市场监管部门就立案调查了垄断案件 103 件，结案 44 件，罚没资金 3.2 亿元，其中较为典型的案例是国家市场监督管理总局于 2019 年 6 月 5 日对长安福特做出的处罚。长安福特公司在重庆地区非法操纵经销商的最低转售价格，从而达成纵向垄断协议，因此被国家市场监督管理总局处以 1.628 亿元罚款。[②]国外同样对共谋问题予以高度重视，并且不少发达国家在 2015 年前后已经开始意识到营销算法的广泛使用增加了算法共谋现象发生的风险。以欧洲为例，《数字市场竞争政策研究》一书中收录了数篇文章介绍欧美国家政府或社会组织的有关算法问题和反垄断措施的报告，包括 2015 年德国反垄断委员会发布的《竞争政策：数字市场的挑战》、2016 年美国联邦贸易委员会发布的《大数据：包容工具抑或排斥工具》、2016 年法国与德国执法部门联合发布的《竞争法与数据》等。[③]在同一时间，经济合作与发展组织也表现出对于算法和共谋问题的高度重视。2016 年，经济合作与发展组织筹备了一次以"算法和共谋"为主题的委员会会议，并为会议准备了一篇题为《算法与共谋：数字时代的竞争政策》的背景报告，目前我国许多研究"算法共谋"现象的学术文章的核心观点界定正是以这篇报告为依据的。由此也可以看出，对"算法共谋"的关注与研究经历了从业界逐步发展到学界的过程。

在当前的科技与文化背景下，算法共谋问题引起业界与学界的双重反思并非毫无根据。首先，算法越来越多地参与到企业的市场竞争当中，例如，互联网场域内相对透明的产品价格使得很多企业利用算法技术实时监测竞争对手的价格策略，并且这种监测可以迅速转化为企业自身定价算法中的重要变量，从而影响消

---

① 邵建东. 我国反垄断法应当设置刑事制裁制度[J]. 南京大学学报(哲学. 人文科学. 社会科学版), 2004(4): 13-19.

② 立方律师事务所反垄断团队. 2019 中国反垄断调查案件盘点[J]. 法人, 2020(3): 54-57.

③ 韩伟. 数字市场竞争政策研究[M]. 北京: 法律出版社, 2017: 54-95, 151-166, 192-214.

费者的购买行为，最终扰乱市场秩序。欧盟委员会曾发布过一份有关电子商务的行业报告，称有理由相信，超过 2/3 的互联网商家会利用算法技术追踪竞争对手在网络上的报价。[①]其次，如果将互联网看作一个拥有较为完备的内部生态结构的商业环境，其整体就呈现出了一种愈发集中的趋势。在中国，几乎所有免费的或付费的网络服务都是以 BAT（百度、阿里巴巴、腾讯）为代表的数家互联网巨头企业所提供的（可能现在也要加上字节跳动、京东和网易等）。从全球视野出发，坐落在美国硅谷的互联网巨头更是将影响力延伸到了世界的各个角落，他们或搭建平台，制定准入规则（例如 iOS 系统和安卓系统对软件开发商的钳制）；或通过旗下的搜索引擎和社交媒体产品（例如谷歌搜索引擎和脸书、推特等）收拢流量，打造聚合型网络平台，进而挤占行业内中小型企业的生存空间。

（二）算法共谋的分类与表现

在前互联网时代，共谋行为通常是企业间基于主观意愿的联合，企业主或高管们在一次次线下会晤中暗中达成协定，以操控产品和服务的价格，或对共同的竞争者予以惩戒，甚至明目张胆地瓜分市场，"限制竞争的行为"往往发生在"烟雾缭绕的房间里"，但算法的参与让共谋行为可以不再依赖于现实空间，而在网络空间内由算法程序自行运算得以实现，但这也带来了一个法学上的问题，缺少了行为人的主观意图参与，共谋行为该如何被发现和认定？[②]可见对导致算法共谋的原因以及算法共谋现象产生的具体场景加以清晰而准确的划分是很有必要的。

1. 经济合作与发展组织的"功能说"

经济合作与发展组织在"算法和共谋"会议上提交的报告中依据算法在企业共谋行为中发挥的功能不同，将"算法共谋"划分为三类。第一类是算法监测（monitoring algorithms）。在互联网环境中，企业可以运用算法（例如爬虫技术）收集市场中散布的信息，包括其他企业产品或服务的定价、促销方式，甚至可以通过算法分析其他企业的广告投放活动，进而探知其在一定周期内的营销策略。以企业在互联网上的定价为例，作为市场监测者的算法对市场环境的监测是全天

---

① Wichmann, H. J. & Klein, W. Report from the Commission to the European Parliament and the Council[J]. *Zeitschrift fuer Luft-und Weltraumrecht*, 2021, 70(1): 98-110.

② 施春风. 定价算法在网络交易中的反垄断法律规制[J]. 河北法学, 2018(11): 111-119.

候、全方位的，这意味着任何一家企业都不可能单方面领先于市场改变自己的报价，因为市场中的竞争者一定会实时获知这一价格变动，并参照这一价格改变自身的定价，这就导致企业即使降价也无法扩大市场份额，甚至可能陷入无谓的价格战之中，损害企业利益。算法像伫立在末日火山之巅的索伦之眼，监视着整个市场的价格波动，使得行业内的企业不敢随意触碰价格杠杆，都遵从市场定价，而从另一个角度来说，算法对市场的监测正导致企业间形成基于价格协定的共谋。

第二类是同步行为。企业间达成垄断协议的一个重要阻碍在于供需市场的动态变化，即使是日常消费品也会因季节、节假日甚至社会事件而产生需求量的变化（例如世界杯比赛期间的啤酒销量会增加），因此企业要根据市场的需求量及时调整自身的生产、定价；而在一个垄断利益集团中，这些元素都会对垄断协议产生或多或少的影响，导致企业间必须进行繁复的沟通。仍然以企业在互联网上的定价为例，当企业通过算法进行动态定价（最典型的莫过于航空公司网售机票的价格，航空公司会结合航班的时间、季节和机票的紧俏程度等因素确定机票的价格，并反馈给消费者，例如提前一个月预订一张机票与登机前购买机票的价格就会有较大的差距，哪怕在购票时航班的拥挤度是相同的）时，影响需求量的元素经由算法处理，最终生成一个数字（即价格）输出给消费者。这为共谋行为提供了极大的便利，参与共谋的企业无须对市场进行分析并反复验证各方都能接受的定价策略，只需使用同一套动态定价的算法，并且向算法输入相同的变量，就能保证针对相同的产品与服务提出相近的报价，算法使不同企业的定价保持同步，而且减少了他们在执行决策时所投入的各类资源。更重要的是，当企业利用算法定价来实现共谋时，消费者甚至监管部门并不容易察觉这些企业正在执行一项垄断协议，因为它们可以托词只是恰好请了同一家外包公司为企业提供动态定价算法的代码编写服务。当然，我们也要承认，有些公司本无意进行共谋，但由于算法最终的优化结果是相似的，因此他们的定价策略看起来与其他企业并无二致。

第三类是暗中引导。发挥暗中引导作用的算法被称作"信号"，这种算法作为共谋行为发起的信号，往往具有较为复杂的结构，以规避来自市场和有关部门的监察。由于世界各主要国家和地区都在加大反垄断检查的力度，企业几乎不可能以明示的方式呼吁市场中的其他企业参与到共谋当中，而是以一些举措作为信号发起共谋。例如，立陶宛的一家线上旅行产品销售平台 E-turas 的管理者在 2016年曾通过平台内部的通信手段，向平台内的代理商们发出一个信号，要求他们的折扣率不得超过 3%，并且修改了平台的报价系统，对于部分代理商填报的超过3%的折扣率，算法直接将其改为3%，平台和代理商完成了一次操控价格的共谋。经过算法加密的信号往往只有发送和接收到信号的双方能够领会其中的深意，算法在暗中引导共谋，使得企业间的共谋行为愈发隐秘。

除此之外，报告还指出了帮助企业达成共谋的算法在未来的一大可能发展趋势，即自学习算法。基于深度学习技术，算法可能通过分析市场条件自行决策，如果某一阶段的市场数据表明企业间的非竞争平衡状态有利于企业的利润增长，那么"消化"了这些数据的算法就会设计出偏向于达成垄断协议的决策，算法甚至不需要人的参与，就会自行决定企业间的共谋。

2. 阿里尔和莫里斯的"场景说"

阿里尔·扎拉奇和莫里斯·E. 斯图克在著作《算法的陷阱：超级平台、算法垄断与场景欺骗》中对"算法共谋"概念也做了一番界定，他们指出，互联网平台基于算法的广告投放，从结果上会导致数家企业对市场的整体把控，而这种风险实际上就是算法共谋。[①]在具体的定义上，两位学者与经济合作与发展组织所做的界定不太相同的是，他们认为算法技术参与到共谋行为中时，创造了一种有利于形成共谋决策的情景，并基于此提出了算法为企业的共谋行为提供助力的四种场景。第一，信使场景。在该场景中，共谋行为的决定是由人做出的，算法就像一个信使，帮助决策者达成"共谋"（或者说是代人执行了达成共谋之事），而在这一场景中，根据经济合作与发展组织对算法功能的划分，可能有多种算法都可以行使"信使"之职。例如，垄断协议集团通过监测算法，对背叛协议的企业予以惩戒，以维持垄断协议的有效性；垄断协议集团成员有意使用相同的定价算法，从而使垄断价格保持在一个较高水平等。这些对算法的不当使用所导致的共谋结果都应当被归类到信使场景中。更重要的是，两位作者指出，因为算法充当了企业与共谋的"中间人"，即企业通过使用算法而达成共谋的结果，甚至可能会减弱企业加入垄断协议、破坏市场和损害消费者利益的愧疚感，将这些责任转嫁给技术本身。

第二，中心辐射式场景。中心辐射式场景植根于中心辐射型卡特尔理论，即

---

① 阿里尔·扎拉奇，莫里斯·E. 斯图克. 算法的陷阱：超级平台、算法垄断与场景欺骗[M]. 余潇，译. 北京：中信出版社，2018: 42-54.

一个中心企业与众多辐射企业组成的共谋形式，这一理论模型最早出现在美国，中心辐射型卡特尔的特殊性在于，既能实现卡特尔式的横向经济控制，又有类似纵向垄断协议的纵向结构，具有双重性。[①]如果将参与共谋的各个主体的关系用图像表现出来，会很像一只自行车轮，而参与主体的多寡决定了这只车轮辐条的疏密。近年来，网约车企业和网约车车主（司机）是否已经构成数据和算法基础上的中心辐射式共谋一直是热点话题。支持者认为，类似滴滴出行这样的网约车公司根据算法决定计费，这一费用的计算标准并非固定不变，而是随着交通状况、区域内网约车密度等变量而上下摆动，而网约车车主共享这一计费算法，实质是滴滴出行公司的定价规则向网约车车主辐射，从而构建了完整的共谋场景。[②]

第三，默许共谋场景。这种企业共谋的形式与经济合作与发展组织提出的算法在企业共谋行为中发挥的"同步行为"功能存在概念上的重合，都是指企业有意或无意使用相同的营销算法，进而操纵市场价格或整体市场营销布局。

第四，预测型代理人场景。对于这一概念，书中并未通过具体的事例加以说明，它是两位作者对于算法技术应用于营销领域的预测，这一理论的实质与前文所述经济合作与发展组织报告中提到的"自学习算法"大同小异，但是两位作者的论述更为生动。在他们看来，如果企业放任算法技术与自身商业模式结合，利用算法追逐高额利润，那么高效、精准、动态的智能营销算法将彻底取代人类成为企业营销战略的制定者，算法成为企业营销活动的"代理人"，并且这个"代理人"可以通过已积累的大数据对行业乃至市场的竞争状况进行预测。企业通过算法实时更新自身的营销策略，其根本的目的与动因是对利益的追求，而作为"预测型代理人"的营销算法更是可以通过数据总结对企业发展最为有利的营销方案。企业试图借助算法来实现收益的最大化，但是实现高额收益的"最优解"往往只有一个，这也就意味着，当处于垄断地位的企业都雇用这个"聪明"的"代理人"时，即使是不同的算法也会为它们提供相似的营销方案，在此基础上就形成了不同企业间"被动"的共谋。

尽管上述两篇文献以及文献背后的学者对于"算法共谋"现象的划分存在差

---

① 刘继峰. "中心辐射型"卡特尔认定中的问题[J]. 价格理论与实践, 2016(6): 33-36.

② 杨婧. 网约车平台中心辐射型卡特尔规制问题研究[J]. 新疆师范大学学报(哲学社会科学版), 2019(3): 131-137.

异，但同样包含重叠的部分，大致可以看出，"算法共谋"是企业间充分利用算法技术，改变各种营销策略，尤其是定价策略，使得市场中商品价格达到垄断水平，从而获得高额利润的手段。算法成为企业"作恶"的帮凶，又被企业当作遮盖"罪行"的帷幕。正是因为算法加持下的共谋行为具有隐蔽性，在现实中认定企业通过算法实现共谋往往需要大量的司法实践，可以说"算法共谋"既暴露了资本逐利的本性，也在敦促司法建设加快进程。

三、技术"黑箱"导致算法应用的生效机制更加封闭

"黑箱"的概念极为生动地解释了科学技术与人类生活之间较为复杂的联动关系，正如这个词语所描述的那样，科学创新与技术跃迁的成果被密封在人造物的"黑箱"之中，"黑箱"隔绝了外部的窥视，普通人难以理解"黑箱"之中技术运转的原理，也难以解释通过技术"黑箱"为何会输出某一特定的结果，电脑、手机等电子产品紧密嵌入了人类的日常工作和生活，几乎成为新的"数字器官"，但移动端设备能够通过电流驱动，实现每秒亿万次的二进制计算的工作原理，却只有少数人能理解。"黑箱"并非某一领域或行业内特有的问题，而是广泛存在于社会生活中的无法回避的现象。

（一）算法是如何成为"黑箱"的

技术哲学的思考能帮助我们更好地理解技术"黑箱"的概念。《科学方法论视野下的技术哲学》一书将知识分为两类：一是编码知识；二是意会知识。简单来说，编码知识是人类可以共享的经验被转化为能够共享与传播的抽象符号的知识，包括自然界的知识和制度规范等，而意会知识则不可共享、不可传递。需要注意的是，客观意会知识能够转化为编码知识，在这一过程中此类知识也褪去了"只可意会"的神秘色彩，而主观意会知识如个体的思维习惯等，则会一直与掌握知识的主体紧密结合，无法脱离主体而单独存在。[①]不难看出，编码知识在脱离人之后更像是与符号相伴生的"信息"，通过特定的程序与操作，这些知识可以装载在人造的非生命物上，实现科学技术所验证的效果，并最终塑造了"借由技

---

① 吕乃基. 科学方法论视野下的技术哲学[M]. 北京: 中国社会科学出版社, 2004: 29-33.

术化物质载体形成的人工制造品"①，即技术"黑箱"。换言之，技术"黑箱"的本质是将原本虚无缥缈的科学知识外化于特定的工具，这些人造物参与到人类改造自然和日常生活的实践中，技术"黑箱"也不过是技术经过重重转化后的一种具体的表现形式。②

当社会对科学知识的研究逐渐深入，专业主义显现，获取知识所需的时间与精力成本决定了某一领域的"终极秘密"只为小部分人所有，工具的外壳就成为阻挡普通使用者理解技术内核的"黑箱"，也因此，我们能够看到，技术"黑箱"的大量出现往往集中在工业革命和技术革命的时间节点。距离当前社会最近的一次技术跃升毫无疑问是发轫于20世纪末的信息革命，并且，随着硬件制造工艺的提升，计算机的"数算力"得到空前的释放③，以模拟人类神经网络为理论基础的AI算法实现了对自上而下预设情景的逻辑算法的超越④，结合诸多领域后，被大量地用于网络平台的商业实践中。算法的概念并不难理解，其具体的表现形态是可以被各类电子设备读取的数学表达式，通俗来说，算法就是一套对输入变量实施既定计算步骤的规则，例如常见的一元一次函数就是最简单的算法之一。但是当算法执行千万次计算后，算法的模型就变得异常复杂，理解其中数学运算的原理往往需要掌握深厚的计算机科学以及数学知识，更遑论通过机器学习训练出的算法，算法通过读取已有的基础数据不断改善自身的运算步骤，真正实现了"自我强化"，其中的算法运算规则对于开发者而言，可能也难以理解。因此，尽管我们在诸多行业都使用算法提供的服务，但算法的专业性仍然为普通用户筑起了防窥视算法规则的技术高墙，算法也成为信息时代最引人注目的技术"黑箱"。

（二）算法"黑箱"对消费者的影响

正如上文所述，技术"黑箱"是一个哲学问题，"黑箱"是技术融入生活场景的产物，只要在生活和生产中借助算法，就不得不面对算法的"黑箱性"。因此在讨论算法"黑箱"时，许多学者将其视为网络营销中算法与数据应用失范的

① 陶迎春. 技术中的知识问题——技术黑箱[J]. 科协论坛(下半月), 2008(7): 54-55.
② 丁云龙. 打开技术黑箱，并非空空荡荡——从技术哲学走向工程哲学[J]. 自然辩证法通讯, 2002(6): 86-87.
③ 刘珊，黄升民. 人工智能：营销传播"数算力"时代的到来[J]. 现代传播(中国传媒大学学报), 2019(1): 7-15.
④ 大卫·萨普特. 被算法操控的生活——重新定义精准广告、大数据和AI[M]. 易文波，译. 长沙：湖南科学技术出版社, 2020: 189-192.

原因，因为"黑箱"的存在，用户往往会陷入算法导致的种种问题而不自知，技术"黑箱"的藩篱为企业和平台滥用数据和信息技术、逃避监督与制约提供了完美的遮蔽。[①]

1. "算法"屏蔽了消费者的注意力

算法"黑箱"的封闭性也在对用户施加影响，算法"黑箱"使得用户难以察觉算法程序或算法运行结果的变动，而这一点也变成了一些互联网巨头展开商业竞争的手段。弗兰克·帕斯奎尔的著作《黑箱社会：控制金钱和信息的数据法则》就分析了由算法"黑箱"直接导致的问题，书中谈到谷歌作为世界上使用范围最广的搜索引擎之一，就通过其内部的排名算法，控制呈现在用户面前的搜索结果，并且一度阻止其竞争对手——英国网站Foundem出现在谷歌的搜索结果中。在一个竞争市场中，竞争企业能否胜出取决于用户的选择，当其中一方被强制"隐身"，自然只能在竞争中落败。但是算法"黑箱"的存在使得用户难以窥探搜索引擎输出特定结果的原因，Foundem在谷歌搜索结果里的"失踪"并未被大多数用户注意到，在其创始人的反复申诉下，谷歌公司才结束了这次"封杀"。[②]"Foundem事件"的本质是搜索引擎的算法"黑箱"以影响用户注意力的方式改变了行业内竞争的结果。

这种通过算法"黑箱"内部的作用机制来影响商业活动的行为，最终达成的效果似乎更偏向于扩大龙头企业的垄断优势。但是，其实质是通过算法"黑箱"屏蔽了用户的注意力，这在某种程度上带来了一种隐忧，算法能够屏蔽用户的注意力也就意味着算法同样可以引导用户的注意力，算法主导的广告信息分发活动，发挥的是一种聚光灯的作用，算法参与到对用户所处的"信息环境"的形塑过程中，这无疑意味着算法具有了决定消费者"可见"与"不可见"的权力。换言之，决定着算法运作的平台企业能够通过左右消费者的信息接收情况获得垄断优势。近年来，一系列出现在搜索引擎的虚假医疗广告引起了强烈的社会关注，这些讨论直指搜索引擎的竞价广告，竞价广告的实质就是平台基于自身的流量优势，决定向消费者展示的信息的位次，通过一种类似于"设置议程"的方法，向消费者

① 袁康. 社会监管理念下金融科技算法黑箱的制度因应[J]. 华中科技大学学报(社会科学版), 2020(1): 102-110.

② 弗兰克·帕斯奎尔. 黑箱社会: 控制金钱和信息的数据法则[M]. 赵亚男, 译. 北京: 中信出版社, 2015: 83-88.

投放广告。但其实，不只搜索引擎，几乎所有的互联网平台都要面对使用算法技术决定向用户展示信息的优先级的情况。也因此，运营算法的平台企业就更需要恪守伦理要求，履行与自身在信息时代所获得的权力相适配的社会责任。

2. 算法"黑箱"所隐藏的规则正在主导消费者行为

算法"黑箱"对用户的直接影响有些类似于"圆形监狱"的理论模型。边沁于18世纪提出"圆形监狱"的概念，也被称为"全景式监狱"，具体来说，"圆形监狱"就是指瞭望台的周围分布着一圈监狱建筑，每一个房间都有一扇窗户面向瞭望台，通过对建筑的结构设计，可以巧妙地使监狱里的犯人无法观察到瞭望台中的监视者，而监视者从瞭望台可以很轻易地监视任一房间内犯人的活动。[①]在"圆形监狱"中，监视行为对于犯人而言也像一个"黑箱"，犯人并不清楚监视者是否正在监视他们，也并不清楚监视者会监视到他们的哪些行为，因此在他们的想象之中，自己永远处于监视者的视野之下，不得不表现出自律的一面。尽管"圆形监狱"作为一种建筑形式上的构想最终并未广泛投入使用，但是米歇尔·福柯结合自身的"规训"理论，对"圆形监狱"做了新的阐述。在1975年出版的《规训与惩罚》一书中，福柯提出"全景敞视主义"。[②]福柯进一步指出，众多的社会组织如医院、军队等都运用了"圆形监狱"的模型对组织内的成员进行管理，审查者与被审查者之间并不透明，审查者的权力不再经由肉体的接触（如暴力手段）而是仅仅通过注视的目光就能够作用到被审查者的身上，从而实现对被审查者的规训。福柯的论述擦除了边沁所设计的实体的"圆形监狱"，进而将社会整体化作了一个巨大的"圆形监狱"，处在各种权力关系中的个体，都被放置到一个专属于自身的"位置"并受到权力的钳制。在网络时代，营销算法与消费者就恰巧处于监视者与被监视者的位置，消费者的购买行为与消费记录都会被智能营销算法悄无声息地记录，并且营销算法拥有了基于消费者信息自行做出裁断的权力，尤其是当营销算法的影响范围扩大，成为全社会共同遵守的"游戏规则"时，这种"权力"就会被进一步放大，最终消费者只能被动地接受算法的规则。

算法"黑箱"对用户影响更直接和更显著的例子是个人征信系统。一般来说，

---

① 张艳, 张帅. 福柯眼中的"圆形监狱"——对《规训与惩罚》中的"全景敞视主义"的解读[J]. 河北法学, 2004(11): 130-133.

② 米歇尔·福柯. 规训与惩罚[M]. 刘北成, 杨远婴, 译. 北京: 生活·读书·新知三联书店, 2019: 326-331.

评估个人信用需要依靠相对复杂的算法,算法中包括了各类参数以及不同的权重,这一系列计算过程对于被评估的对象而言就是一套"黑箱"。当用户无法判断自身行为与算法评估的征信分数结果之间的关系时,也就意味着用户丧失了维护自身权益的能力,而如果征信算法的"黑箱"被谣言"破解",或者用户自以为探明了"黑箱"的真相,为了提高自身的征信分数,用户更有可能做出顺应算法要求的行为,从而破坏了征信评估系统的公平性。①

个人征信系统的算法"黑箱"表现出了一种新的风险,即算法在许多社会领域开始发挥出支配甚至决定性的作用,当平台用户数量不断增加,平台所影响和辐射的范围逐步拓宽,用户的日常生活与工作变得愈发依赖于平台提供的服务,平台算法"决定一切"的趋势也将更加明显。例如,生活中常见的"会员制"是指卖方为会员用户提供优惠或其他增值服务,而会员往往需要通过消费获取积分从而提升自己的会员等级,是一种常见的营销手段。当消费场景转移到线上后,"会员制"也随之被移植到网络营销中,复杂的算法使会员等级的晋升规则进入了"黑箱",同时,对平台会员特权的解释以及特权生效的条件也被融入平台设计的各类营销场景中。在淘宝网中,积分会员、店铺会员、付费会员等多种会员身份相互重叠,而其背后所涉及的各项错综复杂的条例更是含混不清,各有其对应的算法支撑,共同组成了一套复杂的营销算法"黑箱"。近年来,在"双11"网络营销节点,为了享受优惠价格、获取平台补贴,用户需要完成各项前瞻任务、准点抢夺优惠券等,不少用户调侃参与"双11"活动就像在做数学题;在2018年异军突起的电商平台拼多多,则是推出带有诱导性的"邀请好友砍价""邀请好友领取现金红包"等玩法,但营销活动背后核算用户相关任务完成度的标准却相当模糊,不同好友对用户任务完成度提供的帮助存在极大差异,这一算法"黑箱"也导致平台失去了部分用户的信任。但从平台用户的角度出发,为了获得会员或者优惠,就必须与平台的算法"黑箱"共存;揭秘"黑箱"不是为了维护自身的权益,而是为了顺应和利用"黑箱"的规则以"省点钱",而这无形中又放大了算法"黑箱"所具有的支配地位和权力。

总体来看,算法程序的应用颠覆了前互联网时代的一些营销技巧与规则,但也为人们敲响了警钟,促使我们不断去反思。本节梳理了三个在广告营销领域较

---

① 姜野,李拥军. 破解算法黑箱:算法解释权的功能证成与适用路径——以社会信用体系建设为场景[J].福建师范大学学报(哲学社会科学版),2019(4): 84-92, 102, 171-172.

为凸显的问题，无一例外都是算法在互联网广告营销活动中广泛使用造成的。其中，互联网价格歧视问题涉及的主体主要是企业、网络平台和消费者，在国内更多被称为"大数据杀熟"问题，对消费者的影响最为直接，但是价格歧视并不只包括"杀熟"一种。算法共谋问题则更多由企业引起，是企业间的一种竞争手段，表现在营销活动的定价环节，由于共谋问题可能会造成垄断风险，因此政府往往需要作为监督方和制约者，对算法共谋现象以及涉嫌"共谋"的企业加以惩戒和规训。算法"黑箱"则是一个相对笼统和宏观的概念，很多学者更愿意将其视为引发其他算法风险的原因，但算法"黑箱"在融入人类生活的同时，也在对人类产生潜移默化的影响。本节所论述的这些问题并非为了给算法或人工智能技术泼冷水，正是由于我们对这些技术在未来的应用与发展方面满怀希望，在当下才必须强调这些危机与风险。

第二节　算法技术在互联网广告营销应用方面存在的局限

从技术发展史的视角来看，技术并不是以科学的形式存在，而是以一种与技术投入应用时的社会环境交互的状态存在；托马斯·休斯提出了"技术-社会系统"模型，该理论认为对一项技术的审视需要将研发到投产的全过程都纳入到考察的范围中。[①]这也意味着，决定一项技术应用的实现路径及具体效果的主体具有多样性，就互联网广告算法而言，运营算法服务的平台企业和建构算法技术的科学家同样对算法的应用负有责任。从不同的主体出发，自然得到不同的答案。在本节我们通过两个不同的主体视角，对算法技术在程序化广告应用中存在的局限进行分析，以解释在上一节中所提到的失范现象。

一、算法开发与应用背后的商业逐利目的

归根结底，即使是最复杂的算法，其本质仍旧是人类习得并转化为编码形式的技术，因此智能营销领域中应用的算法程序自身并没有"善恶"的属性与区别，

---

① 杨海红, 邱惠丽, 李正风. 托马斯·休斯"技术-社会系统"思想探微[J]. 自然辩证法研究, 2020(8): 26-30, 43.

对待算法，我们既不能将其奉为"神话"，期待技术解决人类社会现存的种种问题，也不能只看到算法的技术特性所造成的不良后果，而将技术视为必须"驯服"的对象。[①]站在技术中性的立场上审视算法，许多由算法招致的问题，并非不可避免，但是算法开发者和使用者有意或无意的"不作为"导致许多问题实实在在地出现在了社会与人类生活之中。

运营算法不仅需要从数据中抽取有价值的知识与技术，也需要投入相当的成本，因此当前社会中数据的处置权大多集中在了数据拥有者与互联网巨头的手中[②]，算法的使用也大量结合了互联网中的商业模式。换言之，算法程序的目的是维护平台的商业利益，网络营销领域中的诸多算法在追求营销的效率和资本收益的过程中主动放弃了社会效益，进而演化出了今天我们所看到的营销算法应用失范问题。

（一）个性化推荐算法所彰显的平台"实用主义"价值内核

网络时代赋予了用户"个性化"的权利，网络平台的营销活动不再围绕群体，而是围绕个人展开，算法以个体差异为基础开展的信息传递模式成为当前营销传播的主流，但这恰恰反映出了平台商业模式的"伪个性化"特征。平台通过读取用户既往行为路径，运用算法自动决策将商品信息及广告推送到用户终端，但平台的目的并非宣称的那样为了帮助用户完成信息筛选过滤的工作，而是以"个性化推送"作为伪装，将用户最有可能购买的商品的广告信息推荐给用户，从而促进销售。当我们打开外卖软件后，出现在列表顶端的往往是我们经常浏览或购买的店铺，这是因为算法程序的开发者从统计学的研究结果中发现了两个变量间的相关性，用户对某一店铺的反复浏览意味着对店铺商品更强烈的消费意愿。从这个角度来看，与其说基于算法的广告信息推送是网络营销的实践工具，不如说广告分发算法就是一种营销手段。[③]换言之，算法作为技术的"中立性"在其应用于具体的行业和领域后就逐渐趋于消弭，因为营销算法已经带有了实践意义上的明确的目的，也就随之具有了确切的立场，算法技术的"中立性"被放置在广告

① 毛湛文, 孙曌闻. 从"算法神话"到"算法调节"：新闻透明性原则在算法分发平台的实践限度研究[J]. 国际新闻界, 2020 (7): 6-25.

② 彭兰. 增强与克制：智媒时代的新生产力[J]. 湖南师范大学社会科学学报, 2019(4): 132-142.

③ 朱天博, 曲方, 宋香云. 市场营销组合及影响因素分析[J]. 全国商情(理论研究), 2010(22): 17-18.

分发算法中时已经变成了平台欲盖弥彰的"伪中立性"[①]，由互联网巨头操纵的各项商业算法的最终目的是增加平台的营收，在背后驱动算法更新、优化、迭代的正是资本扩张的欲望。

营销的最终目的是促进销售，即推动交易行为的发生，这是不变的；但营销的过程和具体的手段会伴随商品生产的发展而产生变化。在生产力高度发达的今天，广告营销效果与信息传播效果越来越呈现出一体两面的伴生状态，"认知-态度-行为"的传播效果研究思路解释了营销和广告活动想要实现其"劝服"效果，促成消费者态度的转变进而达成购买行为，首先要确保将商品和服务的信息传达给目标消费者，换言之，营销活动成功的前提条件是赢得众多竞争商品信息的"传播竞赛"。在"个性化推送"的传播模式中，传播活动及其伴随的信息"把关"和"分发"的规则也发生了一定程度的改变。

传统的"把关"理论认为媒体是控制传播中信息流动的节点，媒体的"把关"则决定了信息能否进入大众传播的渠道中[②]，但是"把关"理论诞生在电子媒介时代，受众所接受的是均质化的信息，与之相对应的是媒介用户的信息来源也极为有限，因此当某一信息通过"把关"进入到传播市场中往往意味着这则信息已经实现了其"价值"，成功地由部分目标受众接收。另一方面，电子媒介荷载信息的传播通道的"宽度"决定了社会能够承受的信息流动总量，而社会环境下流通的信息量可以直观地用报刊的"篇幅"、电台的"时间"进行计量，更具象地说，单位时间内电视台播放的节目所包含的信息量是基本一致的，因此传播通道也被誉为"公共资源"。"把关"活动从某种意义上来说也是对传播资源的合理调配，即从媒体的专业角度出发，决定哪些信息具有值得进入传播通道的价值。

但是，进入网络营销时代，互联网整体构成了一个巨大的信息池，社会进入信息"熵增"的时代，无论信息是否具有"价值"都具备了出现在网络传播中的可能性，因此网络的广告推送所需要解决的也不再是信息如何进入流通环节，而是当信息进入流通环节后如何最大化地实现信息的"曝光"。面对海量的广告信息，消费者寄希望于算法完成对信息的筛选，辅助自身的消费决策，寻找自己真正需要的商品或服务。在这个过程中，恰如营销学大师菲利普·科特勒的名言"营

① 王茜. 批判算法研究视角下微博"热搜"的把关标准考察[J]. 国际新闻界, 2020(7): 26-48.
② 公克迪, 李菁嫒. 速讲视频自媒体中"把关人"理论的新特征[J]. 现代传播(中国传媒大学学报), 2017(11): 165-166.

销的宗旨是发现并满足需求"所描述的那样，消费者的需求与网络营销的目的产生了重叠。网络平台通过算法不断读取消费者的需求，并且将这些需求转化为实在的商品信息传递给消费者，这个过程看似是为消费者提供了"个性化"服务，实质上是网络平台实现了自身的营销目的。

概言之，互联网广告活动所推崇的"个性化推荐"或"精准营销"并非完全出于消费者的利益考量，而是网络平台实现自身商业利益的手段。在平台"实用主义"思想指导下，维护用户的权益并非算法设计和运营中的首要任务，这自然为算法应用的失范现象埋下了危险的种子。

（二）算法权力的滥用，算法的适用边界模糊

罗伯特·基欧汉曾提出"信息即权力"的观点[1]，认为作为社会资源的信息，其分配状况体现出相应的权力结构。"信息即权力"理论源于社会学家对"信息公平"概念的研究，包括约翰·罗尔斯在《正义论》中阐述的理念，即一切包含社会"基本善"的资源都应当得到平均的分配[2]，以及弗里德利希·冯·哈耶克的著作《法律、立法与自由》中指出的教育与信息都是关乎社会公平的资源[3]。在早期的研究中，对信息权力差异的审视往往集中在不同的社会阶层或民族国家等宏观的社会结构上，"信息平权"的斗争要回到群体的发展与进步上；但是在大数据时代，信息和数据之所以能够成为驱动经济增长的"社会资源"，依赖的是算法快速、高效地从大数据中提取"价值"的能力，读取数据中的"价值"比简单地收集和存储数据更有效地增强了信息持有者的权力。正因为这样，我们往往会察觉到掌握了大量用户数据的互联网商业巨头对社会生活产生了巨大的影响。普通用户和消费者控制信息的能力有限[4]，面对垄断性的网络平台时，只能处于被动地位。

仔细审视这一过程不难发现，网络平台的信息权力与算法程序之间呈现出相互促进的螺旋式的发展过程。网络平台运用算法增强了自身开发信息资源的能力，

① 罗伯特·基欧汉，约瑟夫·奈. 权力与相互依赖(第四版)[M]. 门洪华，译. 北京: 北京大学出版社，2012: 262-263.

② 约翰·罗尔斯. 正义论[M]. 何怀宏，何包钢，廖申白，译. 北京: 中国社会科学出版社，1988: 292.

③ 弗里德利希·冯·哈耶克. 法律、立法与自由（第二、三卷）[M]. 邓正来，张守东，李静冰，译. 北京: 中国大百科全书出版社，2000: 148.

④ 申楠. 算法时代的信息茧房与信息公平[J]. 西安交通大学学报(社会科学版)，2020(2): 139-144.

在信息社会中获得优势地位，进而掌握了一定的社会权力；而网络平台凭借占据信息资源而获得的权力又进一步扩大了算法应用的范围，为算法的维护、运营、升级提供了资源与保障。以互联网广告的精准投放为例，平台使用大数据算法采集了海量的用户信息，此时平台就具备了吸引广告主购买广告流量的权力，而广告的精准投放，同样借由算法程序完成，即在算法的帮助下，网络平台具备了吸引广告主投资的权力。在这种情况下，网络平台的权力被转嫁为算法的权力，算法决定了出现在用户终端的推荐商品，决定了向用户推送的广告内容，决定了用户是否为品牌的忠诚消费者，同时算法定义了用户的所属群体，定义了用户的购买动机与购买欲望，定义了用户所处的消费环境，定义了用户的信用等级等，并且以此为依据决定对用户施以何种反馈。算法对营销活动产生了无法回避的影响，然而算法决策的能力是否能够匹配其拥有的权力还需要打上一个问号。

算法并非包治百病的"灵丹妙药"，作为一种自动化运算程序，算法技术和大数据技术解决的是人类生活与生产中遇到的"效率"问题，算法取代人力，处理了许多行业和领域内繁重的机械重复的工作。无论是以广告交易平台结合实时竞价模式为主导的计算广告交易系统，还是比价网站和电商平台的实时定价技术，抑或是场景营销与商品信息的重定向发送，这些技术对算法的依赖性都体现在计算机"数算力"的能力上，从用户信息数据的读取到信息的最终发送，计算机科学将庞大的数字计算工作压缩到了以微秒为单位计算的短暂瞬间，这是人工决策永远无法媲美的优势，因此网络营销中，算法的普遍应用是必然趋势。但是就目前的技术水平来看，较为复杂的基于"语义分析"的推荐算法应用仍不成熟，存在逻辑理解与分析准确性的问题[①]，何况营销活动需要深刻地理解人类行为背后的复杂动机，算法的决策能力远远未能达到取代人工决策的水平，为了提高效率将营销传播的决策权转移给算法是某些网络平台为实现"效率"而牺牲社会效益的选择。

同时，考虑到算法"权力"，就不能忽视算法的适用性问题，与法律一样，权力的行使也必须受到明确的边界的约束，不同的算法也对应了不同的适用条件，在很多领域，算法"权力"的适用边界过于模糊，已经造成了不良影响。当然，算法的适用性问题在网络营销领域表现并不明显，因为营销活动最终要实现与用

① 刘再行，刘毅，郜洵. 人工智能语义分析技术在用户研究中的应用[J]. 包装工程, 2020(18): 53-57, 117.

户的良性互动，网络营销算法的运行结果一般也难以对用户产生强制性或破坏性的影响。但如果平台一味地死守算法程序自动运行的逻辑，而非以用户为本位加以变通，不但不利于解决用户遇到的问题，还会影响平台的风评，甚至损害用户的合法权益。

但是算法的"权力"往往能够作用到广告主身上，在网络中参与程序化购买的主要是作为广告位买主的广告代理或广告主，当营销算法将某广告投放给不恰当的对象时，很可能会引起不良的社会反响，作为整合营销传播的一部分，广告所起到的作用当然不仅是促进商品销售，同样也参与到对自身产品或品牌形象的建构中，而失范的互联网广告投放则很有可能导致广告主的风评"被害"、惹来非议。同时，广告主却无法摆脱对程序化广告中的各类算法以及平台提供的网络广告位的依赖，可见算法的权力已经将广告主牢牢地捆绑在了平台企业的身边。作为全球最大的社交媒体平台之一，脸书公司一直是研究的热点，为了应对自身平台网络广告投放中的歧视问题，脸书在自身的广告交易平台中为广告主提供了"敏感保护对象"的特征选项，指出平台算法将不再为带有这些特征的用户提供广告主所投放的广告。①但卡内基梅隆大学的一项研究则指出，即使勾选脸书在广告交易平台中提供的保护选项，研究人员设置的"敏感用户"所接收到的广告信息也与那些和他们具有相似特征的用户群体并无差别；而南加州大学的研究者则发现，在脸书提出要改进自身的广告算法以避免歧视现象的发生后，脸书平台所推送的广告中仍然包含了性别歧视的元素，算法歧视并未在互联网中消除。②

二、技术因素导致算法程序拟人能力的缺陷

广告活动，无论是依托互联网的智能广告，还是传统的广告活动，追本溯源，都要建立在对产品与目标用户了解的基础上，而在"了解用户"的认知层面，算法与用户其实难分伯仲。达特茅斯学院的学生朱莉亚·德雷斯尔比较了坎波斯算

　① Venkatadri, G., Andreou, A., Liu, Y., et al. 2018. Privacy risks with Facebook's PII-based targeting: Auditing a data broker's advertising interface[J]. *2018 IEEE Symposium on Security and Privacy (SP)*, 89-107.

　② Imana, B., Korolova, A. & Heidemann, J. Auditing for discrimination in algorithms delivering job ads[C]. In J. Leskovec & M. Grobelnik (Eds.), *WWW '21: Proceedings of the Web Conference 2021*. New York: Association for Computing Machinery, 2021: 1761-1771.

法和网络志愿者对某一再犯率预测的准确度，然而最终的结果却显示，被广泛用作法院审判依据的坎波斯算法的准确率并未高过对手，更为吊诡的是坎波斯算法综合考虑了犯罪嫌疑人所回答的上百个不同的问题，而朱莉亚在实验中仅仅给了志愿者八项有关罪犯的情况作为参考，算法要通过二进制的计算真正了解人类的思维与伦理，还有相当长的路要走。

今天我们所觉察到的智能营销手段之所以能够提升营销和广告活动的效率，并非因为算法提高了对某一用户的认知水平，而是因为算法扩大了营销活动能够覆盖的用户范围，增加了受到营销活动影响的用户数量，使得通过网络进行社会化营销成为可能，所有的网络平台用户的行为都会被算法记录，并被算法模拟偏好，尽管这种模拟并不一定十分可靠，但是网络平台的算法已经将很多原本无法被营销活动所囊括的用户与对象变成了广告的目标受众。这意味着，受到技术水平的制约，算法对于用户的认识仍然停留在较低水平的阅读和感知上，在审视网络营销中算法造成风险与危害的成因时，也必须考虑到算法自身的技术局限。

（一）主客分离的二元对立观念强化了对算法的工具性使用

从目前智能营销算法的应用水平来看，其主要的应用场景仍然是广告信息的分发、广告位的销售和购买，算法基于用户所处的具体场景或用户的个人信息，将适配的商品广告信息传递给用户，其实质是提高信息资源传递效率的工具，是一种网络传播技术的具体应用手段。一直以来，传播技术在"自由度"与"保真度"的双螺旋结构中不断演化[1]，正如麦克卢汉所定义的那样，"媒介即人的延伸"，媒介在进化的过程中不断摆脱传播主体的束缚，以一种离身性的姿态扩大人类感官的感知范围，因此我们常常将传播技术视为人类感知世界的辅助工具，赋予其"工具性"的客体地位。但不能忽视的是，传播技术不仅是对感官的放大，同时也在形塑用户的思维方式和行为习惯，唐·伊德指出，人们观察世界的视角随着媒介的变化而发生改变，同时人类的行为与其利用媒介所认知到的外部世界的景象是捆绑在一起的。[2] "百度"从一个搜索引擎的名称变成了一个动词，不仅是企业的广告语"百度一下"的成功，也代表着一代人已经培养起了面对未知事物时通过网络获取有效信息的习惯。与此类似，消费者在线下挑选商品时往往

---

① 崔林. 媒介进化: 沉默的双螺旋[J]. 新闻与传播研究, 2009(3): 42-47, 107-108.

② 唐·伊德. 技术与生活世界: 从伊甸园到尘世[M]. 韩连庆, 译. 北京: 北京大学出版社, 2012: 85-102.

也要在电商平台搜索同类商品进行比价，在做出行计划时，首先打开购票软件查看车次、余票情况和票价，这些媒介技术已经以共生的状态嵌入了人们的习惯，从而体现出具身性的特点。①

互联网广告营销中的算法作为一种技术形态同样如此，用户已经习惯于算法依据自身的需要和特点进行的"精准营销"，在大型超市中"按图索骥"般地寻找自身需要的商品的时代已经一去不复返了。算法在服务于人们生活的瞬间，就已经变成了海德格尔所谓的"上手的锤子"②，使用算法服务的瞬间我们并不会意识到算法是独立于人的肉体的技术"黑箱"，相反，营销算法提供的信息构成了我们所觉察到的外部世界，算法在此时好像已经成了我们身体感知器官的一部分。但在脱离了对算法的使用后，我们仍旧回到了将算法视为"工具"的阶段，进而将算法视为一种需要被"驯服"的技术，始终未能跳脱出人与技术之间主客二元对立的思维框架。

这种思维框架是一个陷阱，人们坚持自身的主体性，将算法视为客体对象；而与之相对的，强调算法作为技术工具的主体性时，算法所服务的用户也就变成了会被算法影响和操纵的客体。因此，网络营销算法通过重定向的商品信息分发和展示，在某种程度上放大了用户对商品渴求的想象，从而刺激用户的消费动机，促成购买行为。然而，从主客合一的角度来看，智能营销算法应当实现的是帮助用户做出合理的消费决策，使用户通过消费行为真正地提升生活质量，而非无限制地鼓吹"商品拜物教"的欲望。这一现实矛盾的根源就在于开发算法的平台和算法过于追求算法技术的"工具性"，而抹杀了算法与人类生活相互交融的弹性和张力。

（二）算法对人类偶发行为的容忍度低

算法程序在智能营销领域大放异彩，离不开算法程序对于用户购买行为与意愿的预测能力，无论是使用"协同过滤"的逻辑还是"内容关联"的逻辑，通过已知的用户信息及平台监测获得用户行为记录，智能营销算法帮助平台和商家发现用户潜在的消费意图，包括用户可能需要的商品及服务、用户的保留价格等。算法生效的逻辑是将部分因素视为影响用户决策的自变量，将最终的购买行为视

① 芮必峰, 孙爽. 从离身到具身——媒介技术的生存论转向[J]. 国际新闻界, 2020(5): 7-17.
② 王晓升. 从存在论上理解价值——海德格尔的《存在与时间》及其启示[J]. 社会科学家, 2019(12): 13-19.

为因变量，通过数据的计算判断当自变量的数值发生变化后，因变量能够呈现出的关联性变化，从这一角度来看，营销算法是机器对"人"的消费决策过程"模拟化"的再现。

以互联网广告活动中的场景营销为例，用户身处不同的自然或社会情境时其消费需求也随之产生变化，企业和平台开展场景营销的核心就是对用户所处的情景加以实时追踪，对营销活动加以实时调整，向用户发送更加契合的广告信息[①]，从而实现"精准营销"的目标。在这一过程中，程序对用户所处的消费情景的认知经过算法通道（例如使用因素旋转的计算方法）后被拆解为若干个相互独立的自变量，例如脸书公司旗下的 News Feed 项目通过无监督机器学习获得的推荐算法包括了近十万项自变量条目[②]；将这些自变量输入到营销算法中，最终得到的结果就是算法模拟用户在某特定情境下可能做出的消费决策；最后网络平台以算法的预测结果为基础，将类似的商品或服务的广告信息传递给用户，从而完成单次的互联网广告投放，而用户对这些广告信息的反应又将被作为营销算法决策的自变量，影响后续的广告分发算法的计算，进而呈现出一个营销闭环的模型。

场景营销最为常见的应用就是基于地理坐标的信息推荐，我们对手机上装载的"AI 助手"说"我饿了"，算法程序给予的反馈是按距离远近来排序的几家餐厅的信息，或者是考虑地理距离和店铺评分的综合排序信息，因为时间成本和口味是影响用户选择用餐地点的主要因素。

矛盾的地方在于，目前许多场景营销案例的成功并不是由于营销活动精准地预测了用户在某一情境下的消费需求，而是通过在场景内增加影响用户决策的元素，最终实现营销目标，而这些元素大多具备"偶然性"的特征，出现在人们的生活中。唐恩都乐公司在首尔开展过名为"气味广播"的广告项目，因为唐恩都乐的门店在主营甜甜圈的同时也销售咖啡，但在习惯饮用咖啡的首尔市，唐恩都乐的咖啡产品销量不佳，公司希望通过这次广告活动促进咖啡的销量。营销人员在首尔市的一些公交线路上安装了一个可以释放气味的装置，装置内预先记录了一些距离唐恩都乐门店较近的公交站点，当公交车的到站提示播报了这些站点名称后，该装置的语音识别功能可以快速捕捉到信息，并且自动释放咖啡的香味。据统计，这次广告活动覆盖了超过 35 万首尔市民，品牌旗下门店的客流量增加了

---

① 徐艳琴. 基于移动产业视角的场景营销策略分析[J]. 商业经济研究, 2016(13): 65-67.

② 方师师. 算法机制背后的新闻价值观——围绕"Facebook 偏见门"事件的研究[J]. 新闻记者, 2016(9): 39-50.

16%，在公交站点附近的门店客流量增加了29%，许多消费者在购买甜甜圈的同时会顺带购买咖啡。唐恩都乐公司的取胜之匙是"咖啡香气"，在营销策划案中，人们的嗅觉对气味的回馈与目标用户"喝咖啡"的欲望之间的联系是明确的，机器在听到车站名称后释放味道也是必然的结果；但在消费者的消费决策过程中，出现在公交车上的"咖啡香气"是一个偶然的因素，咖啡的气味可能来自营销人员安装的装置，也可能来自其他乘客手里的纸杯，受到偶然因素刺激的购买同样是偶发性行为。

偶然性是社会生活中常见的、无法回避的话题，人类的行为决策会受到情绪体验的影响而显示出"非理性"的一面。情绪的发生是偶然的，受情绪影响的决策结果也是偶然的[①]，人类社会的结构性与稳定性正是建立在对偶然性的容忍上，人类生活永远无法斥尽所有的偶然情况。[②]但算法正好相反，构成算法的逻辑结构决定了算法是一个从"数据输入"到"数据输出"的过程集合，换言之，算法尚无法适应人类生活复杂而生动的种种情境，用户性格的微妙差异、人际交往的复线关系、道理与伦理的边际张力等，都为人类的生活和行为注入了偶然性。算法技术在既定的规则边界下，能够提升计算效率，因此阿尔法狗和深蓝能够在围棋和国际象棋的比赛中战胜人类的顶尖选手，但是当游戏胜利的规则被改写后，仅仅依靠深度学习，算法依旧缺乏理解新规则的能力。人类的偶然性行为只能被算法程序识别为"异常"和bug。因此我们发现，营销算法会将用户的偶然性行为读作用户的特征，并且这种认识会进一步影响到商品信息分发[③]，例如用户无意中点进"成人考试"的网站后，就会被算法识别为有"提升学历"的需求，随后被迫接收各类培训机构的广告甚至是推销电话。

（三）算法遵循"大数定律"，而数据同样会"说谎"

算法程序的快速普及与大数据技术的发展是一个相辅相成的过程，数据是营销算法的基础与灵魂。当前主流的深度学习或者叫作机器学习算法的开发过程更像是人类在教育算法习得某些知识和技能，算法工程师在训练算法的过程中，为算法提供海量数据，并对其中的少部分数据加以标示，算法通过自主分析自变量

① 李晓明，黄嵘，周鑫. 偶然情绪对决策的影响[J]. 心理科学进展，2015(6): 919-925.
② 孙少晶，陈昌凤，李世刚等. "算法推荐与人工智能"的发展与挑战[J]. 新闻大学，2019(6): 1-8, 120.
③ 葛思坤. 算法视域下媒介伦理失范的表现与规制[J]. 青年记者，2020(26): 21-22.

的值与各种参数的数学关系，生成一套能够拟合因变量随自变量的变化而变化的算法模型，甚至其中的无监督机器学习算法的生成完全是一个自动化的过程，算法开发者也无法预测最终机器学习训练出的算法会是什么结果。[①]

实际上，用样本训练算法反映了"大数定律"的思想，"大数定律"也叫"大数原理"，是统计学中的一条重要概念，指的是当样本规模足够大时，样本数据就无限趋近真实数据。在互联网媒体平台中，流量越大，对算法推荐模型越有利。受访者SZ01-E10谈到数据规模与算法模型间的正向关系：

> 我们自建的平台这几年媒体流量也在下滑，从PC时代向移动互联网时代的转型没有做好。在PC时代，我们的市场份额是最大的，但是在移动互联网时代用户基数和市场声量有所下滑。因为广告算法、推荐模型的问题，广告主的广告没有被投放到合适的目标用户那里，这样的话广告效果就差，广告主的钱也就白花了。穿山甲平台之所以强大就是因为它的算法特别强，一个是内容的算法，另一个是广告的算法。广告的算法之所以厉害是因为流量足够大，可以用流量来投喂模型，形成正向的循环。（受访者SZ01-E10）

算法实际上是将通过样本数据训练得到的数学模型应用于整体情况，如果算法的开发者用于训练算法的数据集出现问题，算法程序在结构和应用等方面必然会随之产生各类失范现象。在数据集造成的各类算法问题中，最为突出的是变量间因果关系的"假性相关"，并且这种"假性相关"往往有着统计学意义上的正当性。例如，在"低收入人群"与"廉价商品消费"之间建立起因果关系，如果仅仅从数据统计的角度来看，收入较低的消费者群体因为购买力有限，所以更容易选择相对低价的商品，这是一个正确的结论；但是，这种从统计学的概率分布中得出的结论并不能说明低收入的消费者一定是廉价商品的忠实用户，受个人消费理念以及消费心理甚至是对未来收入增长的信心等多重因素的影响，收入较低的消费者往往也可能选择高品质的商品。因此，有学者指出算法在变量间建立的关联关系以及对不同变量所赋予的权重，是考察算法的"模型层面"的重点，而

---

① 崔聪聪, 许智鑫. 机器学习算法的法律规制[J]. 上海交通大学学报(哲学社会科学版), 2020(2): 35-47.

98

这些问题的起因，往往都是训练算法的数据集表现出了统计学上的"正当性"。[①]如果算法通过数据所习得的模型在变量间建立起了"假性关系"，不仅会影响算法决策的效率，甚至可能造成算法歧视。

另一个由数据集造成的突出问题是，训练算法的样本数据的代表性问题，训练样本应能够代表总体数据的特点和分布，否则可能导致最终得到的算法模型在遇到社会少数群体或特殊群体时，运算结果表现出较大偏差。一个良性的用于算法的数据集要至少保证两方面的公平，其一是"群体公平"，保证不同的群体在数据采集过程中保持相对一致的误差，其二是"个人公平"，即以个人数据中的若干个变量作为参考点，可以得出两个用户间的相关程度。在开发网络营销算法时，当前营销数据的来源基本是平台网站的注册用户数据，在这些可以用作样本的数据中，城市用户较多而乡村用户较少，文化水平较高的用户多而文化水平低的用户少，日常用品的消费多而大宗商品的消费少……必须承认，这些数据的局限性都有转嫁为算法偏见的潜在风险。

最后，在智能营销时代，"一切皆可量化"[②]，每个用户都被算法简化为若干个变量的聚合体，并且每个变量都带有相对应的数字，但这一串串的数字真的可以代表一个个实在的生命体吗？算法所读取的数据只是人们的外显特征和可以被读取的行为，数据的集合只能说明用户被技术"发现"，但数据远远不能"定义"和"代表"用户。[③]数据技术的缺陷，导致营销算法难以做到尊重人类自主性和完整性，这仍是我们必须面对的时代的桎梏。

在本节的讨论中，我们认为算法应用失范现象涉及两个责任主体：一个责任主体是作为算法开发和运营方的网络平台。在商业逻辑的指导下，商用算法基于"伪中立"的立场所表现出的迷惑性，以及算法权力的滥用问题，都导致了"好算法"被放在了"坏用途"。之所以强调平台在资本逐利的思维指导下对算法的误用和滥用，是因为这一问题产生的根源是人的不当操作，这一原因导致的算法应用失范现象也是可以通过改变使用算法的责任主体行为得到有效解决的。另一个责任主体则是算法技术本身，目前算法技术发展势头迅猛，但仍处于起步阶段，

① 徐琦. 辅助性治理工具: 智媒算法透明度意涵阐释与合理定位[J]. 新闻记者, 2020(8): 57-66.

② 鞠宏磊, 黄琦翔, 王宇婷. 大数据精准广告的产业重构效应研究[J]. 新闻与传播研究, 2015(3): 98-106, 128.

③ 郭小平, 秦艺轩. 解构智能传播的数据神话: 算法偏见的成因与风险治理路径[J]. 现代传播(中国传媒大学学报), 2019(9): 19-24.

在理解人类的生活场景、尊重人的个性与价值方面存在技术上的缺陷。人类的思维非常复杂并且带有弹性，而社会发展也呈现出愈发多元的趋势，从现有的技术水平来看，以数理逻辑搭构的算法模型如何适应这一状况仍然是摆在计算机科学领域的难题。

第三节　互联网广告中算法应用失范问题的治理

对互联网广告传播中的算法技术和数据应用进行规制是一个非常复杂的问题。一方面是由于营销算法的应用场景和互联网广告的影响范围在不断扩大，人类的衣食住行等各个行业纷纷拥抱算法，希望通过算法技术解决行业内的营销效率问题；而另一方面，网络用户数量的激增，使得受众群体不断扩大，受众的身份特征也愈发多样，这意味着算法的应用想要保持公平公正就必须对算法程序保持更新，因此这也带来了新的挑战。

营销算法应用范围的扩大，最明显的例证莫过于算法的影响正在从经济繁荣、人口稠密的城镇地区向基础设施建设相对落后的农村地区扩散，农村地区的消费者在万物互联的时代被逐渐吸收进平台和企业营销算法分析的范围，依托互联网和算法技术进行农产品销售的商业模式也稳步发展[1]，甚至在不久的将来会成为主流。因此，算法规制研究往往涉及多个主体，包括作为算法开发和运营者的企业及平台方、作为算法技术应用监管者的政府部门、享受算法带来的服务或受到算法影响的普通用户，以及算法自身等，在这一过程中还要厘清各个主体间的关系以及彼此间可能存在的相互影响的张力，这使得营销算法应用失范问题看起来相当繁复。另一方面，算法是计算机科学领域的新成果，其技术属性必然会引发争论：算法究竟是"善"还是"恶"？换言之，对算法问题加以规制就必须维护算法"向善"的一面，同时有效地阻隔算法"从恶"的一面；既保证通过算法技术促进生产、改善民生、服务社会，也要及时规避算法带来的不良后果与风险。更重要的是，对算法进行规制就意味着我们已有的经验可能并不适用于这一技术的新特点。

---

① 苏照军, 郭锐锋, 高岑等. 基于组合模型的农产品物价预测算法[J]. 计算机系统应用, 2019(5): 185-189.

综合来看，对智能营销领域中存在的算法和数据应用失范问题的规制研究还有很长的路要走。本节结合业内人士的访谈，总结出以下几点思考。

一、建构指导数据应用的算法伦理

人们进行价值判断的基础往往是制度与道德，制度发挥着指导人类行为的作用，也为人类社会搭建了空间与框架①，从狭义上来看，制度是指正式的、理性化的、系统化的、形诸文字的行为规范②，如法律条例等；道德与制度往往具有同源性，数千年来为人类所共同遵守的习惯演变为道德，也因此道德往往具有时空性，道德成为制度建设的基础，而一些制度也会吸收道德要求，成为制度化的道德。对于算法问题规制的探究也可以从道德与制度两个层面出发。

道德概念属于意识上层建筑，而制度概念属于政治上层建筑③，尽管都以相同的经济基础作为支撑，两者也存在重叠的部分，但总体来看，道德适用的范围大于成文的制度，成文的制度更像是"最低限度的道德"。因此，道德标准是更基础的要求。"道德"与"伦理"这两个词在概念上具有一定的重合部分，日本学者井上哲次郎在编纂《哲学字汇》时将 ethics 译作了"伦理学"，同时与中国古代典籍中的"伦理"联系在一起④，而实际上在英语的释义中，ethics 这个词往往与道德联系在一起，被译为"道德准则"，因此，这两个词在概念上具有一定的相同含义。如果细究的话，"道德"在中文中最主要的意思是描述个体的内在准则，因此与英文单词 morality 的词源拉丁文 moralis 的本意更加接近，都侧重于被群体认可的行为与品质。在我国，"伦理"这个词在西汉时期开始被广泛使用，指的是"人际关系间的条理"，"伦理"一词中也就带有一定的"群体关系"的意味，而 ethics 的词源是希腊文 ethos，是地区的风土人情、风俗习惯的意思，与中文中的"伦理"的含义更为贴切。⑤但是"伦理"概念与"道德"概念含混使用形成的"广义伦理学"已经是当前西方伦理学和中国伦理学研究的主导范式⑥，

① 董建新. 制度与制度文明[J]. 暨南学报(哲学社会科学版), 1998(1): 8-13.

② 杜时忠. 制度德性与制度德育[J]. 高教探索, 2002(4): 6, 11-13.

③ 梁禹祥. 制度伦理与道德建设[J]. 道德与文明, 2000(3): 27-30.

④ 龚颖. 伦理学在日本近代的历史命运: 1868-1945[J]. 道德与文明, 2008(1): 16-19.

⑤ 《伦理学》编写组. 伦理学[M]. 北京: 高等教育出版社, 人民出版社, 2012: 34-37.

⑥ 焦国成. 论伦理——伦理概念与伦理学[J]. 江西师范大学学报(哲学社会科学版), 2011(2): 22-28.

在互联网广告研究和算法技术规制研究中，不少学者也是将"伦理"与"道德"相互混用，并未做明确的界定，因此本书采用了学界使用较多的"伦理"这一说法，来指代群体性的伦理要求以及个体性的道德准则，不再做详细的区分。

（一）以技术形式出现的算法应用应当承担伦理责任

通过建设伦理准则，以伦理规范约束互联网广告营销领域中的算法程序和数据应用，从而实现对算法技术的有效治理，是构建算法治理体系的重要环节。但是在算法活动的各个环节中，不同主体所应承担的伦理责任是不尽相同的，其中作为自然人和法人的主体，如算法工程师和互联网平台企业，主体性是较为清晰的，相应地，这些主体的伦理责任也较为清晰。唯一需要讨论的是算法程序自身是否应当被视为承担伦理责任的主体。

对"伦理"做一个清晰的定义并不容易，伦理常被描述为不同于法律规范的"道德规范"，目的在于"指导人类的社会行为"[1]，其主要关涉到社会的公平和正义等基本善的元素。[2]黄建中在《比较伦理学》中提出，判断一个客体是否属于伦理范畴应当从两方面加以考量，其一是能够对该对象进行善恶的价值判断，其二是该对象的行为受到主观意志的支配。[3]

1. 算法中装载了明确的目的与价值

首先，算法是一串较为复杂的数学表达式，从纯粹作为技术形态的算法概念来看，因为数字是精准且客观的，所以算法技术并不具有价值属性；但是从算法工作的流程来看，算法是从数据输入到数据输出的过程集合，这些变量性数据有其特有的单位、名称和含义，如果我们姑且将这些数据的属性称作算法的"语境"的话，那么脱离了"语境"的算法就变成了纯粹的计算过程。根据罗宾·K. 希尔的论述，算法具有五个基本属性，分别是有限性、确定性、有输入、有输出、可执行[4]，而脱离"语境"的算法将不再具有其工作的确定性和适用范围的有限性，此时的算法已经不能称为一个有效的算法。因此可以看出，算法的概念中就包含了算法技术的目的性，只有当程序适用于解决具体的问题时，这一概念才有意义。

① Piotr, M. Moral norms, moral ideals and supererogation[J]. *Folia Philosophica*, 2013(29).

② 罗彬. 新闻伦理与法规[M]. 北京: 北京师范大学出版社, 2012: 1-5.

③ 黄建中. 比较伦理学[M]. 北京: 人民出版社, 2011: 73.

④ Hill, R. K. What an algorithm is [J]. *Philosophy & Technology*, 2016(29): 35-39.

我们在讨论算法的伦理问题时，并不能从技术中性的角度出发，将算法视作均质的、具有描述意义的"定义"，而是需要审视具体的、以解决具体问题为目标、投入工作环境中的算法。

但是当算法具有了目的后，技术也就不再是中立的，而是装载了价值。算法是由人设计的，算法的功用实际上在满足算法开发者的需求，算法工程师的价值选择会体现在算法中，不同的互联网平台或企业所开发出的算法程序所依托的价值标准也是不尽相同的。[①]例如，拼多多利用微信作为流量入口的"拼团优惠"模式更看重挖掘用户的社交网络，通过社交关联实现对中老年用户及互联网下沉用户的覆盖；而淘宝依托自身广告联盟网站，为平台入驻的商家提供精准营销的服务；自然，拼多多与淘宝在客户端协同过滤的商品推荐算法中，对基于社交的商品关联这一变量所给予的重视程度也是不同的。互联网广告算法的自动决策是通过数字化的手段帮助平台和企业进行决策，这一决策的影响力决定了平台和企业以何种方式定义和对待消费者。在对消费者编码的过程中，消费者被贴上不同的标签，如"高收入者"或"低收入者"、"忠实用户"或"普通用户"等，而不同的标签又对应着不同的商品信息分发甚至是不同的营销策略。算法在决定如何对待一部分用户的同时又决定了如何对待另一部分用户[②]。从对用户的分类到对"如何对待"不同用户群体的逻辑通路，实际上就是算法自身的价值判断。可见，算法技术自身毫无疑问承载了相应的价值标准，而这一价值标准是否契合于人类社会，就成为评价算法的伦理依据之一。

2. 算法并非对人类意志的完整复刻，而是具有相对独立性

从另一个评判标准来看，算法技术是一个自运行的数字系统，而作为算法设计者的人类决定了算法的运行逻辑和数算目的，从这个角度来看，算法或许并不具备自主意识，而是受到人类意志操控的客观对象；但如果从算法运算的结果来看，算法并不总是"完美"地复刻人类的意志，有时甚至出现违背人类意志的情况。算法模型中存在大量的嵌套和循环结构，而作为算法开发者和控制者的人类却存在认知能力上的局限性，即使是算法开发者，对于算法运行的控制也具有局限性；而算法活动的展开又必须依托具体的社会情境，算法应用环境的动态变化

① 袁帆, 严三九. 新闻传播领域算法伦理建构[J]. 湖北社会科学, 2018(12): 182-189.
② 劳伦斯·莱斯格. 代码: 塑造网络空间的法律[M]. 李旭, 姜丽楼, 王文英, 译. 北京: 中信出版社, 2004: 83.

使得算法运行变得更加复杂。这些因素共同决定了算法运行结果的难以预测性。[①]由人的意志开发和主导运行的算法却存在"超越"人类意志的一面，表现出了"自主性"，从这一层面来说，算法的结果是由算法技术自身的特点决定的。

结合上述讨论不难看出，算法确实是一种客观的技术形式，算法开发者的主观意图决定了算法的具体形态与架构，但是从算法的设计过程以及算法生效的最终结果来看，算法技术已经具有相对独立的自主性，因此对算法的规制应当加入伦理的视角。

早在 20 世纪 80 年代，欧美国家的学者已经将视野投向了计算机的理论问题，1985 年美国的哲学杂志《形而上学》发表了《计算机与伦理学》和《什么是计算机伦理学》两篇论文，这也被视为计算机伦理学研究的开端。[②]这时的学界已指出计算机技术的广泛应用需要立足于社会伦理要求，并强调计算机技术的发展不能只着眼于技术的提升，首先应关注的是人类与社会的价值。[③]算法伦理一方面脱胎于计算机伦理，另一方面也具有自身的特点，因为"黑箱"的存在，算法无法像计算机一样被普通用户操作和使用，因此计算机伦理问题可能会关涉到计算机使用的全过程，而算法伦理更聚焦于技术本身。[④]但总体而言，计算机伦理与算法伦理同样强调了社会的"基本善"，包括"人权""社会公正与福祉""美德"等，算法的伦理就是要求算法尊重人的价值，要求算法在决策时做出正确的道德判断。[⑤]

（二）培育算法开发者的道德想象力

在前文的讨论中，我们明确了算法应当承担伦理责任这一议题，而作为算法技术在互联网广告营销领域的应用形式，商品推荐或广告购买程序等智能营销算法自然也不能例外。但在具体的实践中，算法技术尚未发展到"自进化"的阶段，当算法的伦理责任失位后，我们无法要求算法主动纠正自身的伦理问题，从而达到规制算法风险的效果。在讨论算法的伦理要求的建构时，算法伦理所针对的行

---

① 郭林生，李小燕．"算法伦理"的价值基础及其建构进路[J]．自然辩证法通讯，2020(4)：9-13．

② 王正平．西方计算机伦理学研究概述[J]．自然辩证法研究，2000(10)：39-43．

③ 詹姆斯·摩尔，正萍．计算机伦理学中的理性、相对性与责任[J]．上海师范大学学报(哲学社会科学版)，2006(5)：1-10．

④ 郭林生，李小燕．"算法伦理"的价值基础及其建构进路[J]．自然辩证法通讯，2020(4)：9-13．

⑤ Kraemer, F., Overveld, K. & Peterson, M. Is there an ethics of algorithms?[J]. *Ethics and Information Technology*, 2011 (13): 251-260.

为主体是人，因为技术的潜力是由人实现的，是算法工程师将算法技术的潜力与商业行为或行政管理相结合，实现了算法技术运用的价值。对于算法开发者而言，需要培育道德想象力，在算法的设计阶段提前规避算法投入使用后可能招致的伦理风险。

1. 对道德想象力概念的解释

对于"道德想象力"这一概念的定义，众说纷纭。例如，约翰·杜威从道德教育的角度将"道德想象"阐述为"道德反思"和"情景预演"两个部分。其中的道德反思的过程与芝加哥学派的"内省式思考"理论有一定的相通之处，强调个体需要在人内传播的过程中，不断揣摩自身与情景相互作用的过程，从而深化学习和认知，道德反思明确界定了"反思"的内容是道德情景；而杜威所谓的情景预演是指在培养被教育者的道德观念时，需要在被教育者的头脑中搭建可能遭遇的情景，让其在具体的情境中评估自身行为可能造成的道德后果。[①]杜威的"道德想象"偏向于解释人的道德培养过程。另一个较有代表性的观点是马克·约翰逊等人提出的，即道德想象力指人们处于具体的情境中时，发现和评估各种可能性的能力，但进一步来看，道德想象力还要求人们对自己所构想的行为的后果进行预估[②]，人们通过道德想象力对自身行为的评估，需要超越规则和利害关系，突破人的心智模式（包括情感、意志等），以追求"善良""公正"等美德的完美状态作为评估的依据。[③]总体来说，道德想象力可以被理解为个体以道德标准或伦理规范"解释情景"和自身行为的能力[④]，这一过程会先于具体行动发生。

对于网络营销算法程序的开发人员而言，在设计算法架构和逻辑的过程中，往往并未意识到算法可能招致的不良影响，算法引发的危害和影响是一种"非意图"的后果[⑤]，因此在算法开发阶段，相关责任人就需要运用道德想象力对算法的可能性后果进行评估，并及时规避潜在的伦理风险，为尚未投入使用的算法先行注入伦理性。

---

① 游柱然. 论杜威的道德想象模式及其对现实的启示[J]. 湖南师范大学社会科学学报, 2009(1): 44-47.

② Johnson, M. *Moral Imagination: Implications of Cognitive Science for Ethics*[M]. Chicago: University of Chicago Press, 1993: 36.

③ Werhane, P. H. *Moral Imagination and Management Decision-Making*[M]. Oxford: Oxford University Press, 1999: 73.

④ 杨慧民, 王前. 道德想象力: 含义、价值与培育途径[J]. 哲学研究, 2014(5): 104-109.

⑤ Barocas, S. & Selbst, A. D. Big data's disparate impact[J]. *California Law Review*, 2016, 104(3): 671-732.

2.增强算法开发团队道德想象力的两种途径

培育算法开发团队的道德想象力主要有两种途径，第一种是直接加强对算法开发团队的伦理素养培训，使软件工程师和程序员等在理解技术的基础上，更加深入地理解技术对人类社会的影响、算法的功能所对应的社会伦理以及评判伦理的标准。但是在实践中，这一点是很难做到的。对算法中涉及的伦理问题进行评判是一个复杂的过程，在明确了算法技术应当被纳入伦理范畴后，业界与学界都提出了大量算法应当遵循的伦理要求，在伦理层面对算法加以规制并不缺乏指导理论。例如微软曾提出算法程序需要恪守六项伦理原则，即"公平""可靠和安全""隐私和保障""包容""透明""责任"[①]；国内也不乏围绕"透明度""被遗忘权""公平"等进行的算法伦理的研究。这些议题和要求确实具有现实意义，但往往也是泛化而模糊的。当算法技术与商业模式相结合后，对算法的伦理标准界定变成了一个具体的问题，亟待化解的是矛盾中的特殊性，算法伦理的要求应适配算法应用所指向的行业和领域，不仅要对相关行业生态以及外部社会环境有较为深刻的理解，同时也要不断地揣摩算法伦理标准适用的尺度，仅仅疾呼算法伦理研究的章节标题和口号并不足以支撑对算法的道德想象力的建构。对于计算机学科出身的算法开发团队而言，通过培训获悉算法伦理的原则并不难，但深刻理解动态变化的环境中可能潜藏的算法和社会伦理标准间的冲突与矛盾，并将算法伦理的要求放置在具体情境中妥善运用，则需要消耗大量的精力和时间，同时难以保证规制的效果。

因此，出现了第二种途径，即增加算法开发团队成员的多样性，吸纳具有社会科学知识背景的人才和算法具体应用领域内的专家。这一途径将算法开发团队视为运用道德想象力的主体，将涉及伦理与道德评估的工作交给专人负责，似乎是一种更高效也更可行的方案。牛盾数字资产国际站是一家依靠 AI 技术盈利的公司，其创始人萨沙·艾德曾撰文表示，专业的算法伦理团队能够帮助技术人员及时调整算法开发的方向。[②]此外，工作人员学科背景甚至是种族、所属群体间

---

① Smith, B. *The Future Computed: Artificial Intelligence and Its Role in Society*[M]. Washington: Microsoft Corporation, 2018: 56-70.

② Eder, S. How can we eliminate bias in our algorithms?[EB/OL]. https://www.forbes.com/sites/theyec/2018/06/27/how-can-we-eliminate-bias-in-our-algorithms/?sh=715aa066337e, 2018-6-27.

的交融重叠，使得算法的开发团队能够获得更宽广的伦理视野。[①]

具体来看，互联网广告领域营销算法的开发团队需要从以下几个方面对算法的道德可能性加以评估。首先，在开发算法程序前，相关责任主体需要跳出算法程序编码的技术领域，从营销和传播的角度思考营销算法运作的目标用户、适用边界、所需的商品数据及信息等，并基于此判断该算法是否适用于营销活动。其次，算法的开发团队需要提前预测算法投产后对用户的可能性影响，仔细评估算法是否能在"保护性、尊重性、公正性、导向性"等方面满足广告目标受众的需求[②]，对算法运行结果要进行伦理道德层面的考核。最后，算法的开发团队也要培养面向社会的责任感，提前构想当营销算法应用失范的情况发生后，会对社会造成怎样的影响，同时考虑算法主导的广告及商品信息分发规则筛选的信息能否促进社会公平正义的发展，是否承载着积极的社会价值，以及能否真正推动社会向前发展等。

（三）算法的运营需要追求"工具理性"与"价值理性"的统一

从不同的主体角度出发来看待算法技术，算法也表现出不同的功用，对依托算法进行广告信息分发的互联网媒体平台来说，算法是其商业模式的核心；而对于用户而言，算法的功能则相对模糊。诚然，网络巨头和科技公司并非公益机构，而是营利性组织，因此需要将开发和运营算法程序的前期投入转化为收益，但同时算法也彰显着对用户兴趣、习惯、行为等多方位的形塑力量，并且随着算法行业版图的扩张，算法搭载的公共性会越来越强，算法技术的这一属性必然引起更多的争论与思考。从某种程度而言，算法体现了企业的商业利益与社会公共利益间的矛盾。如果仅仅将算法视为"工具"，一味地考虑优化算法结构、提高算法效率、追求算法与平台企业所赋予的功能形态的深度贴合，显然并不能实现算法在动态发展中承载的社会责任与期待。[③]

如果说培育算法工作者的道德想象力，是在算法程序的设计阶段实现对伦理标准的确认和践行，那么要求算法应用做到工具理性与价值理性的有机统一，则是对运营算法的平台企业的道德要求。寻求企业运营算法的经济收益与算

---

① Sidortsova, S. Bias in the algorithm[J]. *2019 Michigan Tech Magazine*, 2019(1).

② 袁帆，严三九. 新闻传播领域算法伦理建构[J]. 湖北社会科学, 2018(12): 182-189.

③ 郭赫男，何倩. 算法推荐视域下我国新闻价值观的解构与重构[J]. 西南民族大学学报(人文社会科学版), 2020(6): 150-156.

公共性的社会责任间的平衡，归根结底可以被看作是追求工具理性与价值理性的统一。①

工具理性与价值理性的概念普遍被认为出自马克斯·韦伯的著作《经济与社会》。工具理性与资本主义的发展相互交织、相互影响与纠缠，描述的是一种"合目的性"的动机，在工具理性的指导下，主体的行为表现出对效率、收益、利益等元素的考量。在韦伯看来，工具理性是人类社会走向现代性的产物，世俗的经济力量的发展造成了宗教的式微，而不断跃迁的科学技术为原始世界"祛魅"，这创造了现代性的"悖论"局面，人类社会消解了传统的"终极意义"，并且解放了人类的思想，理性开始生长，人类追求理性，但是在过度追求理性的过程中并未找到指导人类生命方向的"意义"，换言之，过度的理性压倒了旧有的秩序，却创造了经济和资本结构层面的新的"奴役"与"不自由"②。在这一认识论基础上我们不难发现，对于广告主、媒体平台以及被算法裹挟进营销活动的用户而言，互联网环境内的智能广告营销算法反映了广告信息分发和传递的效率问题。通过分析用户的消费情况，基于算法所进行的营销活动往往能高效地投其所好，直击用户的"痛点"，进而撬动其消费欲望，而用户面对五花八门、琳琅满目的商品信息，也需要营销算法辅以预先筛选，节省自身的精力。如果将算法技术视为主体，那么用户只是技术作用的对象，所谓"大数据经济"就是将个人的数据信息视为具有"市场价值"，并且有"非独占性"的商品③；进一步来看，营销算法的生效机制中"协同过滤"的方法就是用群体数据的规模来耦合其中个体的偏好，而"基于内容的推荐"则是整合用户已有的行为路径对用户可能的行为加以"预测"。借助算法的力量推动网络营销的发展，是对"科学技术时代"的礼赞④，同时也反映出了现代社会对于工具理性的追求与认同。

在这样的情况下，呼吁价值理性的回归也就成为一种必然的趋势。总的来说，价值理性的概念并不复杂，与工具理性追求明确的目的指向不同，价值理性是基于各种"价值"的理性。韦伯指出，在特定的社会条件下，人与人以及人与物的关系会体现出"价值"（一方对另一方的"有用性"），进而生成了"意义"，

---

① 杨建国. 大数据时代隐私保护伦理困境的形成机理及其治理[J]. 江苏社会科学, 2021(1): 142-150, 243.
② 王淼, 马晶晶. 理性的"吊诡"：由韦伯学说到现代性悖论思考[J]. 宁夏社会科学, 2020(1): 30-37.
③ 吴伟光. 大数据技术下个人数据信息私权保护论批判[J]. 政治与法律, 2016(7): 116-152.
④ 翟振明. 价值理性的恢复[J]. 哲学研究, 2002(5): 15-21.

这种"意义"便超脱了工具理性看重的"利益"或"经济效益",而是体现了人更为本质和纯粹的"需要"。在韦伯看来,"价值合乎理性的,即通过有意识地对一个特定的举止的——伦理的、美学的、宗教的或作任何其他阐释的——无条件的固有价值的纯粹信仰,不管是否取得成就"①。相较于工具理性,价值理性要求人们对"戒律""美德"等形而上学的概念保持理性的追求,换言之,在价值理性的指导下,技术的应用并非追求利益而是补全社会伦理与道德。

当前智能营销算法所暴露出的问题有许多是平台企业过分追求经济效益与利益,而忽视了社会伦理所导致的,例如刻意模糊算法适用的场景边界、算法偏见、大数据杀熟等,这些都可以折射出平台企业在价值理性层面对用户关怀的缺失。

关于如何做到工具理性与价值理性的有机统一,很难列举出一套详尽、具体的做法,而应当将这一理念融入上至企业发展战略的顶层设计、下至企业经营的日常事务等全方位的业务体系。当前部分企业算法应用失范让受众与用户成为被动接受营销算法分发内容的"容器",但必须明确的是,技术服务于用户,而非操纵与宰制用户的思想。②就算法技术的设计与应用层面来看,工具理性和价值理性的有机统一意味着需要顺应技术发展的朝向,扩大技术的应用范围与应用的深度,通过技术为用户提供更为便捷的体验③,但同时也要强调人的核心价值,使得算法的应用更加合乎"人类发展"的目标、合乎人文精神的终极目标。

但是,注重价值理性并不意味着企业需要放弃利益。首先,工具理性与价值理性的差异主要在于关注点不同,价值理性并不忌讳功利主义或者回避追求利益④,价值理性承认功利但又超越了功利。其次,科技的进步在某种程度上正好体现了工具理性的重要性,正是出于对效率与世俗的经济收益的追求,算法和其他的科学技术被人们发明并投入使用,价值理性的要求更像是指导平台企业应用算法技术的准绳。

①　马克斯·韦伯. 经济与社会(上卷)[M]. 林荣远, 译. 北京: 商务印书馆, 1997: 56.

②　詹姆斯·韦伯斯特. 注意力市场: 如何吸引数字时代的受众[M]. 郭石磊, 译. 北京: 中国人民大学出版社, 2017: 2-3.

③　郝雨, 田栋. 媒介内容生产取向性偏差及"合理性"调适——基于工具理性、价值理性的辩证视角[J]. 国际新闻界, 2019(6): 66-85.

④　徐贵权. 论价值理性[J]. 南京师大学报(社会科学版), 2003(5): 10-14.

二、加强算法立法，完善对算法应用的制度规制

如前文所述，人们进行价值判断所依据的标准之一是社会范围内公认的、对人类行为产生指导意义的各类制度，制度的强制性与伦理道德的引导性对于人类行为的规范发挥着同样重要的作用。①受访者 BJ03-E13 谈到目前尚缺乏完整的关于算法应用的行业规范化制度安排，大家基本会根据自己的需求进行研发：

> 目前行业内没有完整的规范化的文件，一般会定义好应用程序接口，传输接口有几个，大家自由选择用 Java 或者 Python 开发，大家所使用的名字也各不相同。（受访者 BJ03-E13）

相较于强调"自律"与"自治"的伦理要求，对于违背制度要求的行为主体，可以对其予以惩戒，因此，通过制度规范企业或个人的行为就明显带有了更强的"他律"色彩。其中，法律是一类特殊的制度，被视为最"强有力"的手段。目前，在我国有数部法律直接与互联网广告营销活动相关，包括《中华人民共和国广告法》（简称《广告法》）、《中华人民共和国反垄断法》（简称《反垄断法》）、《中华人民共和国消费者权益保护法》（简称《消费者权益保护法》）、《民法典》、《网络安全法》等。

但随着营销算法使用的普及，所暴露的问题也愈发多样化，而当前适用的法律在规制营销算法应用失范现象时却或多或少存在局限性或操作上的各类困难，因此需要国家不断出台新的规定，来弥补制度规制上的不足，例如国家工商行政管理总局于 2016 年颁发的《互联网广告管理暂行办法》（国家市场监督管理总局于 2023 年修订后为《互联网广告管理办法》）就属于此类性质的文件。

2021 年 8 月 20 日，十三届全国人大常委会第三十次会议表决通过《中华人民共和国个人信息保护法》，自 2021 年 11 月 1 日起施行。其中涉及大量有关算法自动化决策程序在应用过程中"平台追责""用户维权"的内容，其核心是保证算法基于用户数据进行自动化决策过程的"公开透明"、算法决策结果的"公平公正"，这部法律的制定在某种意义上揭开了我国针对算法技术立法的序幕。2021 年以来，多部门针对网络平台公司提供的基于算法的服务中的乱象做出回

---

① 董建新. 制度与制度文明[J]. 暨南学报(哲学社会科学), 1998(1): 8-13.

应。例如，2021 年 1 月在北京召开的网络消费领域算法规制与消费者保护座谈会就指出要针对营销算法导致的"大数据杀熟"现象完善相关法律法规[①]；2021 年 5 月 8 日下午国务院新闻办公室召开的新闻发布会表示我国会开展"清朗"系列专项行动，其中第三项就是"算法滥用治理"专项行动。

放眼全球，以欧盟为代表的地区或国家也制定了大量针对"算法公平""数据安全""信息保护"的专门法，通过法律手段对互联网环境中流行的各类应用加以规制已经成为全球性的趋势与潮流。

（一）国内针对互联网广告投放以及智能营销算法的法律法规

互联网广告在投放时所依赖的智能营销算法从技术层面上来看，是一套由互联网的即时响应功能、计算机的数据存储与分析功能、算法技术的"神经元"架构等共同支持的实现系统，新近制定或修订的有关"互联网""数据安全"等内容的法律法规都会涉及算法这一"自动决策"机制。受访者 BJ11-E22 认为当前我国针对算法自动化决策和算法推送安全性的规定已经从保障用户的选择权和知情权角度进行了规范：

> 针对算法自动化决策和算法推送的安全性问题，我们已经有了相关规定，这些规定从保障用户的选择权和知情权角度进行规范。算法的自动化决策是否合理、公正，是否保障了公民的权益，这些都是需要关注的问题。如果出现问题，就可能进入诉讼流程，而不是通过前置性的算法评估来预防。国际上同样如此。相比之下，我国在算法调整方面更为积极。（受访者 BJ11-E22）

但是如果将通过智能算法开展的广告投放活动、自动定价等视作广告主的营销行为，那么算法的开发和运营方与享受算法所提供服务的用户则分别扮演了"商品或服务的提供者"与"消费者"的角色，并在彼此间建立了买卖双方的契约关系，那么在这时，适用于规范市场秩序、维护消费者权益的法律法规则同样适用于规范基于营销算法的交易行为。甚至在唐·舒尔茨提出"整合营销传播"的思路后，借由各类传播活动实现商品信息流布的广告营销活动同样可以被视作一种

---

① 汪子旭. 中消协点名大数据杀熟，建议加强算法规制[N]. 经济参考报, 2021-1-8(A01).

信息传递的过程，因此一些旨在"净化网络环境"、规范网络新闻信息发布与传播的条例规定同样涉及广告主在营销活动中对于算法技术的应用。

想要在本章的篇幅中逐条分析所有对网络营销活动具有规范作用和解释力的法律法规并不现实，因此本章以互联网广告营销算法导致失范问题的线性时间进程的不同节点为话题，试图梳理在各个节点下我国现行的法律法规中的适用条例。

1. 规范互联网广告营销算法中数据的采集与处置

算法技术与数据休戚相关，人工编码需要在理解不同组变量间数学关系的基础上进行，使用"机器学习"训练算法更是需要将大量的数据集投喂给算法模型；而在算法生效的过程中，同样需要将用户的数据输入到算法程序中，经过计算得到的结果成为算法决策的依据。从这个角度来看，如果没有数据，营销算法、广告投放程序的生成和运行都会成为虚妄。

但社会舆论对于平台企业的数据获取行为的看法，却一直因为平台企业是否"侵犯"了用户隐私而争议不断，而实际上，确实有平台企业在采集用户数据时存在不当操作行为。对于平台企业而言，作为互联网广告载体的收入在其总体收入中占据了绝对重要的地位，通过提高广告投放的精度带动广告投放收入单价的增长是平台企业迅速扩大其广告营收的常用手段，不言自明的是，只有对用户足够"了解"，才能提高广告投放的精准度。基于此种逻辑，某些手机客户端曾经强迫用户"二选一"：向软件开放终端设备的信息收集权限，否则就不能享受到软件所提供的服务。其理由是内容推荐对算法分发的形式高度依赖，其收集用户信息是为了给用户提供更好的阅读体验。针对此类现象，《个人信息保护法》第十六条进行了明确规定"个人信息处理者不得以个人不同意处理其个人信息或者撤回同意为由，拒绝提供产品或者服务……"

以往某些平台企业自恃公司体量大，与用户签订"霸王条款"，强行掠夺用户的个人信息，以攫取数据中蕴含的经济价值，用户对此往往有苦难言，这项法律条文无疑改善着用户与平台企业在话语权方面不平等的局面。在针对平台企业的数据治理与处置方面，《个人信息保护法》在第二章"个人信息处理规则"中做了详尽的规定，包括采集用户信息的前提条件、针对未成年人的特殊规定、数据采集方在采集数据的过程中应当承担的责任和履行的义务等。尤其值得注意的是，《个人信息保护法》第二十八条强调了对用户敏感信息的处理规定，"只有在具有特定的目的和充分的必要性，并采取严格保护措施的情形下，个人信息处理者方可处理敏感个人信息"，这意味着在使用智能营销算法进行广告投放时，如果将目标用户的敏感信息作为算法决策的依据，就可能涉嫌违法。

同时，《个人信息保护法》也提及了对用户信息与数据进行处理时应当遵守的规范，例如第二十五条规定"个人信息处理者不得公开其处理的个人信息……"，第二十九条规定"处理敏感个人信息应当取得个人的单独同意"，这些条文在很大程度上保证了用户数据信息不会受到算法程序的滥用。

2. 算法主导的商业活动需要以保障用户的公平交易权为前提

"公平"这个概念从本质来看描述了一种人与人之间的关系，这个概念在被创造之初就具有了"价值性"，也是人类社会一以贯之的追求。从商品交换这一实际行为的角度出发，公平原则更是对交易行为本身以及参与交易双方的最基本的要求，这一原则兼具了道德和法律两方面的要求，例如《消费者权益保护法》第十条就明确规定了"消费者享有公平交易的权利"。目前我国也在不断完善法律制度，在保证网络营销公平方面，最为突出的成就是将"大数据杀熟"行为绳之以法。

作为一种促进销售的手段，无论是在何种媒介场域内进行的广告活动，其最终目的都是一致且明确的——促成目标消费者的购买，而网络营销使得浮动定价成为可能，这就导致了互联网广告中包含的商品或服务的报价存在"不确定性"，进一步造成了价格歧视现象在互联网中频发。但是在以往的司法实践中，"线下"的法律面对"线上"存在的问题，无论是适用性还是解释力都大打折扣，消费者通过法律途径维护自身的公平交易权时，大多借助《消费者权益保护法》《反垄断法》，直到 2018 年 8 月《中华人民共和国电子商务法》（简称《电子商务法》）颁布，这一局面才有所缓解。

《消费者权益保护法》第五十五条规定："经营者提供商品或者服务有欺诈行为的，应当按照消费者的要求增加赔偿其受到的损失……"无论是为何种商品或服务买单，消费者往往愿意选择更低的价格，也因此，平台商家通常将"低价"写在自身的报价信息中；而在互联网广告营销活动中，消费者面对算法提供的报价，只能被动地相信商家为其提供的是"低价"，此时算法主导的差异化定价显然构成了对消费者的欺诈。从这一层面看，《消费者权益保护法》在裁定价格歧视现象时，主要的判定原则是网络平台或销售方利用消费者对差异化定价策略的"无知"来攫取超额利润，这一法律规定与消费者的知情权紧密相关。如果消费者知悉自己收到的平台报价并非"最低价"但仍然愿意为这个价格买单，那么平台的价格歧视行为便不再违反法律规定。同时，基于互联网的商业模式中，使用"补贴"策略以快速增加平台用户数并不罕见，不少平台与商家声称自身提供的差异化价格所存在的差额是因为对不同用户的"现金补贴"力度不同，而电子商务平台或商家对"补贴"具有解释权，难以将其纳入"欺诈"的行列。因此，仅仅依靠《消费者权益保护法》，有时难以保障用户在互联网环境中的公平交易权利。

除《消费者权益保护法》外，《民法典》也被运用到一些公平交易案件的审理中。《民法典》的立法精神是保护民事主体的合法权益，确保当事人双方如实履行合同规定等。契约制度恰恰是在市场经济环境下诞生的，契约交易是很常见的经济交换形式，交易行为的发生等于在交易双方之间建立起了合同关系。《民法典》第六条规定，"民事主体从事民事活动，应当遵循公平原则，合理确定各方的权利和义务"，营销算法导致的价格歧视等问题显然违背了这一法律精神。《民法典》第一百八十六条规定，"因当事人一方的违约行为，损害对方人身权益、财产权益的，受损害方有权选择请求其承担违约责任或者侵权责任"，差异化的定价策略破坏了交易行为的公平公正，因此相关责任方已经涉嫌违约或侵权，需要对消费者进行赔偿。但《民法典》同样要面对平台企业对自身商业行为具有解释权的难题，举证不易。

此外，近年来陆续修订与出台的数部法律直接将线上的价格歧视定义为违法行为，例如《电子商务法》第十八条规定"电子商务经营者……向该消费者提供不针对其个人特征的选项，尊重和平等保护消费者合法权益"；《个人信息保护法》第二十四条规定"通过自动化决策方式向个人进行信息推送、商业营销，应当同时提供不针对其个人特征的选项，或者向个人提供便捷的拒绝方式"。

2007年颁布的《反垄断法》中已经包含了针对价格歧视现象的相关规定，例如第十七条第六款规定"没有正当理由，对条件相同的交易相对人在交易价格等交易条件上实行差别待遇"，属于滥用市场支配地位的行为。2021年，国务院出台《国务院反垄断委员会关于平台经济领域的反垄断指南》，对平台企业的"差别待遇"也进行了清晰的界定，包括：①基于大数据和算法，根据交易相对人的支付能力、消费偏好、使用习惯等，实行差异性交易价格或者其他交易条件；

②实行差异性标准、规则、算法；③实行差异性付款条件和交易方式。2022 年国家对《反垄断法》进行了修正，进一步明确了竞争政策的基础地位和公平竞争审查制度的法律地位。

（二）域外算法立法的经验与启示

相较于西方发达国家，我国互联网事业整体起步较晚，"个人信息安全""算法规制"方面的立法也较晚。所谓"他山之石，可以攻玉"，西方国家早期的数字法案可以为我们提供一定的借鉴与启示。

1. 欧洲国家的数据立法实践

欧盟在 2016 年审议通过，并在 2018 年 5 月正式实施的《通用数据保护条例》是全球最具代表性的针对或适用于裁定互联网算法的法律文件之一。[①]

（1）欧盟的《通用数据保护条例》为数据立法做出表率

数据保护是欧盟数据安全战略的首要目标，除《通用数据保护条例》外，欧盟诸多成员国也出台了一系列保护公民信息安全、维护电子商务秩序的法律，构建了较为严密的法律体系。但正所谓"罗马不是一天建成的"，欧盟的"算法立法"之路也经历了数个阶段，早在 1981 年，欧洲议会就决议通过了《关于个人数据自动化处理的个人保护公约》，这是世界范围内第一部关涉到"用户数据""数据安全"的公约。在 1995 年，欧盟出台了带有法令性质的《数据保护指令》。但随着互联网的迅猛发展，数据的存储与使用方式发生了嬗变，原有法令的适用性下降，在此期间，各成员国纷纷出台本国的数据保护法律。在 2012 年，欧盟委员会提出对现有的法令进行改革，并且在 2015 年，各成员国就"新规"的五项核心原则达成了共识，为《通用数据保护条例》的出台奠定了基础。从欧盟法律的连续性上来看，《通用数据保护条例》取代了《数据保护指令》的地位，成为新的数据法案。

与此前的《数据保护指令》相比，《通用数据保护条例》的改进之处主要体现在以下几个方面：首先，《通用数据保护条例》扩大了数据安全法律的适用范围，根据欧盟的规定，此前"指令"形式的法案并未具备直接的法律效力，而是

---

① The European Parliament, The Council of the European Union. Directive 95/46/EC of the European Parliament and of the Council of 24 October 1995 on the Protection of Individuals with Regard to the Processing of Personal Data and on the Free Movement of Such Data[J]. *Official Journal L 281*, 1995: 31-50.

要在各成员国议会通过后，转变为国内法实行，但以"条例"形式颁布的《通用数据保护条例》可以直接在欧盟地区适用。其次，《通用数据保护条例》将法律适用的范围从数据的持有者扩大到了数据处理者，这就意味着在互联网广告投放过程中，除了持有用户信息的平台企业，负责开发和运营精准投放算法的工程师，也一并成为法律规范的对象，《通用数据保护条例》扩大了追责的范围，以法律的强制力作为威慑，实质是倒逼算法开发者和运营者保持自律与自省。再次，《通用数据保护条例》对企业适用的判断标准也由企业是否设立在欧盟境内，转变为企业所获取或使用的数据的主体是否在欧盟境内①，这一规定表现出了法律对公民权利的维护。最后，将"被遗忘权"、个人对数据处置者持有信息访问权等个人权利以法律规定的形式进行表述也是《通用数据保护条例》的开创之处。②

（2）英国通过制定本国法律实现与欧洲数据治理的衔接

欧盟各成员国针对算法所设立的法律同样各有特色，其中最为特殊的莫过于英国。英国在准备"脱欧"的过程中，于2018年颁布了新的《数据保护法》，以取代旧的《数据保护法》。2020年1月1日《英国通用数据保护条例》正式实施，严格来说，此时英国已经不能算作欧盟的成员国，但当时英国仍处于"脱欧"的过渡期，因此表示将继续采用《通用数据保护条例》作为国内的数据安全法案。根据英国数据安全与信息管理的责任部门英国信息委员会办公室网站公布的信息，自2020年1月31日起，英国正式"脱欧"，《通用数据保护条例》在英国不再具有法律效力。从名称不难看出，《英国通用数据保护条例》与《通用数据保护条例》是一脉相承的关系，前者基本延续了后者的立法精神，同时结合英国的国情对具体的款项进行了修订，以保持英国在数据立法方面的独立性，使得法律的实施更加"高效"。此外，英国"脱欧"的政治影响也波及了欧盟于2021年2月修订的《电子隐私条例》，该条例扩大了欧盟法律对数据保护的适用范围，除《通用数据保护条例》中已经涉及的通信手段外，还增加了对OTTs（送出中继线测试系统）服务、固定和移动电话服务以及通信服务的管理，而该条例所更新的内容将不再自动为英国政府沿用。

---

① 张新宝. 我国个人信息保护法立法主要矛盾研讨[J]. 吉林大学社会科学学报, 2018(5): 45-56, 204-205.

② Mayer-Sch'onberger, V. *Delete: The Virtue of Forgetting in the Digital Age*[M]. Princeton: Princeton University Press, 2009: 3-17; 刘云. 欧洲个人信息保护法的发展历程及其改革创新[J]. 暨南学报(哲学社会科学版), 2017(2): 72-84.

（3）法国建立起严格的数据保护法律体系

另一个在数据立法方面极具代表性的欧洲国家是法国。法国同样建立了有关数据保护的法律体系，除了《通用数据保护条例》和《隐私和电子通信指令》这两项欧盟成员国共享的法律外，法国国内还有 2004 年出台的《数字经济信任法》和 2016 年出台的《数字共和国法》等专门法律。法国针对个人信息立法的历史更加悠久，早在 1978 年就通过了《信息、档案与自由法》，作为一部专门法，该法案的精神直到今天依然影响着法国新出台的信息法案。根据该法案的要求，法国设立了直接对议会负责的部门——国家信息与自由委员会，统筹数据安全工作，一切关涉到个人信息的事务都需要向国家信息与自由委员会报备，同时国家信息与自由委员会也在不断以"指令""指引"的形式，引导企业和个人在信息获取与处置方面的实践。不少学者指出数据监管机构的设立释放了重要的信号，即对于欧盟成员国而言，可以通过出台国内的独立法律，对欧盟委员会搭建的整体数据保护网络进行补充和强化。从法国出台的一系列法律的具体条文来看，也有许多可圈可点的内容，例如《数字共和国法》中规定了公民享有"死后隐私权"，即公民在生前可以向相关部门报备其去世后遗留下的数据信息以何种形式处置，包括销毁、储存或公布等。法国政府在《数字经济信任法》中规定，未经个人明确同意，无法向其发送电子邮件，公司间商务往来使用公共邮箱地址也需要从国家信息与自由委员会的网站下载临时的同意授权，这项规定直接导致了互联网直邮广告的形式在法国难以为继。其实，许多国家关于营销算法和互联网广告的法律法规都是以这种形式出现和生效，通过对广告媒介（例如"电子邮件"）、平台媒体（例如"推特"）的规范管理，直接影响和作用到广告活动本身。[①]

（4）以意大利为代表的欧盟成员国将《通用数据保护条例》融合进本国的法律体系

从《通用数据保护条例》执法追踪网站公布的数据来看，在因违反《通用数据保护条例》而受到罚款处罚的国家中，罚款数额居前两位的是英国（正式"脱欧"之前）和法国，排名第三的是意大利。在意大利境内，除了《通用数据保护条例》和《隐私和电子通信指令》外，也有专门的《隐私法》。纵观意大利隐私法案的制定过程，其呈现出了典型的与欧盟法律同步的状态。在 1996 年，为了将

---

① 朱一. 法国网络广告规制研究[J]. 广告大观(理论版), 2011(1): 80-108.

欧盟于 1995 年推出的《数据保护指令》纳入本国的法律体系，意大利颁布了第一部针对数据安全和公民信息保护的法律；2002 年，当欧盟推出《隐私和电子通信指令》后，意大利又紧跟着在 2003 年废除了此前的《隐私法》，重新颁布了同时包括《数据保护指令》与《隐私和电子通信指令》内容在内的《意大利隐私法》；随着 2016 年《通用数据保护条例》审议通过，意大利又于 2018 年开始着手修订自身的《意大利隐私法》，以符合《通用数据保护条例》的新要求。这体现的其实是欧盟成员国必须处理的一个司法困境，由于《通用数据保护条例》是以条例形式存在的、在全欧盟范围内适用的法律文件，欧盟成员国可能会面临国内的隐私法案与《通用数据保护条例》存在冲突的局面，因此必须在《通用数据保护条例》正式生效前对本国的法案进行修订，以调和这种冲突。因此也可以看到很多欧盟国家纷纷赶在 2018 年 5 月 25 日前修改本国的隐私法案，而《通用数据保护条例》也为欧盟成员国的司法建设留下了一些缺口和调整的余地。

2. 美国的数据立法进程

美国也较早地针对计算机和互联网技术的应用开展了立法工作（例如 1986 年生效的《计算机欺诈与滥用法》和《电子通信隐私法》、1998 年通过的《儿童在线隐私保护法》等）。同时，美国《人权法案》还强调保护公民的隐私权，在这两方面的共同作用下，美国逐步将个人信息和数据安全纳入法律的保护范围。由于美国实行联邦制，因此其法律体系较为复杂，除了最高立法机构颁布的联邦法律外，各州也颁布了相关法律。本节将挑选知名度较高的法律进行介绍。

加州是美国西海岸人口最稠密，也是经济最发达的地区，因此在加州推行全美范围内第一部全面的隐私法案，对于美国的数据立法工作而言是具有突破性意义的。《加州消费者隐私法案》经历了一个从"隐私权"保护到全面数据保护的发展过程，在 1972 年，加州通过修订州宪法，将公民的"隐私权"写入了州宪法中，强调"隐私权"是人与生俱来的权利，人人"生来享有""不可剥夺"，但此时公民的隐私保护并未表现出面向互联网环境的特殊性；直到 2003 年，加州出台了《在线隐私保护法 2003》，要求网络平台企业采集用户信息和数据时做出必要的解释说明，《网络隐私保护法 2003》的出台也表明加州的"隐私权"保护转向了互联网相关领域；而 2013 年出台的《数字世界中的加利福尼亚未成年人隐私法案》则进一步表明加州的数据立法将未成年人的隐私作为重点保护对象，在该法案中，加州政府明确规定了未成年人享有数字"被遗忘权"。①这些法律的陆续出台可以看作是《加州消费者隐私法案》的前序或铺垫。

但是从严格意义上来说，从2020年起正式生效的《加州消费者隐私法案》并不是一部数据法案，而是着重于调解网络平台企业和消费者间关系的"消费者保护"法案，主要通过确定消费者所享有的权利（包括访问权、删除权等）、个人信息的范围（如姓名、地址、浏览记录等）等方式保护其隐私权不受平台的侵扰。导致这一局面的因素可能与《加州消费者隐私法案》的制定过于仓促有关。近年来，众多的研究和报告指出2016年的美国大选的公平性受到社交平台中重定向投放的政治广告的影响，在民间引起了一定的恐慌，这无疑也为美国的算法立法注入了一针强心剂。②从2017年秋公民动议修订有关消费者隐私的法律到2018年6月正式签署《加州消费者隐私法案》，仅历时不到一年。

除了加州外，美国其他各州也累计出台了数百种不同的隐私保护法，并且不断地调整法律的适用范围，以契合当前互联网环境内算法的广泛应用，例如2021年3月弗吉尼亚州州长签署的《消费者数据保护法》就明确针对"定向广告"的投放提出了一系列规制原则，要求网络平台向消费者提供广告信息的定向标准应当是消费者在一定时间内的行为（由行为推测出消费者可能的需求）而非基于网络环境收集到的各类消费者个人信息。

从联邦层面看，美国在数据应用方面最新的法律成果是2019年推出的《2019国家安全和个人数据保护法》，旨在通过立法的形式阻止美国国内的数据通过网络渠道流通到其他国家，以保护"本土安全"；同样在2019年，美国民主党的两名议员联合提出了一项法律草案《2019算法问责法案》，希望通过法律规制算法歧视以及对用户敏感信息的滥用问题。

三、通过技术手段对互联网广告营销算法的规制

本节前两部分分别从算法伦理建构，即算法运营的责任人的"自律"，以及互联网广告营销算法的法律规范，即政府的强制性"他律"两个角度阐述了如何

---

① 晋瑞，王玥. 美国隐私立法进展及对我国的启示——以加州隐私立法为例[J]. 保密科学技术，2019(8): 36-42.

② 崔亚冰. 《加州消费者隐私法案》的形成、定位与影响[J]. 网络法律评论, 2017(1): 235-259.

规制互联网广告营销算法应用失范的问题。但归根结底，营销算法的具体形态仍然是编程语言的代码，是计算机科学与技术在营销领域的新应用，因此针对互联网广告营销算法应用失范的现象，也可以从技术层面出发，对其加以规制。值得注意的是，在此所提到的"技术规制"是指通过技术的手段对广告程序化购买的各个环节中算法机制失灵、失范、对消费者造成不良后果等现象加以规制，而不同于技术批判学派所言的"是否该对技术加以规制"的概念[①]。算法技术在具体的应用场景和使用过程中已经装载了"价值"，并且营销算法应用失范的现象与危害业已存在[②]，因此不可否认对其加以规制的必要性。

但是，一方面囿于笔者的学科背景，另一方面互联网平台企业将算法视为自身的核心竞争力，一直对算法程序开发投入大量资源，算法的更新迭代速度快，而且不同企业间的算法架构大不相同，这导致本书对营销算法技术规制的论述很难深入到具体的代码层面。因此，本书选择对算法程序在设计与应用过程中可以用技术加以规制的方面展开论述，提供通过技术手段治理互联网广告营销算法应用失范现象的思路。

（一）完善算法程序训练所依据的数据集

在计算机科学领域流传甚广的"GIGO 原则"（即 Garbage in, garbage out.）形象生动地说明了算法程序的输入与输出间的关系。随着计算机数算力的提升，AI 算法已经成为当前互联网巨头研发商用算法的重要技术基础，这一算法技术的推广和普及真正盘活了"大数据经济"，使得网络平台和企业挖掘用户数据价值成为可能。AI 算法的优势在于算法程序可以自主学习算法开发者为其"投喂"的数据并不断修正算法的编程语言，可以说 AI 算法保有了自我"进化"的能力。当算法工程师在设计与开发算法程序的过程中用于训练算法的数据集存在缺陷时，根据"GIGO 原则"，其最终生成的算法程序也必然存在各种各样的隐患。

1. 数据集的公平性对训练算法的重要性

一般来说，训练算法的数据采集的误差会直接导致算法运行产生歧视性后果，这是因为"机器学习"是一个相当封闭的过程，虽然 AI 算法是在人工监

---

① Frances, E. & Zollers, J. D. Can administrative agencies cope with technological change[J]. *The Journal of Technology Transfer*, 1989(14): 26-31.

② 刘铁光. 风险社会中技术规制基础的范式转换[J]. 现代法学, 2011(4): 68-78.

督的情况下进行学习，但人工只是对算法阶段性的程序建构的反馈结果加以调试[①]，而算法在存在误差的情况下可能在不同变量间建立起"假性"的相关关系。例如此前曾曝光过国内部分手机应用软件在开通会员收费时，对 IOS 系统的用户提出的价格要高于安卓系统的用户，虽然该事件的本质是在互联网广告和网络营销中注入了含有价格歧视倾向的信息，但是对 IOS 系统用户开具高价，显然是将其与高收入群体画上了等号。因为没有具体的统计学层面的指标和数据，我们无从判断 IOS 系统用户的收入是否真的高于安卓用户，从伦理的角度看，这种做法显然违背了公平原则，而根据算法伦理的要求，算法自动定价应当以消费者的行为为基础，而非以消费者使用的终端设备为基础。虽然在这一事件中建立起"假性"相关关系可能是人为的主观操纵，但这也在提示我们，一旦营销算法的设计中变量间出现"虚假"的相关关系必然会损害消费者的合法权益。

这种呈现在样本数据中的误差从统计学的角度来看是无法避免的，而我们能做的就是尽量减少这些误差，进而实现增强算法的鲁棒性。这就要求算法开发者在采集数据的过程中恪守"个人公平"和"群体公平"两方面的公平性原则。[②]所谓"个人公平"是指以具体的变量（算法程序描摹出的"用户画像"实质就是一系列变量的集合）为锚点时，算法能够找到两个相似个体间同质化的部分，换言之，数据采集的"个人公平"要求相似的人得到相似的对待，需要拒绝将"种族""肤色""性别"等敏感变量作为区分不同用户的标准与特征。"群体公平"则是指当算法通过某类特征将某一部分人群区别于其他人群时，针对这一特定群体所采集到的数据样本的误差等参数应当与整体的参数情况基本吻合，甚至有学者指出，需要"保护性"对待样本中被划分出的特殊群体[③]，包括尊重种族或宗教信仰、尊重区域历史和文化等，这是营销算法程序所必须做到的对特殊群体和少数群体的包容；同时，这也意味着通过算法进行广告信息分发和网络营销活动不得

---

① 崔聪聪, 许智鑫. 机器学习算法的法律规制[J]. 上海交通大学学报(哲学社会科学版), 2020(2): 35-47.

② Lohia, P. K., Ramamurthy, K. N., Bhide, M., et al. Bias mitigation post-processing for individual and group fairness[C]. In *ICASSP 2019-2019 IEEE International Conference on Acoustics, Speech and Signal Processing (ICASSP)*, 2019: 2847-2851.

③ Binns, R. On the apparent conflict between individual and group fairness[C]. In M. Hildebrandt & C. Castillo(Eds.), *Proceedings of the 2020 Conference on Fairness, Accountability, and Transparency*. New York: Association for Computing Machinery, 2020: 514-524.

以敏感变量作为程序的决策依据，在必要时，为确保不同层次的公平性，要主动增加算法中相关的变量种类，甚至考虑为少数群体设立单独的数据集以及开发对应的智能营销算法。

2. 实现数据采集过程中公平性的路径

在公平观念的指导下，算法工程师在采集训练算法所需的数据集时首先要确保数据集对算法适用的目标用户的总体情况具有代表性，在将样本数据集投入到算法的训练前，要对数据集做更多的统计学层面的测试，包括样本数据的置信度、各变量分布情况与目标用户总体数据的分布情况的对比等。

从具体的做法来看，其一，算法工程师在采集训练样本数据集的过程中，要严格按照统计学的抽样标准进行样本的抽取，扩大样本数据的容量，尤其是扩充样本数据的来源，不能为了操作上的方便，将网络用户视为主要的样本数据来源，而忽视其他社会群体。要将传统意义上的社会弱势群体或对移动信息技术使用能力较弱的群体也纳入到样本中来，避免造成"马太效应"，避免最终训练出的算法对少数群体产生不公平的后果。[①]其二是要加强对数据处理过程的道德审核，对数据进行编码处理时，同样容易产生各类问题，因此对直接着手进行数据编码的算法工程师，要加强道德培训，避免其在编码过程中因主观偏见而破坏数据公平。[②]其三是要防止已经被"污染"的数据在网络空间内流通，当前平台企业训练算法程序所用的数据集除了通过自身采集外，也可以通过直接交易获取，这就使得部分"有问题"的数据集会反复流通，用于算法的设计。因此对涉及此类问题的两类主体而言，算法设计与运营方需要定期核验自身的数据库，对存在问题的数据及时处置，避免其进入流通渠道；而运营数据交易的平台则需要就数据规模、种类、来源、用途等方面主动向政府部门及社会监督组织报备，确保数据在公平、透明、可控的环境中流动。

（二）加强对算法开发和使用过程的监督审核

有学者提出要对算法技术进行预先的监督审查[③]，运营智能营销算法的平台

---

① 李文静，栾群. 人工智能时代算法的法律规制：现实、理论与进路[J]. 福建师范大学学报(哲学社会科学版), 2020(4): 148-157.

② 王茜. 批判算法研究视角下微博"热搜"的把关标准考察[J]. 国际新闻界, 2020(7): 26-48.

③ 徐琦. 辅助性治理工具：智媒算法透明度意涵阐释与合理定位[J]. 新闻记者, 2020(8): 57-66.

企业需要建立起一套算法监督审核和风险预警机制，以减少算法应用失范现象的发生。例如，微软公司的软件工程师富卡·鲁阿纳提出在一项算法技术正式投入使用前至少要经过三次测试，首先要在算法内写入模拟数据，以此评估算法运行中是否存在常见的失范问题；其次，需要针对算法目标用户中的特殊群体进行小规模的测试，以排除算法对特殊群体造成歧视的可能性；最后，需要在小范围的真实场景中进行一段时间的封闭测试。[1]纽约大学下辖的人工智能研究组织 AI Now 则指出，对算法程序投入使用前的监督审查要执行双轨制，对于营销算法等既涉及公共利益又用于商业途径的算法技术，应当执行更加严格的审核标准，评估结果需要上传至有关部门，若算法无法通过审核，就不应允许其投入市场。[2]当然，对算法的监督不能仅仅停留在算法研发阶段，对已经投产的算法同样要进行有效的监管。

一直以来，算法的封闭性和"黑箱性"都是阻碍对算法技术进行有效规制的难题，由于算法存在技术壁垒，普通民众和一般用户根本无法窥探算法程序内部存在的问题。我们所看到的营销算法应用失范的案例也大多表现为消费者权益受到侵害，但究竟是哪些算法语句导致这样的结果却不得而知。可以说，通常只有懂得算法技术的专家或从业人员才能发现算法程序的问题与症结所在，也必须依靠他们的力量才能对算法程序进行有效的监督。欧盟委员会出具的报告《歧视、人工智能和算法决策》中就指出，对程序化广告中各类算法的监督应当从两方面进行[3]，其一是开发和运营算法的责任方应当自觉承担起在算法开发过程中的监督职责，并且对已经投入使用的算法进行日常性检测，其二是将社会公共组织纳入算法程序的监督体系中。

对于平台企业来说，自觉地对算法进行评估的标准应当包括：训练算法所用的数据库中是否有歧视性数据、对样本数据的编码处理是否恰当、算法运行所依靠的逻辑是否呈现为假性相关、建构算法的模型是否具有可靠性、算法模型能否

① Lee, N. T., Resnick, P. & Barton, G. Algorithmic bias detection and mitigation: Best practices and policies to reduceconsumerharms[EB/OL]. https://www.brookings.edu/research/algorithmic-bias-detection-and-mitigation-best-practices-and-policies-to-reduce-consumer-harms/, 2020-12-6.

② Manyika, J., Silberg, J. & Presten, B. What do we do about the biases in AI?[N]. *Harvard Business Review*, 2019-10-25.

③ Borgeslus, F. Z. Discrimination, artificial intelligence, and algorithmic decision-making[R]. Strasbourg: Council of Europe, 2018.

实现预期的功能、算法决策的结果是否有明确的适用条件与应用边界等，确保评估结果可查、算法程序可控。更重要的是，平台企业要做到向社会各界及时公开对算法程序的评估结果，同时要就评估结果同政府部门保持沟通与对话，对营销算法的评估不仅是在技术层面的监督，也是政府部门日后就算法程序应用对相关主体追责时的重要依据。

同时我们也要看到，营销算法在全社会的普遍应用使其带有较强的公共属性，切实关系到每一个用户的利益，因此也要积极引导民间技术力量参与到对算法的监督工作中来。目前在西方国家，针对算法程序和互联网公司展开监督的民间组织已经有一定程度的发展，例如美国的非营利性组织 ProPublica 就针对多项在美国境内所使用的算法技术是否带有歧视，以及是否符合伦理进行了测试和曝光，而在美国广泛使用的犯罪预测软件诸如 PredPol、CompStat、HunchLab 等也都是由民间的第三方数据监测机构对其进行测评。[①]

但是，目前各社会组织对于算法的监督仍然是一种事后监督，其流程大致为算法的应用出现各类问题，第三方组织介入调查并将调查结果向社会公布。对于平台企业来说，有必要改变思路，主动寻求与社会组织的合作，接受社会组织的监督。首先，相较于"自查"，来自社会组织的第三方监督显得更为客观公正，也受到社会公众更多的信赖与认可，因此，主动接受社会组织的监督，也是平台企业"自证清白"的过程，某种程度上有利于企业美誉度的提升以及品牌资产的积累；其次，社会组织站在"旁观者清"的立场上，对于平台企业运营的算法存在的弊病也会有更清醒的认识，有利于平台企业查漏补缺，最终提升算法程序在市场中的综合竞争力。

（三）算法程序应打造"负责任"的透明度

不少学者将算法应用失范问题归咎于用户难以理解算法程序运作的内部逻辑，因此将开放算法系统、破解算法"黑箱"的方法视为解决算法规制难题的有效途径[②]，这背后暗含了一种"真相与事实相符"的逻辑，即揭示的事实越多，所能理解的真相也就更加清晰。在这个逻辑的指导下，当一个系统运行

① 凯西·奥尼尔. 算法霸权[M]. 马青玲，译. 北京：中信出版社，2018：92-95.
② 施颖雯. 算法新闻失实成因及其规制路径[J]. 编辑学刊，2020(2)：27-31；李昭熠. 智能传播数据库偏见成因与规制路径[J]. 当代传播，2020(1)：93-97.

的规律被揭示与暴露出来后，观察者就能够判断系统运营时"应然"与"实然"的差异，进而大致了解系统运行过程中产生的偏差。[1]但是随着技术的跃迁，"看到的"与"理解的"之间的鸿沟加深，即使算法"黑箱"向公众开放，展示其内部的代码，公众也很难理解算法结构的逻辑关系，更遑论算法语句的意义。同时，对于很多开发与运营算法的平台企业来说，算法程序就是企业立足的核心竞争力所在，盲目地对外界开放算法代码等于公开自身的商业机密，无异于"自毁长城"。开放算法系统的要求显然缺乏可行性，在一定程度上亦缺乏意义。

从社会伦理的角度来看，透明度的概念本就是在"有所为"与"有所不为"之间徘徊，有关责任方应遵守社会伦理规范，对于关涉到问责、知情同意、公共安全等话题的信息必须主动向社会提供，但是涉及"隐私"的内容，相关主体有权保持缄默。[2]与其将"算法透明度"比作根治算法应用失范的"万能药"，不如说"算法透明度"更像是一种支持对算法追责的前置条件，如果提升"算法透明度"就能将算法暴露在伦理规范或法律制约的范围内，那么要求实现"算法透明度"也就有了伦理上的理论依据。归根结底，实现"算法透明度"依旧是"责任主体"（开发和运营算法的责任方）对"责任对象"（算法用户）践行自身责任的一种方式[3]，营销算法的使用既不能忽视透明度问题，又需要把握透明的尺度。在处理"算法透明度"的问题时，具有操作上的模糊性和弹性的是平台方需要向哪些对象、在多大程度上揭开自身的算法程序，而最终成功实现"对用户负责"与"保有商业机密"间的平衡。在这种条件下，"负责任"的透明度要求与算法解释的要求存在一定的重叠，其核心也从向公众开放算法的代码，变成了用通俗易懂的方式向公众阐明算法决策所依赖的数理逻辑，以一种"可理解"的方式向公众解释算法运作的原理。伊利诺伊大学和 Adobe 公司开展的一项联合调查显示，如果广告主能够向受众解释其采用的广告分发算法为

① Christensen, L. & Cheney, G. Peering into transparency: Challenging ideals, proxies, and organizational practices[J]. *Communication Theory*, 2015, 25(1): 70-90.

② Turilli, M. & Floridi, L. The ethics of information transparency[J]. *Ethics & Information Technology*, 2009, 11(2): 105-112.

③ Rader, E., Cotter, K. & Cho, J. Explanations as mechanisms for supporting algorithmic transparency[C]. In R. Mandryk & M. Hancock (Eds.), *Proceedings of the 2018 CHI Conference on Human Factors in Computing Systems*. Montreal: Association for Computing Machinery, 2018: 103-116.

什么会做出这样或那样的决策，那么将提高受众对于自身所接收到的广告信息的认可度。[①]但是这一改变也并不是无限上升的，而是有一个模糊的阈值（不同受众间呈现出较大差异），当算法运作的透明度涉及与算法技术相关的具体知识时，因为绝大多数受众难以理解其背后的逻辑，所以并不能提升他们对广告信息的接受度。数字广告行业组织曾经呼吁，应在互联网广告内容旁设置标明"广告"字样的图标，以提示受众当前浏览信息的性质，另外还要在超链接中进一步添加信息，当受众的鼠标"悬停"在图标上时，就能够显示该广告是经由哪些算法的作用最终呈现给受众的。

从具体的方法和策略来看，首先要明确算法的公开和透明度的实现不必以牺牲商业利益为代价[②]，这就意味着互联网媒体平台公开自身的营销算法时可以选择缩小公开的范围，通过"主体限制"的方式，尽可能降低算法机密被泄露的风险。互联网媒体平台可以通过限制知情人数量，自行安排与知情者的沟通协调（如签订保密协议）等，即使平台因为公开算法接受监督而最终商业机密受损，但由于信息公开的范围小、知情人数少，平台仍能较容易地追责和挽回损失。此外，能够将"算法透明度"转化为对算法程序问责的主要是算法技术人员，这也说明了算法程序无须面向社会大规模公开，而合适的对象应当是上文所提及的政府部门、社会组织和第三方数据监测机构等。[③]

其次，平台企业也不能忽视普通用户的诉求，正如前文所言，"算法透明度"的要求本就是彰显平台企业对用户"负责任"态度的方式之一，或许普通用户并不能理解算法逻辑并进一步实现对算法的追究与追责，但普通用户同样享有对算法的知情权。因此，算法技术对普通用户也需要保持一定程度的开放，并提供易于理解的算法解释。对此，我们认为平台企业对营销算法的解释可以包括但不局限于以下内容（表3-1）。[④]

---

① Eslami, M., Kumaran, S., Sandvig, C., et al. Communicating algorithmic process in online behavioral advertising[C]. In R. Mandryk & M. Hancock (Eds.), *Proceedings of the 2018 CHI Conference on Human Factors in Computing Systems*. Montreal: Association for Computing Machinery, 2018: 432-445.

② 王聪. "共同善"维度下的算法规制[J]. 法学, 2019(12): 66-77.

③ 魏远山. 算法透明的迷失与回归：功能定位与实现路径[J]. 北方法学, 2021(1): 151-160.

④ 陈昌凤, 张梦. 智能时代的媒介伦理：算法透明度的可行性及其路径分析[J]. 新闻与写作, 2020(8): 75-83.

表 3-1　平台企业对营销算法的解释内容

解释维度	解释内容
训练算法的数据集的公开	1. 数据来源（公共的或私人的） 2. 数据采集的用户授权或知情同意书 3. 数据采集的持续时间、空间范围 4. 数据采集的抽样方式 5. 数据集中样本数据的基本人口统计学变量（性别、年龄、种族等） 6. 数据集中与算法功能关系紧密的变量 7. 数据可能的误差情况
算法的自动决策原理	1. 算法的输入值及其特征 2. 在算法中各变量简化后的权重值 3. 算法的输出值及其特征 4. 算法运算可能存在的误差及成因（算法模型的缺陷或人为错误） 5. 算法应用失范后的补救措施
算法运营与所处的社会环境之关系	1. 算法可能或已经涉及的法律规范 2. 算法受到哪些公共部门的监督（消费者如何维权） 3. 运营算法的组织的经营理念和责任人身份信息 4. 开发算法的责任人或组织的身份信息

四、加强算法素养教育，培养用户的维权意识

媒介素养的概念最早出现在 20 世纪 30 年代英国学者 F. R. 利维斯和丹尼斯·汤普森所著的《文化与环境：批判意识的培养》一书中，该书旨在推动在校学生的媒介素养教育。这时的媒介素养指的是"甄别"与"抵制"，从实践的层面来看，文化精英们希望通过对受众信息接触的改变挽回符合其价值观的"积极文化"的颓势。①随着人们对社会与文化的认知不断深入，媒介素养教育的指导思想也从"保护主义"阶段逐步迈向"超越保护主义"时期②，而在具体的操作中也不是再一味地将受众装进保护机制之中，减少其受到大众传播的影响，而是培养受众的分辨能力，让受众在其认知框架内进行自主选择。

但是，媒介素养教育更是一项面向社会范围的公共活动，最重要的是发挥现

---

① 大卫·帕金翰. 英国的媒介素养教育：超越保护主义[J]. 宋小卫, 摘译. 新闻与传播研究, 2000(2): 73-79.
② 王帆. 视觉文化为导向的媒介素养教育：超越保护主义[J]. 中国电化教育, 2011(9): 9-13.

实作用。因此，随着社会范围内传播活动的演变，受众亟待提升的"素养"也发生了变化，从"视觉文化"的媒介素养到网络时代的媒介素养等等，不一而足。随着算法在大众传播中发挥越来越重要的作用，我们已经进入"与算法共存"的时代①，有关理解传播中算法技术应用的算法素养问题也逐渐进入讨论视野，受众群体对于算法技术的认知、理解、使用技巧等都被视为事关算法素养的要素。②因此，在解决营销算法应用失范问题时，同样可以从加强用户算法素养教育这一角度出发，以减少算法技术对用户的不良影响和损害。

因为技术门槛与算法对信息环境的双重影响，培育用户的算法素养并不能直接解决营销算法造成的各种问题，但这并不意味着从素养教育的层面出发解决算法治理难题失去了意义。用户作为参与者，直接与各类算法产生互动关系，因此，用户对于算法侵权或算法应用失范的反馈是最为及时的，提升用户的算法素养、将用户纳入算法治理体系是非常重要的。

（一）健全对算法"作恶"的追责惩戒机制，降低用户的维权成本

算法存在的技术门槛（不同平台的算法内部结构存在极大的差异）导致用户实际上难以理解算法加持下的信息分发对自己的影响，因此算法素养教育的重点不应仅仅局限于让用户理解算法在各类媒介中所发挥的作用，更重要的是增强用户的辨识力，使其能够准确辨认出"算法侵权"的场景，并且积极维权。

维权意识的提升与社会范围内个人主体性认识的发展是密不可分的，从目前已有的研究来看，我国公民有一定的维权意识，但总体而言，仍然需要加强。③

在由算法导致的各类问题的维权方面，用户所面对的最主要的问题是维权成本高，这种成本不仅体现在经济层面，还体现在人力与精力方面④。例如，针对"大数据杀熟"现象，不少用户认为为了数额不大的差价而维权并不"值得"，即使用户下定决心维权，通过法律途径的诉讼等形式争取自身的合法权益，往往也会面临举证方面的困难。如何证明自己是算法应用失范的受害者，仍然是我国算法法律法规有待完善的地方。

其实政府在面对民众维护自身权利的诉求时，往往也会陷入困境，在以往的

---

① 彭兰. 如何实现"与算法共存"——算法社会中的算法素养及其两大面向[J]. 探索与争鸣, 2021(3): 2, 13-15.

② Bruns, A. *Are Filter Bubbles Real?*[M]. Cambridge: Polity, 2019: 25-41.

③ 吴斌. 我国公民权利意识现状述评[J]. 云南社会科学, 2009(3): 64-68.

④ 魏永征, 王晋. 从《今日头条》事件看新闻媒体维权[J]. 新闻记者, 2014(7): 40-44.

民众维权案例中，有不少维权行为超越了常规的法定程序，这些维权行为经过网络舆论场和媒体的放大就容易成为舆论事件或群体性事件，给政府治理带来困难。从这一角度看，政府疏通用户面对"算法侵权"时自主维权的通道，其本质也是在维护政府的形象，促进政府工作的有效进行。[①]因此，培育用户的算法素养，增强用户的维权意识只是对算法应用失范进行规制的初级阶段，更重要的是政府作为监管方，要确保用户能够"依法维权"，并降低维权的成本。例如，可以设立专门的委员会负责"算法侵权"的投诉工作，该委员会应集中处理投诉情况，并对侵权的责任主体统一问责，在规定期限内向用户进行说明和反馈。此举一方面可以提高对算法侵权行为处置的效率，另一方面降低了用户维权的各类成本。

用户维权意识的提升并不是单一行为，而是需要国家在政策与司法层面予以保障，最终形成用户有所依托的维权体系；同时，国家应当明确对平台企业算法应用失范情况的处罚标准。把用户的维权申诉作为起点，把国家的政策和法律法规作为用户维权的保障，最终形成一套算法维权和追责处罚体系，无形中也倒逼平台企业遵守"合规指引"。

（二）将算法素养纳入思想政治教育体系中

在我国，与公民教育相对应的是思想政治教育，尽管两者在具体的内涵与外延上存在一定的差异，但所涵盖的范围具有一定程度的重叠，最终的目的都是将接受教育的对象培养成符合国家发展要求的成员。[②]公民教育最早可以追溯到古希腊时期，由于古希腊城邦民主制度高度发达，身兼教育家职责的古希腊哲学家们往往也强调对参与政治活动的公民的教育[③]，认为公民教育能够让建立在群体基础上的政治决策更具理性；随着时代的发展，西方的公民教育也被赋予了更多内涵，包括思想素质、道德素质、教育素质、科学素质、文化素质、政治素质、法律素质、职业素质、社会素质等多个方面。[④]

近年来，亦有学者提出"数字公民"的概念，欧盟委员会多次强调具备算法素养将会是新时代重要的公民权利之一；加拿大开设了专门面向少年儿童的算法

① 张荆红. "维权"与"维稳"的高成本困局——对中国维稳现状的审视与建议[J]. 理论与改革, 2011(3): 61-63.

② 檀传宝. 论"公民"概念的特殊性与普适性——兼论公民教育概念的基本内涵[J]. 教育研究, 2010(5): 17-22.

③ 阿拉斯戴尔·麦金太尔. 追寻美德: 道德理论研究[M]. 宋继杰, 译. 南京: 译林出版社, 2008: 175.

④ 雷骥. 我国公民教育的基本内涵、特点和作用——兼论公民教育与思想政治教育的关系[J]. 郑州大学学报(哲学社会科学版), 2004(3): 11-13.

素养科普网站，向访问者介绍算法模型如何被建构，以及算法如何影响我们所处的信息环境和数字实践。可见在当前时代，西方国家已经将算法素养纳入公民教育谱系之中。在这个层面上，算法素养作为新近出现的话题，也应当引起我国思政教育的重视，例如在推行科学素养教育时，应当辐射到以算法技术为核心的新媒体信息传播活动，其中自然要包括算法技术在广告营销活动中的应用。

在算法素养教育中最重要的是需要培养消费者辨识算法的"侵权"行为或平台企业利用算法技术所做出的不当行为。波士顿咨询公司的专家曾撰文总结了算法素养的五个方面[①]，包括：了解算法、明确算法生效的情景、理解算法程序可能达到的效果、个人的数据隐私保护、避免对算法决策的依赖。

同时我们必须认识到，算法素养教育应当是从社会范围的思想政治教育和专门的学校教育两方面着手、双管齐下的举措。从社会层面来看，首先，推行算法素养教育仍然必须依靠各级媒体组织打造有利的社会舆论环境，对维权成功案例的报道就是呼吁人们加入维权队伍最好的宣传；其次，要充分利用一切能够用于公民教育的场所和媒介，包括居委会、工会、博物馆、图书馆等公共组织及场馆，面向公民展开算法素养教育。从学校教育层面来看，算法素养教育面向社会的下一代，责任更为艰巨，因为算法素养对于学生群体而言，不仅是其德育教育的重要组成部分，更会影响到其数字实践，进而影响到其在信息时代的学习和工作效率。

综上所述，算法在设计过程中所依赖的"大数定律"、软件工程师在伦理知识方面的欠缺、运营算法的媒体平台过度强调算法技术所能创造的经济效益而忽视了社会效益和人的价值等因素共同导致了如今算法伦理体系构建的被动局面。一方面由于算法技术"高墙"的存在，理解算法相关的知识对于普通用户而言确实存在智力与精力成本上的困难；而另一方面，虽然营销算法确实无法直接替用户做出决策，但是为用户搭建了虚拟空间内的营销场景，很大程度上设定了用户所浏览的商品种类、接收到的商品广告和报价等影响消费决策的信息，具备了操纵用户所处"拟态环境"能力的营销算法，在很大程度上决定了用户的目光与视角，从而具备了引导用户购买行为的可能性。因此，仅仅依靠用户的能动性并不能避免其受到算法的"侵犯"。互联网媒体平台用户所受到的"侵犯"从他们浏

① Mueller, S. Algorithmic literacy—tomorrow's #1 skill everyone needs to learn[J]. *HR Future*, 2020(1): 24-25.

览页面、进入算法为其量身打造的"商品信息环境"就已经开始，而用户基于媒介素养和自身能动性所做的甄别与判断都是在平台为其预设的"信息环境"中进行的，而非真正脱离分发算法的影响所做出的决定。用户可以通过检举平台算法的弊端来维护自身的权益，但这一行为也是在算法对用户的切实利益造成损害的事实成立之后"无奈的止损"。

仅仅呼吁和强调对用户算法知识的普及和教育，并不能真正成为建构算法治理体系的有效途径。在前文我们已经论证，算法技术因为其结果的不确定性，具备了一定的"自主"属性，因此必须背负起伦理道德的责任。包括互联网广告与智能营销在内的一切传播活动都应当坚持"以人为本"[①]，应当培育用户在使用算法服务的过程中规避风险的意识与能力。用户在使用算法的同时等于与平台企业建立起了一种契约关系[②]，不言自明的一点是企业有义务也有必要维护用户的权益，而用户需要通过学习或者以一种谨慎的态度对待智能营销算法来保证自身在使用算法提供的服务时权益不受到侵害，这也从侧面说明了平台企业在恪守算法伦理层面的失败。

因此，具备了算法素养的用户在算法治理体系中应当扮演好"吹哨人"的角色，积极行使自身的权利，更多地检举算法应用失范和侵权现象，使其进入法律治理或行业自治的流程中，同时与综合算法治理体系相配合，以发挥自身的作用。

① 陈昌凤. 以人为本，传播才有意义[J]. 新闻与传播评论, 2021(2): 1.
② 李军, 朱文娟. 论企业与消费者的心理契约[J]. 中国管理信息化(综合版), 2006(9): 15-17.

第四章

互联网广告数据造假的治理困境与路径选择

随着互联网的发展和技术的更新升级，"唯数据论"在互联网广告行业越来越突出，数据成为交易各方进行精细化、明确化广告制作与投放的关键点，不同于传统媒体时代"内容为王"的定律，在互联网时代，掌握数据成了行业利益攀升的重要法则。伴随这一现象而来的是，数据失真正在以一种难以抵挡的态势侵蚀着广告交易市场，数据造假、数据欺诈成为互联网世界的顽疾，无论新旧媒体，繁荣的背后都藏着复杂的造假链条。秒针系统在《2022流量实效现状及2023实操建议》中推算2022年中国品牌广告市场因异常流量造成的损失约为250亿元[①]，而根据世界广告主联合会的统计，预计到2025年因数据造假而造成的广告主利益损失将达到500亿美元[②]，由此可以看出数据造假形势依然严峻。数据造假不仅严重损害了广告主的利益，还制约了互联网广告行业的健康发展，数据造假问题成为互联网广告行业亟待解决的首要问题。

---

① 秒针系统. 2022流量实效现状及2023实操建议[R]. 北京: 秒针系统, 2023.
② 李珂. 500亿美元的互联网广告, 30%是虚假流量!透明供应链如何破解数字广告困局?[EB/OL]. http://dy.163.com/v2/article/detail/DG529B9R0518I9TE.html, 2018-4-24.

第一节　互联网广告数据造假的类型与危害

在数字化营销的大环境下，数据的重要性不言而喻。广告主为了获得更多收益，取得更好的宣传效果，往往需要相应的数据做支撑；某些广告服务商为了完成广告主制定的 KPI（关键绩效指标），会通过数据注水的方式迅速达成目标；某些展示平台为了赚取更多流量费用、拉取更多投资，为数据披上一层让广告主欲罢不能的面纱，引导广告主主动地走向其设下的陷阱。良性需求引发了恶性竞争，最终走向数据造假的深渊。

一、互联网广告数据造假的类型与表现

就目前互联网广告行业的发展需求来看，数据造假大致包括流量数据造假、评论数据造假、销量数据造假等类型。

（一）流量数据造假

流量数据造假是中国影视行业在几十年的改革发展过程中遇到的收视率、播放量等数据水分问题，表现在互联网广告行业主要是浏览量、阅读量、转发量、点赞量、交易量以及关注度的数据造假现象，这类数据最终的落脚点是数字的大小，也是呈现给广告主最直观的数据体现，是数据提供方最稳妥的变现筹码。《2019 年度中国异常流量报告》显示，2019 年全年互联网广告异常流量占比 31.9%，较 2018 年增长 1.7%。[①]西瓜数据作为公众号数据分析及监控的专业平台，在 2019 年上半年抽样监测了 13 万个公众号、近 60 万篇文章阅读增长曲线，整理成《2019 上半年公众号数据监控报告》，还原 2019 年上半年公众号刷量生态发展情况。该报告显示 13 万个公众号中 11.9% 的公众号有过刷阅读嫌疑，在平均阅读量 5K+ 的公众号中有超过 20% 的公众号存在刷量行为，其中包括日常10W+的知名大号。[②]

---

① 秒针系统. 2019 年度中国异常流量报告[R]. 北京：秒针系统, 2020.
② 西瓜数据. 2019 上半年公众号数据监控报告[R]. 福州：西瓜数据, 2019.

（二）评论数据造假

评论数据造假实质是虚假点评，是旅游电子商务平台提高自身业务量的常用手段，通过刷单点评、诱导好评等方式引导用户对产品服务提供良好评价，以此提高自身在同类品牌中的排名和竞争优势。英国媒体曾爆料，全球知名旅游网站猫途鹰的旅游评价体系当中有 1/3 的评价涉嫌造假，虚假评论交易日益猖獗，甚至可以通过其他网站有偿购买评论。类似的现象在国内的一些网站中也时有发生。众所周知，小红书作为主流的"内容+电商"平台，在许多年轻人的生活中扮演着"种草神器"的角色，对年轻人的生活消费方式有着很大的影响，然而在其快速发展的同时，"小红书种草笔记产业链"悄然滋生，有些让消费者疯狂"种草"的笔记并非来自真实用户的亲身体验，而是由专业写手按照商家要求"编造"的。此外，一篇自媒体文章还揭露了马蜂窝数据"注水"潜规则，文章透露出马蜂窝有大量点评来自携程、艺龙、美团等网站，在 7454 个抄袭账号中，总计抄袭了572 万条餐饮点评，1221 万条酒店点评，占到官网总点评数的 85%。[①]

（三）销量数据造假

销量数据造假是伴随线上消费发展起来的一种以最直白的方式引导用户消费的造假手段。随着互联网的不断发展，网购成为大多数用户的主要消费方式，但是互联网本身具有不透明性，很多商家便利用这一点通过造假的方式来提高产品销量，营造自家平台在市场中很强的假象，尤其是电商促销活动期间某些商家的销量存在很大水分。电商直播作为目前较火的卖货方式同样存在数据造假现象。

二、利益至上驱动数据造假手段层出不穷

在大数据时代，能否拥有足够多的高质量数据，以及这些数据是否真实可靠，是各行业能否取胜的关键所在，对于企业来说谁能把握数据谁就能赢在未来，而广告交易市场的数据造假现象无疑为这一愿望的实现增设了一道关卡。如今，大数据、人工智能都已经被动涌入了流量造假的洪流中，一方面极大地降低了造假的门槛和成本，另一方面也使得造假的手段伴随着互联网技术的进步变得更加高

---

① 申论一点通. 2019 国考申论热点: 马蜂窝被捅？"数据造假"已成互联网潜规则?[EB/OL]. https://zhuanlan.zhihu.com/p/50417997, 2018-11-20.

级和五花八门。面对各种新颖、高效的数据造假技术，反数据造假技术的更新发展成为技术人员必须跨越的一道关卡。

然而，当我们静下来思考数据造假现象频发的原因时，我们不得不承认利益始终是一切的源发点。①互联网广告中数据是市场交易的基石，而数据造假就是对这一基石的挑战。在互联网广告中数据更多地表现为流量，所谓的广告流量造假是指，具有非人类流量、故意作假的广告投放、不可见广告等特征中的一个或多个，以机器或人工的手段伪造出毫无意义的虚假流量的行为。造假者的手段纷繁不一，主要表现为以下几种方式。

（一）虚假流量的无效曝光

所谓虚假流量，指的是广告的展示、点击或转化本身就是伪造出来的，只需通过访问监测代码就能实现。监测代码是指具有客户端信息收集功能的代码，主要是将客户端的信息以参数的形式拼凑成网址，并以超文本传输协议请求的方式传给第三方，告知"谁，在什么时候，看到了来自哪个媒体展示的，哪个广告主的广告"，当广告主的某条广告在客户端产生了曝光，监测代码就会立刻记录此次曝光。

访问监测代码具体可以分为直接访问监测代码、客户端刷监测代码和服务器刷监测代码三种情况。直接访问监测代码就是直接在浏览器地址栏里输入相应广告的代码从而在广告主那里产生一次曝光，这是基于 CPM（每千次展示成本）和 CPC（每次点击成本）这两种方式而衍生出的最基础、最原始的造假方式；客户端刷监测代码是利用 IP 和 Cookie 等用户身份优势直接在客户端刷监测代码，用户一次访问会产生多次浏览记录和点击从而生成虚假流量；服务器刷监测代码是利用爬虫技术访问网页实现模拟行为，通过租用云服务器一键实现云作弊的方式。

无论是通过客户端刷还是服务器刷都会存在明显的破绽，因为正常用户的点击行为受广告创意的影响较大，而刷监测代码的点击要么较为集中，要么均匀分布，因此可以通过画热力图的方式进行分辨。这样的数据造假技术多出现在互联网广告刚刚萌芽阶段，是比较初级的造假方式。

---

① 舒心萍. 数据造假不能成为网络经济"潜规则" [N]. 中国商报，2018-11-01(P01).

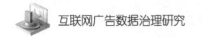

（二）流量劫持掠夺归因效果

流量劫持是指通过利用各种恶意软件修改浏览器、锁定主页或不断弹出新窗口等方式，强制用户使用某些网站，从而造成用户流量损失的情形。正常情况下，数据在用户的客户端和正确的网站服务器之间传输，这样我们才可以浏览网页、下载视频，但是如果我们原本想下载 A 软件，实际却点开了 B 软件下载渠道，那么我们就遭受了流量劫持。掠夺归因效果是指将其他渠道的流量或者自然流量记在自己名下。在互联网流量作弊中，通过流量劫持将用户流量导入需要推广的广告当中从而增加目标广告的展示量是一种惯用手法。

基于这一原理的数据造假方式主要有"肉鸡"和 root、Cookie 填充、广告注入和点击注入以及落地页劫持等。"肉鸡"是指那些被病毒感染，可以被黑客远程控制的机器设备，root 是通过获得管理员权限操纵后台，它们都可以在用户不知情的情况下，在后台进行各种各样的广告操作，欺骗第三方监测代码产生真实的用户行为数据。Cookie 填充是指在用户不知情的情况下，给用户打上标识站长的 Cookie，如果该用户后面自己去网站上产生某种浏览行为，由于 Cookie 的存在，这次自然的浏览行为就变成了站长的引流结果。广告注入和点击注入都带有某种被强制增加广告流量的意味，广告注入是指在任意的网站当中强行插入或更换广告，通常会被媒体或用户忽略，也就是说广告资源可能展示的是 A，而实际却与 A 毫无关系，这一点与运营商弹窗非常相似；点击注入是仅针对安卓用户的一种移动端造假方式，当用户下载了一个新的应用而没有打开的时候，欺诈者的应用就已经开始进行数据关联并执行 N 次的广告点击，从而完成流量造假。落地页劫持实际上是一种虚假跳转第三方链接的行为，通过偷梁换柱式的手法增加广告的曝光量。

（三）程序化自动刷量

程序化自动刷量是一种通过机器脚本，伪装成"真实"用户并自动完成广告展示、广告点击以及落地页转化等业务流程，从而赚取广告主预算的作弊行为，主要包括垃圾点击和刷机墙等常用手法。垃圾点击是指移动应用在后台以一种用户看不到的方式自动执行各种广告点击，无论用户是否停留在页面上，应用都能够在后台进行不间断的点击并生成虚假的用户画像。刷机墙是一种简单粗暴的作弊手段，是指同时操作多部手机终端，以人工或自动的方式，批量地刷取各种转化，手机是真手机，只不过流量都是垃圾。

截止到 2019 年，我国的各类刷量平台已经超过 1000 家，刷量产业的人员规模累计达到 900 多万，如此庞大的数据正是广告主不合常规的传播预期倒逼数据造假的例证。对于流量造假者来说程序化自动刷量的成本可能不及正常流量成本的十分之一，毛利率高达 90%[①]，这样一种高利润、低风险的牟利行为，不免让广告服务商蠢蠢欲动。

（四）人为数据作弊

人为数据作弊是指通过人的某些商业手段达到提高流量目的的行为，包括不可见广告、域名欺诈、网站捆绑和点击农场等方法。

不可见广告普遍的作弊手法是媒体"隐藏"广告，既能让广告符合某种指标规范，又不会被人发现。它的第一种形式是曝光堆叠，就是将广告隐藏在其他广告之后，媒体页面浏览量会产生多次曝光，但是可以被看到的广告只有最上面的一个；第二种形式是通过"内联框架"造假展示，即通过对宽度和高度这两个参数的设置，将广告从肉眼可见的 220×140 像素变成不可见的 1×1 像素，产生一个或多个广告曝光。不可见广告的展示效果很差，用户几乎无法看到宣传，但该广告已被当作有效广告计入投放量中加以结算，为广告主带来极大的经济损失。[②]域名欺诈往往是利用作假的广告域名来替换实际投放广告的网站域名。我们知道在实时竞价的生态系统中，媒体有被允许申报自己的域名以及网站 ID 标签的权利。有些媒体便以此为契机，对域名进行更改，但如果深入挖掘，会发现投放广告的实际域名是不同的。网站捆绑是指许多媒体和交易平台将整个域名下的所有网站捆绑在单一网站 ID 上，让广告主以为他们购买了 A 网站，但实际广告投放在了 B 网站的一种造假方式。无论是域名欺诈还是网站捆绑，其实质都是用一种混淆视听的方式来欺骗广告主。点击农场通常打着"在家工作"或"网上赚钱"的旗号，雇用真人点击广告，甚至填写表格，最终造成无价值的曝光、点击和转化。

① AdBright. 揭秘程序化广告"黑产"——虚假流量[EB/OL]. https://www.adbright.cn/website/article/fake/, 2019-9-26.

② 鞠宏磊, 李欢. 程序化购买广告造假问题的主要类型及影响[J]. 编辑之友, 2019(1): 61-64, 82.

三、流量产业化背景下数据造假的潜在危害

（一）虚假数据扭曲网络用户的决策机制

产品的真实流量往往可以在一定程度上反映其受欢迎程度以及质量好坏，是用户决策的主要参量标准，因此流量在用户的决策机制中占据很大比重。虚假数据使用户对产品与服务处于一种"盲知"的状态，会诱导用户做出错误的评判，严重时会影响社会的议程设置和舆论导向。数据造假是指通过人为或技术等手段对用户和企业参考的初始数据做出篡改，最终呈现出来的数据不仅失去了参考价值，还左右了用户的选择，这在互联网广告方面表现得极为深刻。

（二）数据造假冲击数据行业的公信力

数据造假破坏了网络信息数据的真实性，对数据行业、广告商都有着不同程度的负面影响。当数据造假成为企业的惯性思维和常态做法，必将影响整个商业诚信体系，增加社会交易成本，扰乱市场经济秩序。然而，当夸张失实的数据并没有为广告主和用户带来可观的利益时，数据造假的遮羞布终将被揭下，数据行业的公信力也将大打折扣。[①]互联网经济中维持企业生存的数据不能只做市场中零星的点而是要汇聚成彼此密切联系的网，打破数据孤岛从而挖掘数据的更高价值。打破数据孤岛的关键就是企业之间能够建立信任机制实现数据共享，如若其中任何一方违背了信任机制，对数据进行了美化和清洗，都会严重影响广告市场的稳定发展，这种损兵折将的行为显然不可取。

（三）虚假数据给第三方数据监测机构带来巨大挑战

当数据造假成为一种行业潜规则时，第三方数据监测机构就将成为广告主的必要选择。[②]数据造假现象频发，造假手段不断升级，给第三方数据监测机构带来了巨大挑战。目前市场上出现的精硕科技、秒针系统、好耶等，虽然揭开了一部分数据造假的面纱，但是由于监测水平不同、监测标准不统一，仍然为广告服务商留下了很大的可操作空间，因此也为第三方数据监测机构敲响了提升反数据造假技术、完善行业体系规范的警钟。

---

① 舒心萍. 数据造假不能成为网络经济"潜规则"[N]. 中国商报, 2018-11-01(P01).

② 本刊编辑部. 第三方监测公司助力企业突围互联网数据乱象[J]. 互联网周刊, 2013(23): 48-49.

数据造假之所以产生，很大程度上是平台美化数据的需要，是规模最大化与资本利益追求的本能使然。网络数据造假的危害不言自明，无论是对价值评判标准的挑战，还是对社会信誉的透支，都会在很大程度上误导行业发展。长此以往整个行业甚至整个社会都会被大量的"泡沫"笼罩。当互联网企业和信息平台不再想着怎么为用户做好服务，而是去追求"数据漂亮"，搞数据的灰色产业，那么行业必然无法健康发展，最终侵蚀产业链条上各方利益，严重影响整个互联网生态的健康发展。基于这样一种情况，治理互联网广告行业数据造假现象势在必行。

第二节 互联网广告数据造假的治理困境

互联网广告数据造假多发，失实的数据虽然"漂亮"，但也消解不掉罂粟花般的毒性。数据泡沫不仅会给行业市场发出错误的信息，也会为整个互联网广告产业以及服务行业发送错误的信息，最终会造成资源错配以及巨大的资源浪费，形成一种"劣币驱逐良币"的负向发展态势，而随着泡沫的逐渐膨胀以及行业内的暗流涌动，通过数据造假营造出的市场繁荣景象终将会在一片唏嘘之中化为泡影。

为了使数据造假无处遁形，促进互联网广告行业健康正向发展，首先需要厘清行业内的数据造假现状和治理困境，这是解决问题的出发点，同时也有助于构建和完善数据行业的治理体系。目前数据造假现象体现在技术、行业以及第三方数据监测机构等方面。

一、反数据造假技术面对的挑战与难题

（一）反数据造假机构排查难度大

目前数据造假技术发展迅猛，各类造假手段不断翻新，造假产业链条日益完善，分工精细明确，已经从当初简单的点击曝光转向对优质转评赞互动性指标的操控，使真实数据的获取难度不断提升。与此同时，先进的造假技术也使得数据

造假的隐蔽性更强，用户经常是在不知不觉中被迫为黑产"贡献"流量。

据了解，当前市面上开发技术最强的数据造假公司的作业流程包含技术系统、核心资源和业务系统。其中，业务系统主要是对接客户的各种商业需求。技术系统是整个流程的主角，主要负责用一部手机模拟出成千上万部"真实用户"的手机，并操控它们执行各种刷单刷量任务，当用户在使用一部安卓手机里的 APP 时，该 APP 将会读取安卓系统的底层数据并将各种手机数据标识回传 APP 所在服务器，技术人员通过改造安卓系统，使其数据接口断接，随后把自己的数据接口接入，从而获得用户手机上的私密信息，使得每一个访问 APP 的操作都具有真实性。知乎平台上就曾有业内技术人员爆料称，他通过反向编译某网络音频安卓版本软件，发现软件当中隐藏着名为"普罗米修斯"和"宙斯"的强行自启代码，前者可以在用户不知情的状态下使其手机后台启动无窗口界面，而后者可以自动触发广告商的广告，并回传给第三方数据监测机构，从而伪造用户主动点击广告的操作。

如此严密的造假体系和隐秘的造假手段无疑增加了反数据造假机构的排查难度，对反数据造假技术构成了严峻挑战，反数据造假机构唯有拿出"魔高一尺，道高一丈"的态势才能在这场技术博弈中占据上风。

（二）反数据造假成本投入巨大

面对数据造假的迭代升级和猛烈攻势，传统的反数据造假思路并不能有效解决这一难题，反数据造假若想取得良好成效，在技术防御、人员编排等方面都需要有精细的安排和强大的资金投入。反观数据造假产业，其造假成本之低是互联网行业造假现象频发的重要原因。以目前常见的公众号造假为例，每 1000 阅读量的费用在 10—20 元，卖方会根据 1% 的在看率和点赞率赠送在看和点赞，还会安排专人打赏，每人打赏 1 元，但买方需要给打赏者每人 1 元的佣金，而公众号在接广告时的定价为每次阅读 1—1.2 元。假设一个优质公众号营造的流量是一篇文章平均阅读量 10W+，那么广告投放者很容易接受首条广告 10 万元的报价，而如果这个公众号是刷量的，一篇文章平均阅读量为 5W+，那么广告投放者再按 10 万元的报价投放广告，就会遭受很大的损失。[①]数据造假技术在不断升级，若

---

① 活动寨. 公众号的流量造假有多严重？[EB/OL]. http://www.huodongju.cn/home/article/id/6575.html, 2020-11-23.

反数据造假技术只是一味跟在造假技术后面跑是很难真正解决广告行业数据造假问题的，因此反数据造假必须要走在数据造假的前面，这就需要进行技术的革新和开发，需要大量的技术人才和资金的投入，以不断探索新的反数据造假方法。

另一方面，反数据造假需要软件开发人员具有较高的甄别能力。互联网行业的快速发展离不开高水平人才，同样反数据造假产业需要跨过"人才关"才有望一马平川。工业和信息化部发布的《"十四五"大数据产业发展规划》显示，到2025年，大数据产业测算规模将突破3万亿元[①]，但大数据人才仍然存在缺口，特别是人工智能逐渐成熟和广泛应用，亟须大量编程人才和平台开发人才。赛迪智库曾预测到2025年全国大数据核心人才缺口将达230万人，可见专业人才缺失成为制约反数据造假产业快速发展的又一障碍。此外，虽然互联网公司在反数据造假上都或多或少投入了人力物力财力，但是由于技术和经验的不足，实际反造假水平参差不齐。如何整合多方资源、综合应用新兴技术帮助广告主降低推广成本、获取真实用户数据是反数据造假产业未来发展面临的挑战。

（三）数据孤岛增加确定数据源头的难度

在互联网广告中，数据是分析用户行为的基础，获得真实的底层数据是每个企业共同的愿望和追求，广告平台也需要广告主的数据来优化广告技术模型，而这在一定程度上需要企业之间的互帮互助从而促成数据共享的和谐局面。但是在目前的市场当中，数据孤岛林立、数据难以融合成为各大企业难以突破自身发展限制的主要原因之一，如受访者SZ02-E10所述：

> 广告数据的维度很多，会有一些数据隔离，比如我们的数据，会员部门那边看不到，会员部门的数据，我们广告部门这边也不会那么容易拿到，需要单独去申请权限，之前我们的数据权限比较松，头部平台的数据权限很严格。（受访者SZ02-E10）

数据之间的关联性差、数据库彼此不兼容，使得勾画完整的用户画像、分析用户行为的难度增加，造成这一问题的原因也是多方面的。首先，从客观层面上

---

① 工业和信息化部. "十四五"大数据产业发展规划[EB/OL]. https://www.miit.gov.cn/jgsj/ghs/zlygh/art/2022/art_5051b9be5d4740daad48e3b1ad8f728b.html, 2022-7-6.

说，不同企业掌握着不同群体的用户数据信息，同一家企业的不同部门也分别掌握着用户不同方面的数据，按照以往的交易思维，它们彼此之间相互独立，各自为政，形成了物理意义上的数据孤岛；从主观层面来说，企业为了提高自身产品和服务的质量与美誉度，会不遗余力地为自家品牌争取曝光度和流量，虽然数据本身是多维度的，但是企业往往只会站在自己的角度去理解和使用数据，这就为企业之间的跨行业、跨部门交流增加了难度，也就自然而然形成了逻辑上的数据孤岛。其次，程序化广告增强了行业之间的不透明度。随着人工智能和 5G 技术的发展以及室外大屏的普及，程序化广告的延伸空间不断扩大，2017 年至 2021年全球程序化广告支出由 682 亿美元增长至 1550 亿美元。①近些年来，供给方平台、广告需求方等逐渐涌入程序化广告，使得程序化广告的透明度逐渐降低，引起行业巨头对于广告投放质量的担忧。行业之间因为各种利益本身就呈现"亦敌亦友"的关系，对接广告主的广告需求方和对接媒体的供给方平台之间并不是割裂的，而且数据对他们来说既是生存的资本也是选择的底线，因此在程序化广告中数据的来源也就显得扑朔迷离。

总之，数据孤岛成为互联网行业的一大痛处并不是某一个因素导致的，参与广告交易与管理的任何一方都有不可推卸的责任，而由数据孤岛带来的行业透明度降低问题，应该作为未来广告发展的障碍被重视和解决，如何打破数据孤岛开放数据，将利益冲突转化为共赢关系同样需要进一步思考。当前进入大众视野的区块链技术似乎为解决数据孤岛问题带来了一线曙光，但是在数据隐私、资产归属以及数据标记人员的确定上仍存在一些亟待解决的难题，区块链技术能否作为数据孤岛的破冰利剑更好地为互联网广告所用，也应该成为相关行业技术人才思考和探索的目标。②

（四）数据分析能力决定数据价值挖掘深度

随着大数据技术的成熟与发展，我们对大数据的认识在逐渐深入，对数据的获取、组织、加工和使用日益增多，数据交易也成为互联网经济中一项重要的交易模式。对于企业来说，掌握数据固然重要，但是如何分析和使用数据才是使企

---

① 张若海，王冠然，王博隆，等. 易点天下研究报告：全场景应用数智化营销领军企业[EB/OL]. https://baijiahao.baidu.com/s?id=175 0336885326123369&wfr=spider&for=pc, 2022-11-24.

② 徐卫星. 区块链技术有助于消除数据造假[N]. 中国环境报, 2019-11-01(007).

业在市场中站稳脚跟的关键，因此企业的数据分析能力决定着其对数据的价值挖掘深度。

市场中的各个数据指标本是相互关联的，比如如果落地页的停留时间非常短暂，那么反映出来的落地转化率通常也不高。同样，有些网页会出现浏览量于某一时间段剧增的现象，像有些网站的访问高峰期是上午十点和下午三点左右，只有发现数据之间的这种耦合关系才能高效利用数据。此外，部分企业在对数据进行整理时会刻意隐藏某些关键信息以迷惑用户，使其做出错误的决策。比如每年的"双 11"活动中，各大电商在公布自家的销售战况时会向公众展示当日的成交额，而在成交额当中就隐藏了"退货"这样的关键信息，从而使消费者产生误判。更狡猾的企业会利用混淆逻辑的方式进行数据造假，通过乱加因果关系让数据达到理想化效果，在进行数据分析时忽略事物本质从而增加数据分析难度。

很显然，此类问题会干扰数据的准确性，造成不必要的损失，而若想规避数据分析过程中可能出现的此类问题，就需要提高互联网企业的数据分析能力，尽可能降低数据的不明确性。然而，从当前企业的数据分析能力来看，想避免由数据分析能力不足而导致的数据失实问题着实有些难度。

二、行业层面对数据的过度依赖

（一）盈利模式单一导致对数据的过度依赖

互联网时代所透露出来的机遇与诱惑让创业者前赴后继、你争我抢地推出各自的新锐产品，希望在"遍地黄金"的互联网中分一杯羹。不可否认的是，互联网世界中的市场的确很大，前景也火热，但是赚钱这件事并没有因此而变得简单。

当前，互联网的盈利模式主要有三种，即付费下载、内置广告和应用内购买，而具体到互联网广告行业无非就是通过各种方式聚集和沉淀大量用户，再利用大流量吸引广告主进行广告投放，从而获得更多收入。[①]因此在互联网广告行业里，流量是最关键的砝码。广告主、广告供给方、广告展示平台都在竭尽全力地追求流量的最大、最优化，乙方一旦完不成甲方的 KPI，遭受的不仅仅是金钱损失，自身品牌在行业内的辨识度与信誉度也会受到影响。这样一种因果关系造成了互

---

① 李璇. 腾讯公司盈利模式的问题及对策研究[J]. 现代商贸工业, 2021, 42(7): 38-39.

联网广告行业内的恶性竞争，为了追求流量，万事皆可造假，进而导致行业内部"劣币驱逐良币"的现象越发严重，为广告行业治理带来了不小的挑战。

（二）黑产成形攻击更加精准化

从互联网诞生之日起，刷量就已经存在了。究其原因，互联网经济的命脉是流量，谁拥有的流量多，谁就会有更大的话语权，利润也随之水涨船高，这也就不难理解为什么黑产会发展得如此迅速。如今刷量黑产早已形成完整的产业链，能同时完成点击、曝光、点赞评论、收藏关注等各种互动指标。[①]

目前在发展趋势上，黑产工具与产业链的融合程度逐渐加深，已经实现在单个工具中集成打码、网络代理等众多针对规避业务安全风控节点的功能，利用手机短信拦截卡和秒拨 IP 的方式绕过安全风控实现隐秘性的攻击。在产业链方面，黑产包括上中下游产业，上游主要是黑产解决方案提供商，在这样的公司里有专门破解各种研究模型的分析人员，有反作弊信息收集人员，有刷量软件开发人员，也有负责推广刷量软件的市场运营人员，在这样严密的服务体系下刷量软件经过一层或多层代理商最终流到不同的刷量者那里，通过包月或按量的分成模式获利；黑产中游主要是数据交易和实施欺诈的"中介组织"，他们承接上游的服务，专门寻找目标买家或为买家牵线搭桥，"中介组织"需要摸清用户需求，为其提供更为精准的服务；黑产下游是各种刷量者，这些人主要负责执行具体的刷量任务。[②]

数据造假已形成黑色产业链，在技术方面，各种造假新花样更新迭代非常迅速，企业单独对抗黑产的压力明显增大，只有多方合作，才有破局的可能。

（三）行业不自律导致双方勾结现象频发

互联网广告数据造假现象的出现并不能归咎于技术发展，技术本身是没有过错的，出错的是其背后的操纵者和逐利者。我们必须承认，在某种程度上，广告主既是虚假流量的受害者也是受益者。当广告主需要推出一个新的产品，开拓新的市场时，往往会尝试创造一个热点并引爆它，但是热点往往需要数据支持，于是投机取巧者便会想到造数据；某些广告代理公司面对广告主的不合理预期就会

---

① 侯林. 互联网数据泄露背后的黑色产业链及发展趋势分析[J]. 无线互联科技, 2015(20): 35-37.

② 互联网黑产趋势变化：从自动化工具作弊到真人众包作恶[EB/OL]. https://m.thepaper.cn/baijiahao_8678285, 2020-8-12.

通过伪造阅读量、访问量等形式美化数据；某些媒体平台为了提高变现能力也会造假数据来获得广告主的青睐。

作为广告交易的三个独立方，它们之间因为各自的利益诉求形成造假驱动链，但这并不能满足其中一些主体贪婪的胃口。它们之间也会有一些"合作"，为的是合力骗取另一方的钱财，比如某些媒体平台与某些广告代理公司之间的勾结。一方面，广告代理公司承受着来自广告主的压力以及对于利益的巨大需求，往往会铤而走险，主动与媒体方联系，默许媒体等展示平台实行刷量行为；另一方面，媒体平台会以现金的形式给广告代理公司输送回扣，作为广告代理公司为其带来高额广告预算的回报，当总的媒体预算达到一定规模后，媒体也会提供一定比例的免费资源。

行业的自律意识较低，使得行业内部乱象频发，严重威胁了广告市场的信任体系，损害信誉度的同时还增加了广告主的推广成本，造成了资源的浪费。

（四）广告产业链冗长增加数据造假可能性

在新媒体环境下，广告产业链不再只是广告主、广告代理公司、媒体、受众四方的竞技主场，而是广告主、广告代理公司、技术服务提供商、媒介平台提供商、若干下游服务机构以及新媒体用户等多方的博弈场，广告产业链被大大延长。受各种竞争压力以及商业利益驱使，互联网广告市场流量造假现象频发。比如，某些媒体平台为了完成 KPI，广告主一方的某些执行人员为了完成活动任务以领取奖金，会主动私自购买一些虚假流量：

> 由于我们的系统搭建和推荐算法不够完善，客户一直质疑我们的广告效果，导致他们在我们的广告平台上的消耗降低。如果我们单纯依赖自己的广告平台，那么媒体的广告收入将会大幅下滑。为了完成部门的 KPI，我们自己去谈了外部平台，包括技术对接、跑量等，这些都不是通过公司去谈的。（受访者 SZ01-E10）

还有一些技术服务提供商、媒介平台提供商为赚取更多的佣金会选择超卖流量，以次充好，将劣质流量混入或通过脚本、模拟器刷量，尤其是按效果付费的广告联盟形式；一些网站为获取更多广告费会通过技术或人工手段人为提高点击率，而部分广告代理公司为完成与广告主协定的 KPI 也会通过购买流量的形式快速完成数据的提升。①另外，目前在手机广告市场中还存在着电信运营商这一特殊成员，电信运营商可以利用其对信道具有控制权的优势，在用户上网时强行向观看内容中插入广告甚至更改广告创意。

产业链冗长造成了广告交易环节的繁杂，同时也增加了广告交易链的不透明度。与传统广告产业链相比，互联网广告产业链中技术服务提供商的出现提升并稳固了技术在互联网广告领域的地位，然而由于技术门槛的限制以及出于数据安全的考虑，互联网广告交易过程中的一些技术规则、数据资源并没有对广告主和第三方公开，这导致目前广告交易链并不透明，加剧了互联网广告作弊行为的滋生。

三、第三方数据监测机构存在的漏洞

（一）第三方数据监测机构本身存在漏洞加重数据水分

数据的来源除了企业自身以外还有第三方数据监测机构，一方面，这些平台通过各种技术手段抓取相应的数据并做成可视化的数据产品向外供应，这些数据来源不一，维度不一，真实性难免会使人产生疑问，整合清洗的难度也很大；另一方面，它们也在互联网广告中承担着监测数据的角色，需要客观地对广告数据进行监测，而这可能会与它们获取利益的初衷产生冲突，就好比让运动员自己当裁判，容易造成数据监测的混乱局面②。由于这种角色的矛盾性，加之缺少很多媒体方数据，反作弊系统能使用的反作弊规则非常有限，这不仅使得系统容易被作弊媒体破解，也导致广告主在选择时多了几分犹豫。

第三方数据监测机构在执行监测职能时，对数据的计算方式也存在一些漏洞。在产品广告投放之前第三方数据监测机构会先抓取该产品的销量、价格及促销优惠信息，在广告投放后再抓取一次产品的销量、价格等信息，然后计算广告投放前后产品销量之差。这种计算方式存在问题，比如产品会有满减活动、改价操作以及退货等情况，以这样的数据作为选择广告投放平台的衡量标准显然是不合理的。

---

① 赵月奇. 浅析互联网广告虚假流量的常见类型及产生原因[J]. 传播力研究, 2019, 3(27): 177-178.
② 范小玲. 做大数据"裁判员"[J]. IT 时代周刊, 2014(10): 51.

（二）广告可见性监测标准不统一增加数据不透明度

广告的可见性与数据造假是紧密联系的，建立统一的广告可见性监测标准，有助于第三方数据监测机构监测广告是否真的触达消费者，从而保证数据的真实性和有效性，提升数据的整体质量。[①]关于广告可见性的概念，往往是从广告主的角度去考虑，能够被看到的广告显然要比没有被看到的广告更有价值，头条展示位的广告显然比边缘展示位的广告更有意义，但是很多时候广告展示平台会选择将更有利于自己的数据呈现给广告主或广告代理公司，容易导致数据以次充好的现象出现。

另外，监测标准不统一使得不同平台获得的数据存在较大差异，很难实时协同工作，从而导致广告曝光效果难以保证。第三方数据监测机构在互联网广告中本就有着客观、中立的属性，作为评判和监测数据的平台，在打击数据造假现象、维护互联网广告市场秩序、推动互联网广告市场良性发展等方面发挥着举足轻重的作用。广告可见性监测标准如同一把标尺，衡量着广告的可见性与安全性，因此根据广告可见性监测标准而产生的一系列数据对于广告主和媒体来说都至关重要。目前互联网行业内对于广告可见性监测标准的规定有很多，但也正因为多，反而造成第三方数据监测机构在选择监测标准时的困难，不同的监测平台采用不同的可见性标准导致数据分析存在较大差异，广告主由于选择不同的第三方数据监测机构而产生了不同的投放选择。同时，由于广告形式越来越多样、交互方式发生变化以及广告位形式存在差异，因此对广告可见性的要求也更加精细化，第三方数据监测机构需要制定相应的统一监测标准，为防止数据造假做出合理的安排。

（三）数据调研行业长期野蛮生长，市场体系待完善

作为互联网中的新兴行业，数据调研行业借助互联网思维和技术推动资源利用最大化，提高消费者对第三方数据监测机构的认知度，从而扩大广告市场数据监测需求，这已成为互联网广告行业的共识。[②]近年来我国第三方数据监测市场增长较快，虽然第三方数据监测机构发展迅猛，但是其行业结构体系与规范似乎没有跟上其发展的速度。当前无论是极具影响力的第三方数据监测机构还

---

① 张国华. 净化广告数据监测环境, 促进广告产业繁荣发展[J]. 中国广告, 2017(5): 30-32.

② 宗乾进, 游静. 网络广告中的信息不对称与第三方监测[J]. 电子商务, 2009(7): 47-48.

是中小型第三方数据监测机构，都存在着数据调研过程不透明等不规范行为，这为数据造假提供了可乘之机，此外行业内存在的小散乱、产能过剩等问题多发。

当下，数据已经成为互联网行业基本的生产要素，加快梳理数据标准提升数据资源价值已是大势所趋。第三方数据监测机构作为其中关键一环不应因为缺乏统一的数据标准或完善的数据监测体系而成为提升数据使用效果道路上的阻碍，更不应该因为数据无法有效查找和使用而成为数据造假的铺路石，相反，它应该积极完善数据标准体系和管理规范，建设核心数据资产，从而实现数据增值，成为互联网行业中的中流砥柱。

第三节　互联网广告数据造假的治理路径

针对互联网广告数据造假的类型、表现与治理困境，我们应尽快完善互联网广告的数据治理体系，注重从数据源头保证审核数据的真实性，加强智能技术的规制应用，构建身份识别和认证管理系统的架构，并完善互联网广告的数据标准与监测评估体系。

一、落实数据基础架构，完善数据治理体系

在互联网广告数据造假仍然严峻的背景下，如何从数据源头出发探索治理的路径，打破互联网广告数据治理"治标不治本"的局面，已成为数据治理的重要任务。从数据源头治理，可以通过建立有效的数据征信机制，从源头收集、过程审核方面保证数据的真实性，并从定义数据分类、规范数据使用要求等方面有效把握数据的流向，以期有效辨别流量数据的真实性。数据造假问题频发，除了在源头把握数据真实性，也需要整合分析具体的作弊数据，包括剖析作弊手段、总结数据造假特征，最终建立起一个完善的反数据造假特征数据库。此外，应当全面覆盖数据类型，为互联网广告行业中不同类型的广告数据建立可视化的供应链，对数据进行全方位、可视化的追踪与监测。

（一）建立有效的数据征信机制，保证数据源真实

互联网广告行业出现的数据造假问题在当前大数据、算法、人工智能等技术发展的背景下愈发显著，弗雷斯特调查公司的研究显示，2021 年因广告欺诈而浪费的广告费达到 109 亿美元。另外，市场研究机构 eMarketer 的数据显示，每年全球的数字广告规模高达 1940 亿美元。[①]广告主正在重新审视数字广告的价值，避免让整个广告行业陷入"劣币驱逐良币"的恶性循环，以加强各方之间的信任。

1. 制定数据收集标准

针对数据本身的收集提出要求并制定标准，应严查互联网广告的数据来源，确保数据的真实性和有效性。这就需要从互联网广告行业的数据本源出发，在预清理规则基础上结合数理统计技术、数据挖掘技术去发现数据异常，并清理重复记录。在单数据源和多数据源混合集成的情况下，可运用数据清理工具使数据形式、格式保持一致，提高数据收集的完善度。sex 公司推出并使用 Prism Warehouse 数据迁移工具，通过将字符串 gender 替换成 sex，对数据实施简单的规则转换。Integrity 和 Trillum 工具则常采用语法分析和模糊匹配技术来对多数据源数据进行清理，并指明数据源本身的相对清洁程度。另外，数据审计工具可以扫描数据发现规律和联系，通过变单数据源为多数据源的处理过程，减少数据间的语义冲突，保持数据格式一致，以期更好地收集并处理广告数据。

2. 严格审核数据类型

针对流量数据、销量数据、评论数据等进行不同维度上的关于数据审核标准的探索与制定，可以通过引用表或交互收集的方式，对多维数据进行处理与整合。就治理评论数据来说，联合市场监督管理人员对跨平台的内容进行筛查，制定相关行业规定并进行预防和管理，能够促进广告行业良性竞争和发展。同时可以对评论的发出机制和流程进行规定，通过提高用户 ID 身份资格审核要求，实时监测流量来源的设备信息、过往投放记录以及 IP 离散程度等关键数据来确保评论数据收集的真实性。至于流量数据和销量数据的治理，需要广告主、媒体、广告代理公司三者相互协调与配合，必要时可加入第三方数据监测机构，让第三方数

---

① 马越. 起来, 忍无可忍的广告主们![EB/OL]. https://mp.weixin.qq.com/s/BM7BYLPX2dK4n_Sm WmcmLA, 2017-8-10.

据监测成为常态，打破"数据围墙"以确保数据真实性。油管和脸书两大社交平台此前为第三方数据监测机构提供了平台内部的数据，但并未授权第三方数据监测机构直接根据平台的源代码追踪数据，导致广告商获得的数据并不够透明。媒体投放平台可以向广告主公布广告采买和投放过程的全流程数据，打通数据源代码进行数据追踪，加强对开放广告投放数据日志的要求，倒逼媒体和广告代理公司开放更多数据资源。

3. 系统定义数据分类

通过定义数据分类对数据进行归类和整合，并利用元数据的描述性优势确定数据资源的位置，有助于快速检索不同的资源并进行集中显示。数据类型主要包括人为数据和机器生成的数据，例如用户自己主动上传的文字、图像、视频等人为的用户信息以及用户使用平台服务的时候所产生的浏览痕迹、搜索关键字、日志和位置等机器生成信息。应全面覆盖数据类型，并运用不同程度的或简单或复杂的识别手段对其进行识别。《移动互联网广告无效流量验证标准 V.1.0》将无效曝光分为常规无效流量和复杂无效流量两大类，提出应该将验证代码投放至广告位中，根据验证标准对无效流量做出放弃、退还、跳过、替换等广告投放控制。多数据源集成的数据可能存在语义冲突，可以通过系统定义数据分类来检测多数据源的不一致性，也可通过分析数据寻找关联，从而使得数据保持一致。

4. 规定数据使用要求

对数据相关方的数据使用和发布行为做出要求，建立有效的数据征信机制，这需要广告市场供需双方甚至多方的协同。广告主、媒体、广告代理公司在对外分享或者交易上传所掌握的数据时，可以对数据进行实名制认证，明确数据产权以及数据的分工管理和使用流程，同时基于专业精神和社会责任感来提高数据质量，确保数据的准确度，同时提高己方信誉度。受访者 BJ07-E15 提出了提高数据质量的几种管理方式：

> 一是提升数据质量管理意识，成立单独的部门对全国所有的样本用户的活跃度进行 24 小时监督，并研发实时监督系统；二是采用五天追溯抓取方法抓取短视频平台爬虫数据，确保播放量数据可以反映真实情况；

三是由全国各省份的分公司负责对本地数据进行采集，确保数据校验源头的权威性。（受访者 BJ07-E15）

同时还要关注数据流转过程，注重日常的数据维护，避免数据重复、不一致、不完整的情况出现，以减少数据垃圾。一些大的媒体和广告平台也开始对自己的数据进行分析和监测，比如谷歌除了使用双击公司平台做投放、技术分析和监测外，还联合美国互动广告局的技术实验室，推出了名为 ads.txt 的技术解决方案，广告主只能从经过授权的卖家那里购买广告，有利于减少虚假广告的发布，让数字广告交易更加透明化。

5. 打破数据孤岛现状

完善数据征信机制，还需解决数据垄断问题，这就需要打破数据孤岛，建立一个完善的诚信追溯机制，对数据生产者、发布者进行要求和限制，并实时识别、录入信息以完善信息数据库，确保数据联通、准确、完整。广告主、媒体、监测平台等数据相关方，一方面要甄别广告数据的真伪，另一方面也要做好保密工作，充分保护数据源，以更好地利用数据，推动互联网广告行业的发展进步。互联网广告公司应重整内部体系，加强先进技术的使用，致力于向更规范、更透明的方向迈进。比如，PubMatic 科技公司在 2019 年取得了美国互动广告局技术实验室的开放性测量的合规性认证，这意味着第三方在不需要自己的软件开发工具包的情况下就可以测量投放到移动应用环境的广告的展示次数，这显然有助于帮助品牌方了解广告投放情况。"2020 年，秒针系统还与国内多家主流硬件厂商合作，进行 NEW TV 广告监测流量签名加密。通过秒针独有的流量签名，能识别非法流量来源，规避刷量风险，从而有效震慑异常流量黑灰产业，助力加密合作硬件厂商的流量通过率高达 97%。"[①]

（二）构建反数据造假特征数据库，进行数据分析与共享

互联网广告行业数据造假类型多样，通过对作弊方法及其逻辑运作进行梳理，能够总结归纳出其特征并进行集中显示，受访者 BJ07-E15 总结了其对反数据造假特征数据的一些判断：

---

① 张云山. 去年异常流量造成损失高达 305 亿人民币，为近三年最高[EB/OL]. https://www.thehour.cn/news/434867.html, 2021-3-31.

我们基于自己的 SDK 的数据，提出了一种算法，用于判断一个人是否处于正常状态。该算法综合了多个维度的体征信息，包括线下行为、家庭行为、设备行为。设备行为方面，我们主要关注用户在使用手机时的一些底层信息，这些信息是在合法的前提下采集的，例如手机的充电状态、传感器信息等。如果用户的手机长时间以某一固定倾斜角度放置，我们可能会怀疑这是否是刷机设备。通过构建这些特征，我们能够评估某个设备或某个人的行为是否真实、自然。此外，算法还考虑了用户在 APP 内的使用行为以及前端链路中的广告交互行为。（受访者 BJ07-E15）

这些方式能够为反数据造假特征数据库积累典型案例，探索出反数据造假方法，并进行数据分析与共享，进而对整个广告市场及其运作环节做出警示。

1. 梳理广告作弊方式方法

首先，广告作弊可以分为针对"按展示付费"／"按点击付费"的作弊和针对"按行动付费"／"按销售付费"的作弊两大类。作弊的具体方法包括通过不断点击同台机器进行作弊，或者间隔性运用用户代理模拟机器转换设备、切换作弊作业系统进行作弊。例如，每间隔几分钟浏览器便被切换，如由谷歌浏览器转换为360 浏览器等，同时还会通过更换 Cookie 等身份识别信息进行作弊。其次，广告作弊还可以根据具体的作弊手段分为机器作弊和人工作弊两大类。机器作弊借助了大数据和人工智能的科技基础设施，能够短时间、大范围、规模化地进行数据造假；而人工作弊则易使造假数据与真实数据更加相近，增大了数据辨别的难度。最后，广告作弊还可分为虚假流量作弊和流量归因作弊两大类。虚假流量作弊指的是通过伪造广告的展示、点击或转化来进行数据造假；而流量归因作弊则是把其他渠道、平台的流量或者自然流量据为己有，记录成自己的流量。在具体实践操作中，"按行动付费"／"按销售付费"的广告多采用流量归因方式作弊，以避免伪造转化数据成本过高的风险或问题出现。例如，互联网广告中的 Cookie Stuffing 作弊手段，主要有 iframe 和 Flash 等形式，如先悄悄地在用户浏览器上发起对淘宝推广链接的超文本传输协议请求，然后在用户不点击广告或无法注意到的情况下更换成其他推广人员的 Cookie。这种流量归因作弊手段将自然流量结果转变成了商户的推广效果，能够骗取更多的转化付费，对广告市场造成了严重的伤害。

2. 逐步优化反数据造假技术

目前，我们在反对数据造假方面已经积累了一定的经验，这对数据治理具有一定的参考价值。随着数据造假技术不断更新，反数据造假技术也需要与时俱进，及时解决治理造假过程中技术滞后性的问题。目前已经有针对程序化购买广告开发的反数据造假系统，其展开了对造假形式、技术手段以及造假场景等细节的长期建模学习，并会实时进行演练。但其不足之处是仍依赖"人工筛查并归纳总结+机器模拟筛查学习"的方式，具体而言，系统在人工筛选排除可疑媒体以及流量的基础上，拟出一份广告造假的黑名单，通过总结黑名单中可疑流量的特征及规律，建立一份样本来供机器模拟学习，最终系统在人工排查和机器排查的循环中不断优化。[①]另外，构建反数据造假特征数据库，需要反数据造假技术人员有超高的鉴别能力，而且要求数据库本身能够持续进化并且不断学习。[②]首先应搭建高效的反数据造假平台，其次应通过"数据+算法"保证对异常流量的挖掘和监控。同时，要紧密关注市场动态，不断迭代数据库，强化数据库的动态学习能力。

3. 辨别整合数据造假特征

运用爬虫程序装填各种参数并自动发起超文本传输协议请求的数据造假方式，实际上是通过租借云服务器，将代码云端储存化并进行一键云作弊。这种通过服务器刷代码进行数据造假的方式有一定的漏洞，因为云端机房的 IP 地址大多相同，所以在筛选数据时屏蔽掉主要云服务提供商下属的 IP 段即可完成对运用服务器刷代码造假方式的检测。

就同则广告的曝光量与点击率来看，正常用户在点击一则广告时，他们的点击分布多是自然的，往往与广告创意有关，而刷量造假的点击分布不是相当集中就是均匀散布。因此，可以通过画点击热力图的方法，对造假数据与流量进行分辨。

---

① 鞠宏磊, 李欢. 程序化购买广告造假问题治理难点[J]. 中国出版, 2019(2): 31-34.
② 鞠宏磊, 李欢. 程序化购买广告造假问题治理难点[J]. 中国出版, 2019(2): 31-34.

一般来说，广告中的点击率异常包括点击频繁、无曝光点击、IP 来源异常以及存在稳定人群等，当点击率出现问题时，可以从以上四个方面来寻找问题根源。广告中的曝光异常包括 URL（统一资源定位符）来源异常、曝光度过高、24 小时趋势分布图异常以及流量来源的地域分布过于集中或者分散等问题。如果广告曝光数据与普遍的市场规律或者用户行为逻辑相悖，那么这意味着广告曝光可能存在异常。另外，对于刷机流量，可以通过设备本身的传感器信息进行辨别，由于移动设备有着丰富的传感器信息，而只用来刷机刷量的设备传感器信息就不够丰富，所以通过判断是否有灵敏的传感器信息就可以进行流量数据的识别。

为了净化互联网广告行业的整体环境，秒针系统与腾讯共同建立了"广告反欺诈实验室"。两方取各自之长，共同致力于研发最新的反作弊模型与产品，例如针对营销活动实时反欺诈、社交反欺诈等开发具体反作弊产品，以应对不断变换的作弊模式与场景。从具体操作上来讲，当一则互联网广告被展示或者被点击，反作弊产品会向秒针服务器发送曝光或者点击请求，此时，秒针服务器会实时计算并记录曝光以及点击量，而秒针系统开发的虚假互联网广告流量自动识别系统会展示出虚假流量数据报表，能够基于规则、统计以及数据挖掘，运用自主开发的虚假流量标识模块来筛选出虚假流量，并进行预测，以期减少数据造假行为的发生。①秒针系统与腾讯还联合发布了互联网广告行业白皮书，以期做到反作弊反造假常态化，净化广告市场环境。

此外，量江湖大数据平台为了确保反作弊性能达到最优化，应用独创的数字信息指纹技术以及反渗透多层过滤技术，结合 5 亿大数据与智能机器学习的优势，创建了一个实时更新的异常行为特征图谱库，以不断进行反作弊活动。在互联网广告行业数据治理迫切、大数据反作弊技术兴起的当下，量江湖率先在国内 APP 推广反作弊品类中脱颖而出，为互联网广告数据治理提供了重要思路。

4. 构建反数据造假系统，实时应对虚假流量

如果能够降低市场上对美化数据的需求，做到从源头遏制住虚假流量，数据治理的阻力就会降低。②如今，在流量、数据的压力下，各大网站、客户端间都

---

① 吴明辉. 基于大数据技术的虚假互联网广告流量自动识别系统[R]. 上海: 上海秒针网络科技有限公司, 2016.

② 张艳. 美国互联网广告业自我规制: 多元主体与路径选择——以广告数据欺诈防范为切入点[J]. 编辑之友, 2020(7): 108-112.

存在着激烈的竞争。除了这些外部竞争，客户端或者网站内部不同的部门、频道之间都会有竞争。竞争的主要依据是各自拥有流量的多少，流量越大，自身的市场竞争力以及市场价值自然越高。为了减少互联网广告行业中的浮躁之气，降低数据美化的需求极有必要。

经由互联网平台投放的广告，应包含广告采买、投放、展示、点击、转化、结算等多重数据，并由广告代理公司提供多维度、可视化的数据报表，这不仅能帮助广告主直观了解广告投放效果，还让他们对广告市场环境有更深入的认识。构建反数据造假系统，对时效性有着极高的要求，系统需要在几秒甚至几毫秒的时间内判断广告造假类型、追溯造假源头、过滤可疑流量、切断交易请求。[①]当然，是否能够实时过滤虚假流量，完成流量的筛选，是治理数据造假问题的关键。构建反数据造假系统，需应用普适的数据表述方式，以帮助人们更好地筛选并利用数据。例如，应用多模产品，即通过单一产品支持多种数据模型，简化人们的使用步骤，并辅以分布式、云化技术，弥补传统方式在规模、性能等方面的短板，同时应用智能技术扩容系统数据库，提高其数据承载力。[②]让数据分析与共享逐步在广告业中普及，有利于互联网广告行业健康发展。

（三）全面覆盖数据类型，完善数据治理指标体系

落实数据治理架构，需要全面覆盖数据类型，为互联网广告行业中不同类型的广告数据建立可视化的供应链，并运用不同手段进行识别。

1. 全面覆盖数据类型，进行有效数据治理

首先，从广告数据产生的方式来看，数据类型主要包括用户主动上传文字、图像、视频等用户内容的人为数据，以及用户使用平台服务时产生的浏览痕迹、日志、位置等非用户内容的机器生成数据。结合人为数据与机器生成数据进行数据治理，可以更深入、更全面地了解用户使用倾向以及用户行为习惯，同时还能从用户关注度的角度切入来分析广告投放的效果等。通过评估文本内容雷同度、图像和视频格式风格相似度，可以初步识别出无效流量和批量生产的假数据。至于机器生成的虚假流量，可以从机器设备终端信息、信息浏览时间以及频域等角

① 鞠宏磊，李欢. 程序化购买广告造假问题治理难点[J]. 中国出版，2019(2): 31-34.

② 腾讯云. 一文饱览 DTCC 2020[EB/OL]. https://cloud.tencent.com/developer/article/1774910, 2021-1-18.

度进行考察。"小红书平台方表示，2019年1月至3月小红书反作弊技术团队处理涉及黑产账号138万个、作弊账号38万个、作弊笔记121万篇。同时，平台正在不断搭建更先进的反作弊系统，以更完备的技术+更合理的社区规则捍卫社区生态。"①

其次，从广告数据形成的路径来看，数据类型不仅包括前端检验数据，也包括后端监测数据。打通前后端数据进行数据治理，在了解前端数据是否存在黑名单、频次是否异常、定向投放是否异常的基础上，继续观察并探讨后端数据中热力图以及多维度构建的用户行为特征是否异常，有利于将广告流量数据的形成路径描绘完整，高效率地识别异常数据与流量。国双在国内权威的行业标准指导下，研究出了一套无效流量监测体系。在检验前端广告数据的同时监测后端异常流量，以实现两端连接，从而有效识别虚假数据与流量。此外，国双还利用AI机器学习技术，自动发现作弊特征，甄别复杂的虚假流量。②

另外，从广告数据的归属来看，治理互联网广告数据造假需要不断积累、深入了解内部数据，同时也需要获取并有效应用广泛的外部数据资源。以程序化购买广告为例，首先，要深入了解广告内部的交易数据、投放数据，并将有效数据与无效流量结合进行分析，反造假方与此同时可以掌握并不断丰富广告投放经验，以此提高对无效流量的有效识别能力；其次，要获取广泛的外部数据，诸如用户的场景行为数据以及消费数据、媒体流量的信用数据等，同时将多维数据进行广泛集合并分析，逐步累积数据源、扩大数据量级，以便更好地针对性地建立广告反数据造假模型，找到造假源头，识别并剔除虚假流量与数据。③

此外，针对互联网广告造假治理中的数据管理问题，我们应实时对非结构化数据进行有效存储，并及时进行格式转换，以便进行结构化数据计算与管理。例如，用户浏览点击广告时产生的日志、文本、图像、视频等非结构化数据，经过结构化计算，可以转化为关系型模型、JSON或XML等文本数据交换格式，以及图和空间等一般性的、普遍应用的结构化单位与格式。④随着数据量级的扩大和数据源头的多样化，存储空间的建立和性能需求愈发需要得到保障。为此，我们

① 艾媒网. 艾媒榜单｜2019年3月中国电商平台用户口碑排行榜发布，评测造假已成黑色产业链[EB/OL]. https://www.iimedia.cn/c400/64029.html, 2019-4-4.

② 国双. 国内互联网广告无效流量白皮书[R]. 北京：国双，2018.

③ 鞠宏磊，李欢. 程序化购买广告造假问题治理难点[J]. 中国出版，2019(2): 31-34.

④ 腾讯云. 一文饱览DTCC 2020[EB/OL]. https://cloud.tencent.com/developer/article/1774910, 2021-1-18.

应搭建存储空间，并应用 AI 智能算法，将数据与算法相结合，共同推进智能化广告数据造假治理。此外，要为不同类型的广告数据建立可视化供应链，提高数据供应链的透明度。在确保供应链可见性的基础上提高其可披露性，以便准确识别并收集供应链环节上的广告数据与流量，同时确保内外部可以用所需或所期的详细级别沟通该广告数据信息，以明确流量或数据流动、存储与应用的整体来源与流程。

2. 完善数据治理指标体系，全方位进行数据追踪

完善数据治理指标体系，实现线上实时检测与线下追踪监测同步进行，对广告数据与流量进行分析，保护和限定所有类型数据的所有权和访问权，并向公众进行展示和公示。具体可以通过软件开发工具包广告位代码实时进行在线监测，并加以离线数据追踪监测。为了保障所有类型数据的数据所有权和访问权被明确地定义和执行，并保持执行结果的完整性和一致性，有必要与其他领域协作。例如，秒针系统携手营销生态各方，共同营造数据真实、流量透明的生态环境，共促行业繁荣发展。2021 年 3 月 15 日，在中国广告协会指导下，秒针系统联合《中欧商业评论》，携手媒体见证者，共同发起"互联网流量战'异'倡议"，共促数据真实安全、流量交易透明、行业标准完善，携手维护营销生态透明健康，共促行业长远繁荣发展。

同时，应联合行业伙伴，依据相关法律法规，进行数据所有权、访问权策略模型的开发。在数据用例域中，应使用所有已定义的数据类型进行数据分类。例如，将数据类型细分为基本数据类型和引用数据类型。通过深入分析数值型、字符型、布尔型等基本数据类型，以及类、接口、数组等引用数据类型，可以更好地进行数据归类与整合。

此外，数据统计部门要致力于改革和完善现行的统计制度和办法，在确保数据收集纵深度和广泛性的同时，应部署大数据、区块链技术在数据流量采集、比对、甄别、校正方面的应用。同时，要打破数据孤岛现象，进行数据统计的分享与共用。[①]例如，油管和脸书将其广告数据交给一个独立的媒体测量审核组织——媒体评级委员会进行评估。秒针系统以推动营销生态健康繁荣发展为使命，至 2022 年连续第 8 年发布《中国异常流量报告》，希望阐明中国数字营销行业异

---

① 关浣非. 经济数据造假的病理及后果分析[J]. 中国经济周刊, 2018(6): 80-82.

常流量现状，帮助营销生态各方识别异常流量，并为广告主进行互联网广告安全投放、提升投资回报率提供参考依据。

二、身份识别和认证管理系统的架构

物联网和 5G 的发展与应用，使得数据以指数级的速度与规模生产、累积和传播。丰富的数据来源有利于广告主捕获更清晰的全样本用户画像，但同时非同源数据的异构性和不确定性，对用户画像技术的应用提出了挑战，这就要求我们建立高效、科学的用户数据库以及相应的数据处理系统，设计先进的算法和用户模型，为广告数据造假的治理提供技术上的支持。艾媒咨询公司数据显示，约 59.6% 的受访用户期望新媒体营销中的信息真实性能够提高。41.5%的受访用户认为新媒体营销中的广告过于泛滥。此外，38.3%的受访用户对新媒体营销过程中的用户信息安全问题提出疑问，认为应当进一步保障用户信息安全。[①]

因此，在互联网数据指数级传播以及用户信息安全意识提高的背景下，智能构建 IP 信誉和用户画像、完善身份识别与认证机制，对于广告数据造假治理至关重要。应深入应用智能技术，在大数据和智能算法机制的助力下，识别剔除虚假用户，并总结其特征和规律，同时智能划分有效数据与无效数据，以高效地保存真实的 IP 信誉与用户数据，从而构建良好可循的互联网广告生态。

（一）应用智能技术，构建高质量 IP 信誉

IP 信誉指利用全球范围内的情报，按照一定评价标准对 IP 地址做出的相关评价。[②]IP 信誉能够帮助广告相关企业构建用户 IP 画像，对进站流量进行初步分析，并且作为互联网广告业务治理的初级防线，可以从源头审查过滤虚假流量与异常数据。此外，利用基于 IP 信誉的风险侦测技术，能够精确识别在线交易风险，还能高效地预防与处理在线交易风险事件。[③]

借助机器学习、分析建模、规则引擎等方法，以及高质量的 IP 信誉等安全情

① 艾媒咨询. 2019 年中国新媒体营销价值专题报告[R]. 广州: 艾媒咨询, 2019.
② 何朔, 黄自力, 杨阳, 等. 基于 IP 信誉的在线交易风险侦测技术研究[J]. 信息网络安全, 2017(9): 77-80.
③ 何朔, 黄自力, 杨阳, 等. 基于 IP 信誉的在线交易风险侦测技术研究[J]. 信息网络安全, 2017(9): 77-80.

报分析和异常交易行为识别技术，我们能够更精准地识别并防范不同场景下的广告恶意行为，并对其风险等级的高低进行评估和判断。针对交易行为的异常情况，我们可以将相关 IP 划分为危险标签、安全标签或者特殊标签，以进行广告数据的初筛，同时应构建相应的 IP 质量数据库，助力广告数据的整合与检测。如受访者 BJ02-E15 谈到其所在互联网媒体平台会通过数据和算法技术判别作弊流量，并将 IP 信誉与广告收益挂钩：

> 数据是非常重要的，流量质量评估最简单的方式就是通过数据来评估。比如你的媒体流量的 CPR（每回应成本）特别低，有展示但是没有用户点击，或者只有点击但是后端的转化非常差，例如有 1 万点击量，但是电商转化单量只有 1 单，这时平台就会怀疑你的流量中有作弊流量。因为在程序化广告交易里实施作弊策略是很简单的，所以平台需要反作弊，评估流量质量的一个很重要的环节就是反作弊，一是看展示，二是看点击。平台通过数据和算法，来评价你是否作弊，一旦平台判断你的流量是作弊流量，就会影响 IP 信誉，进而可能没收广告分成或降低分成比例。（受访者 BJ02-E15）

将机器学习建模技术运用于系统决策中，进行 IP 标签风险识别、可疑行为特点分析、风险等级评估等工作，能够有效识别与检测恶意访问。基于 IP 信誉进行在线交易风险侦测建模分析与应用技术研究，能形成一套技术框架，可覆盖风险异常行为识别数据收集、特征提取、模型训练、结果输出全流程。该框架一方面可以实现对现有常见交易场景下的风险交易行为的实时准确识别，另一方面可以为异常行为识别提供通用的能力支持。

通过应用规则统计、机器学习以及加密信息检测与设备硬件信息检测手段，实现对用户 IP 数据的实时监测与防范。美国人工智能公司维择科技开发了无监督机器学习算法，建立了 AI 一站式检测平台，通过分析用户 IP、邮箱、行为模式等特征，找出传统检测方法不易察觉的细微链接，发现数据造假用户之间的微妙关联，并在群组中自动分析与发掘新型欺诈模式，可以帮助广告主实现早期检测与未知欺诈检测，以全面洞悉媒介全局动态。我国第三方营销数据技术公司秒针系统推出网站资讯监控技术，可以实现实时网络监测和分析，采用灵活的埋点采集等方式实现分钟级实时监测，为防范数据造假与投放优化提供数据支持。[①]

（二）深剖用户画像，进行身份数据认证

描绘用户画像需要构建用户的多维度描述性标签，可以利用标签之间的网络关系提高用户画像的准确度。[②]此外，需要洞察用户在全场景中的数据，对线上线下数据进行整合，以完善用户身份管理，构建完整的用户信息系统，并进行用户身份数据的认证。受访者 BJ07-E15 认为在大数据进行校验的基础上，用户画像算法可以做到精益求精：

> 整个数据能进行串接分析的前提是你有电视和安装的盒子，这为建立群组算法提供了稳定依据。但在智能电视还没普及的时候，这个算法很难实现。就像现在我们经常提到的跨屏，这不是个新词，起码有 5—10 年的历史了，之前的跨屏是打通两个手机设备或者手机和 PC，难度非常大，但是现在有了家庭互联网电视，它具有运用大数据进行校验的基础，这个算法也能在此基础上做到精益求精。（受访者 BJ07-E15）

用户画像是进行用户身份数据认证的依据。一方面可以根据用户的使用行为、浏览内容，判断其是否为真实用户；另一方面，为了避免使用单一的关键字黑名单或单一模型导致的对数据或者用户信息的误判，影响用户体验，还可以运用深度学习、声音转换技术和自然语言处理技术针对语义理解的不同方面分别建立不同的模型，从多个维度检测语义环境，最终构建全面有效的用户身份数据认证体系。

首先，应在识别用户画像的基础上进行深入剖析，以确保用户数据的准确性与价值性，例如，结合具体的移动终端设备进行基础的身份识别，以验证广告投放不同场景中的用户身份。当用户信息源自 web 场景，即可以使用 Cookie 来识别身份；当用户信息源自苹果手机，即可以用 IDFA 来进行验证；当用户信息源自安卓手机，那么便可以使用安卓 ID 进行用户身份信息的辨别；此外，如果无法辨别用户信息所属的设备终端，利用指纹识别技术也能进行用户身份的判断，

① 张艳，王超琼. 互联网广告数据治理的智能技术应用——基于防范数据造假的视角[J]. 青年记者，2020(15): 84-85.

② 韩文静. 基于用户画像的数字广告智能传播[J]. 青年记者，2019(18): 76-77.

从而进一步根据用户具体的行为数据完善用户画像，以期针对性进行广告投放并回收真实用户数据。受访者 SH03-E08 分析了 IDFA 的作用：

> IDFA 在多个领域发挥作用。在媒体领域，它支持数据管理平台体系的运作，包括数据优化和实时接口对应的广告投放；在服务商领域，通过设备 ID 应用，IDFA 助力三方数据管理平台实现画像数据的整合与优化，以及策略的投放；在广告主领域，IDFA 支持数据管理平台或客户数据平台系统的运行，促进后链路数据的打通，并在各类应用中发挥作用，包括增补自身的设备标签。IDFA 的影响力不仅局限于数据层面，更深入到营销策略的制定与执行中。（受访者 SH03-E08）

其次，利用企业信息化管理平台身份信息匹配算法进行用户身份数据的统一认证，充分考虑并整合运用用户属性信息、好友链接信息和社交行为信息，以提高认证的准确性。当同一用户使用不同终端或者不同软件点击广告，有可能会造成身份数据重合，导致身份信息不明确，从而无法实现准确的身份认证，同时会使广告点击数据的计算存在误差，数据不真实、无效流量的累计便成为现实问题。利用多属性身份数据认证方法，联合不同平台搭建通用、简易的身份认证协议，是用户身份数据认证的有效途径之一。例如，可以提供多平台认证服务，统一认证 PC 设备和移动设备的内外网络；也可以构建身份认证服务插件体系，以插件形式将不同认证技术注册到广告数据检测的系统中；另外可以通过多因子强认证，使用包括数字证书（身份认证、蓝牙设备）、验证码（短信、邮件）、动态令牌、二维码扫描等验证方式在内的多种认证技术[1]，在用户海量的身份数据中提取用户身份认证信息，进行多属性身份数据认证。[2]

最后，应用智能技术和 IP 分析能力，可清晰呈现出可见曝光和不可见曝光后的用户画像，并对用户特点进行全方位图形化展示。在跨屏监测中，通过在智能电视中植入本地广告监测程序，我们可以从终端直接获取设备物理 ID、IP 地址，并曝光场景，同时采用截图的方式进行验证，可以有效检验流量造假的情况。秒针系统中的 SNAP（Snapshot，即时快照）就是一项以互联网广告截图和图像识别

---

[1] 张红梅. 身份管理与认证系统 2.0 的设计与实现[J]. 中国管理信息化, 2020, 23(5): 184-185.

[2] 段琳琳. 共享平台数据属性重合下的 LDAP 多身份认证[J]. 科技通报, 2013, 29(8): 91-93.

验证为主要功能的产品服务，能够模拟用户行为回访广告曝光页，最终有效覆盖广告监测的盲区。

（三）构建多维检测方案，精准定位异常账户

检测异常账户、确保用户身份认证，应当采用更精细、更科学的处理方式。例如可以建立多维度、多环节、长周期的分析模型，从用户的注册审核环节、平台使用轨迹等维度出发，应用智能技术和平台反作弊经验，提高对于异常账户的检测精度（表4-1）[①]。

表4-1 多维检测方案分类表

方案	思想	特征	方法	主要检测类型
基于行为特征	分类	用户行为特征	有监督	僵尸账号、Spam账号、Spam Campaign
基于内容	分类	输出内容	有监督	Spam账号、Spam Campaign、Compromised账号
基于图	图中异常检测	图结构	无监督	Sybil账号、Spam账号
无监督学习	聚类/模型	多种特征	无监督	Spam账号、Spam Campaign、Compromised账号

受访者SH02-E10也提到构建多维检测方案的重要性，并指出要从全新的视角去切入：

一般情况下数据供应方并不直接给第三方数据监测机构提供个体级别的匿名ID，而是与其进行数据合作，也就是说，数据供应方会基于监测机构的算法进行计算，并将统计级别的结果回传给监测机构。基于这些数据，我们能够对广告的触达人数等唯一性指标进行统计，同时传统的异常流量识别方法，例如黑名单识别方法仍然能够使用。另外一种方法是寻找设备之间的关联性，用其他设备的检测结果"类推"某品牌手机的检测结果。总的来说，当前第三方数据监测机构不再可能走老路，而是需要从新的角度去切入，构建多维检测方案。（受访者SH02-E10）

1. 基于用户行为特征的检测方案

用户浏览互联网广告时往往会留下时间、地点等信息，因此可以根据用户所

---

① 张玉清，吕少卿，范丹. 在线社交网络中异常帐号检测方法研究[J]. 计算机学报, 2015, 38(10): 2011-2027.

处的网络属性以及具体的浏览点击行为等特征来检测其是否为真实用户，以确保流量数据、用户身份的真实性。

首先，根据流量产生的时间，可以对异常账户进行初步判断。正常的访问流量往往会分布于各个时段，曲线图较为平滑；虚假流量往往会过于集中于某个时段或者在某个时段出现异常增长。其次，根据流量的地理来源进行进一步判断，当地区覆盖图显示流量来源集中于一个地区，那么这部分流量就值得重点检测。最后，结合流量的网络属性查看流量的网络服务提供商，采用单一网络接入方式的多为虚假流量；当流量的跳出率很高且没有访客回访时，其为虚假流量的可能性也会很高；当流量的网站停留时间较长、跳出率较低、没有良好地转化时，那么也需要对此数据进行重点检测。

2. 基于用户输出内容的检测方案

针对用户输出内容的检测重点应当是考察用户发布的信息是否为恶意信息，从发布的源头进行信息性质的判断，能够更加及时地检测账户的异常情况。根据信息内容发布主体的不同，可以将基于内容的检测方案进行主体区分，分别对个人账户与群体账户的内容进行经验化的识别与检测。量江湖采用以用户行为模式为中心的综合防护体系，通过机器学习和大数据技术，实现对用户质量的识别与量化，快速识别所有作弊手段。维择科技作为全球领先的人工智能反欺诈企业，依托独有的 AI 无监督反欺诈技术，构建了 AI 一站式检测平台。维择科技出海流量解决方案聚焦新用户获取、虚假留存以及货币套利欺诈，从点击、安装到留存进行全方位系统监测。维择科技能够对恶意用户进行自动聚类和关联分析，以99%的超高精度捕捉整个欺诈团伙。

3. 基于图结构的检测方案

基于图结构的检测方案即通过构造图来显示异常账号与正常账号不同的连接结构，并利用图挖掘相关算法以找到图中详细的异常结构与节点，最终将异常账号的检测问题转化为异常图的检测问题。例如，检测社交网络中的图结构，可通过好友关系图等显性图结构进行观察，也可以通过访问关系、分享关系、网络链接共享关系等隐性图结构进行观察。同时，应用机器学习算法能够通过一个异常账号找到相类似的更多机器账号，提高了异常账户的检测效率，减少

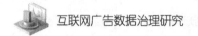

了互联网广告虚假流量的排查阻力。

4. 基于平台的反作弊经验检测方案

平台方反向思考广告作弊思路，分析并总结互联网广告造假行为，同时利用这些经验完善数据防备系统。例如，广告作弊一般都围绕着检测规则进行各种非法入侵，旨在用虚假或低价的流量完成订单，骗取广告主的预算，此时平台方或者媒介方可以使用 https 替换 http，对数据进行加密，使得运营商难以解析数据内容。治理广告数据造假，平台方基于经验在不断努力。新版谷歌浏览器通过限制一些不必要的重定向跳转来防止非自然引流、不正常跳转、网站被劫持等风险。重定向即通过各种方法（网页重定向、域名的重定向等）将网络转到其他位置，在具体的广告防作弊环节中，如果重定向对应的网址是广告链接，谷歌浏览器就会阻止该重定向；对于那些在新标签页打开广告的情况，谷歌浏览器也会采取相应的阻止措施；此外，谷歌浏览器还注重解决"虚假伪装广告链接"（如伪装成播放按钮的广告链接、空白区域的广告链接、放置于虚假关闭按钮的广告链接等）等问题。

5. 基于广告投放不同阶段的检测方案

结合广告投放的不同阶段，实施具体化的、针对性的检测方案。在广告投放之前，广告反造假平台应当及时检测流量来源的设备信息、IP 离散程度、过往投放记录等关键数据，将可疑流量切断在广告交易之前；在投放过程中，通过事先添加的代码观察是否是真人、正常用户在观看广告，当发现机器人操作、代码模拟等造假行为时，应及时过滤处理掉此类流量；在广告投放后，利用多种算法组合进行检测，并与正常投放广告数据相对比，观察是否有人工造假等更为隐蔽的造假行为存在。

例如，先知反欺诈云平台就能够通过实时数据采集、实时数据处理以及实时欺诈发现这三大功能进行广告数据造假的识别与检测。该平台通过软件开发工具包多方位采用用户行为数据、用户授权的消费数据、通话数据、信用卡数据以及和行业内第三方合作的数据，在实时数据处理过程中搭建了知识图谱的实时查询分析系统，并整合了反欺诈评分模型、规则引擎以及团伙挖掘功能，最终设计出调查人员更便捷获取信息和异常点的欺诈调查工具，以实现实时反欺诈。

（四）应用终端防伪技术，提高身份认证可见性

首先，应用终端防伪技术赋予设备稳定的可信ID，通过实名制化设备来助力身份识别认证，能够帮助广告主和企业构建反作弊功能。由88位包含数字、字母、符号的本体码组成的可信 ID 能够准确描述移动设备，广告数据涉及方可以凭借此 ID 来鉴别设备是否真实唯一，并对新增用户、重复用户加以区分，直至清洗无效数据，保留有效真实数据。

数字联盟通过应用六大防伪技术，即设备防伪甄别、模拟器甄别、代理服务器甄别、传感器状态评估、参数合规性甄别以及主动对设备进行信息探测等，来助力移动互联网广告数据造假问题的治理。例如，多维度采样硬件参数并联合后台设备库信息进行设备识别；应用模块探针程序独立获取设备信息，确保设备信息准确有效；采用内存地址识别技术查杀模拟器，处理模拟器造假问题；基于动态代理地址 IP 库以及海量的终端部署，判断重复 IP 与异常 IP；针对近距离传感器以及运动传感器的行为进行模型创建，并加入横向数据比对，识别造假者；校验关键 ID 以及数据库行为屏蔽串号设备，以打击广告数据造假行为。

其次，可在应用安装环节结合智能技术预防数据造假，同时应公开透明化数据识别与检测过程，提高用户数据的可见性，以期构建良好的、可持续的媒介交易应用生态，最大程度遏制数据造假现象。受访者BJ08-E20也提到运用智能技术手段在事前预防作弊行为尤为重要：

> 无论是在整个检测域还是营销域，防作弊都是一个老生常谈的话题，我们开发的智能技术没有采用传统的"一般无效流量""复杂的无效流量"这种偏策略的模型。在我看来，传统模型偏向于后验性，即先发现一个事件，再将其提炼成规则，通过这种规则去避免类似的作弊行为再次发生。我们的智能技术肯定可以用于后验的一些广告数据的验证，即在做数据检测时判断数据的真伪。同时，我们又提出了模型前置这样的概念，其实这种验证不仅可以在广告投放发生之后进行，也可以在广告投放发生之前进行。比如，我们通过智能技术与实时接口结合时，可以在实时接口查询中加上这个策略，以判断广告库存，或者广告位该不该出价或投放；我们通过人群包跟媒体进行对接

时，也可以使用算法技术先过滤一遍，筛选出真实的人群后再传给媒体。整体来看，这一防作弊模型帮助广告主节省了 30 亿元的营销成本。（受访者 BJ08-E20）

可见，技术型公司开始更注重事前预防作弊技术的应用。AppsFlyer 推出归因后防作弊功能技术 Post-Attribution。该技术是通过算法同时测量数百个信号，不间断地识别并屏蔽潜在的作弊陷阱，能够在应用安装被归因后，检测出未被实时查获的作弊的归因解决方案。宝洁全球首席品牌运营官马尔茨·毕瑞哲在美国互动广告局年度会议上直指媒介供应链弊端，并提出可以从可见性标准的统一化、第三方验证强制化、代理合同透明化以及防止广告欺诈四个方面来突破旧有弊端，进而推动透明且高效的媒体交易链的形成。

三、消除数据孤岛，实现跨平台数据集成

英国学者维克托·迈尔–舍恩伯格和肯尼思·库克耶所著《大数据时代：生活、工作与思维的大变革》一书中指出，大数据将凭借其自身的 4V 特征引领时代变革，促进人们对思维、生活与工作的思考和重新建构①，更大规模的、高速流通的、多种类型的、更高价值的大数据已经被各行各业陆续运用，互联网广告行业也不例外。随着"互联网+"时代的深入发展，互联网广告行业数据的开放共享势在必行。

但是事实上，互联网广告行业内部并没有达成对数据开放共享的共识，通过互联网收集的各项数据，往往由行业中的市场主体各自占有，并储存在其各自独立的数据库中，而且数据资源在商业领域的重要性愈发显著，主观因素和客观因素双重作用下，数据难以在行业内部自由流动，最终形成"数据孤岛"，进而导致互联网广告行业的数据造假问题凸显。然而，互联网广告行业对于资源共享的需求愈发迫切，对大数据的应用也提出了更多的现实需求，挖掘大数据价值，建设集中统一的互联网广告行业大数据一体化共享体系，推动行业大数据共建共享，

---

① 维克托·迈尔–舍恩伯格，肯尼思·库克耶. 大数据时代：生活、工作与思维的大变革[M]. 盛杨燕, 周涛, 译. 杭州: 浙江人民出版社, 2013: 7-10.

消除数据孤岛，实现跨平台的数据集成[①]，将对互联网广告行业的数据造假问题起到有效治理作用。

（一）完善互联网广告行业数据共享规范，科学整合数据资源

互联网技术不仅影响了人们的日常生活和生产方式，也推动了互联网企业商业模式的变革，大数据时代的到来显著提升了数据信息的商业性价值，尤其是在"互联网+"背景下的广告营销活动，从前期的市场调查到实现用户画像，再到营销策略的制定和广告投放的选择，每一步都与数据信息密不可分。随着互联网络的发展，我国网民人数不断增长，截至 2024 年 6 月，规模已达 11 亿，互联网普及率达 78%。[②]用户对网络的依赖性也在不断增强，即时通信、浏览信息、日常娱乐、购物消费、交流互动等各种行为几乎都依托互联网存在，与此同时，用户在这些行为过程中所产生的动态数据也被互联网一一记录，通过对这些数据的分析，企业可以实现对用户行为的精准洞察与有效预测，这就是大数据之于广告营销的必要性。[③]广告主和广告代理公司想要借助大数据实现更为精准的广告营销，庞大的数据基础就是必要的前提条件。

然而，由于互联网广告行业内部尚缺乏统一的数据共享制度和规范，各广告代理公司或者相关团体未能在运营过程中科学、系统地整理广告活动中产生的海量数据，且企业自身掌握的数据不易流通，导致数据浪费，造成行业内部的信息壁垒。为了打破数据孤岛、破除数据壁垒，互联网广告行业应主动进行数据共享，建立数据的整合、交换机制，并明晰数据共享的整合体系。同时，完善数据的分级评定和需求审定机制，规定数据开放的指导原则和流程标准，以适应跨部门乃至跨企业的数据共享需求。此外，还需明确数据资源收集、清洗、维护的负责人，引导行业内大数据的自由流通，实现数据资源的无缝衔接。行业应持续关注数据共享工作的进展与存在的问题，收集反馈信息，逐步使数据共享成为行业新常态。

互联网广告行业为了实现对大数据更有效的利用，首要任务是达成行业共识，完善数据共享规范，明确数据透明标准，科学整合数据资源，从而提升行业数据

① 孟小峰, 慈祥. 大数据管理: 概念、技术与挑战[J]. 计算机研究与发展, 2013, 50(1): 146-149.

② 中国互联网络信息中心. 第 54 次中国互联网络发展状况统计报告[R]. 北京: 中国互联网络信息中心, 2023.

③ 尹启华, 邓然. 精准营销研究现状[J]. 经济研究导刊, 2010(9): 158.

的共享质量。同时，要细化共享流程，健全个体的共享申请和信息反馈机制，逐步实现行业内数据的科学共享和高效共享。

（二）优化互联网广告行业数据共享程序，开放更多数据资源

互联网广告行业中的数据运营生态目前仍不健全，数据的生产者出于对自身隐私保护以及数据安全考虑，一定程度上会抗拒数据的公开共享；数据的运营者在收集整合了行业内的用户数据后，出于对用户数据的商业价值的考虑，会固守已拥有的数据资源，形成数据壁垒；数据的使用者现阶段需购买数据来获得使用权，为了维护自身的权益同样会拒绝数据共享，从而形成数据割据。[①]即便是大型互联网媒体平台也面临数据缺乏的问题，如受访者 GZ02-E18 所述：

> 大型平台，像腾讯、今日头条等，也缺少数据，它们的画像并不一定准确，它们的操作不一定反映用户的真实情况，所以它们也会去购买数据，也需要去进行数据交互。淘宝和腾讯之间一般不存在直接的数据交互关系，多是从大数据服务平台购买数据，购买方式多样，包括包年、包月，以及按每千次调用付费等。（受访者 GZ02-E18）

可见，行业内各市场参与者的利益博弈，往往会导致数据孤岛现象出现。为了获取真实有效、客观合理的数据信息，实现行业内的数据共享，除了全行业的共同参与，完善数据共享规范之外，也应从技术方面着手，优化行业数据共享的程序设计，从而为行业的数据共享提供技术上的保障。

区块链技术的诞生和完善，为打通数据孤岛提供了可能。区块链技术发展至今，国内外针对它的讨论从未停息，如今对它的定义大多是基于技术角度给出的，如腾讯曾在自己的区块链方案白皮书中提出，区块链是一种能够运用块链结构将数据进行统一存储，并且通过密码学手段保证数据安全，任何人都不能进行篡改、不能抵赖的技术体系。长铗和韩锋等也曾在其著作中直言区块链本质上就是"一个去中心化的分布式数据库"。[②]针对互联网广告行业中出现的数据孤岛问题，区块链技术可以通过其"分布式的数据存储"建立行业中各参与者之间的互联互信关系，在行业的交易行为发生时，区块链可以将市场中利益相关者的各项数据

---

① 周茂君，潘宁. 赋权与重构：区块链技术对数据孤岛的破解[J]. 新闻与传播评论, 2018, 71(5): 61.

② 长铗，韩锋，等. 区块链：从数字货币到信用社会[M]. 北京：中信出版社, 2016: 47.

信息通过加密方式储存，同时将其分布于整个互联网络中无数个电脑的数据库中，实现实时透明的数据共享，解决数据透明度缺乏和行业信任度减弱的问题。得益于区块链对数据共享的技术革新，MetaX 公司在 2017 年就与区块链软件公司合作建立了被称为 AdChain 的区块链协议，该协议针对数据共享的透明性和安全性提出了切实的解决办法，使广告供应链中的所有参与者都能共享安全、透明、无欺诈的数据。

借助区块链技术可以从根本上解决"数据孤岛"问题，优化互联网广告行业数据共享的程序设计。利用区块链技术"分布式账本"的特质，可以实现互联网广告行业数据库之间的互联互通，构建市场主体之间的信任关系，从而在技术层面为行业数据的共享提供保障，推动数据信息在行业主体之间的共享和交流，逐步实现行业数据的分类公开、有序共享。

（三）构建行业数据一体化共享体系，实现多领域共治、跨平台集成

1. 推动数据整合共享的职业化、专业化和专家化，确保行业大数据质量

互联网广告行业的现代化发展对大数据的高效利用提出了更高要求，核心基础就是实现行业内各项数据的有效采集、整合与共享。随着互联网技术的发展与互联网普及率的提升，用户依托互联网进行的各项行为活动产生了大量数据，然而未经结构化、系统化的数据只是一串串记录用户行为动态的数字而已，尤其对于互联网广告行业来说，个体收集到的数据仅是用户行为动态和心理特征的某一部分，是被割裂的、不完整的用户数据，并不能借此实现广告营销的精准化。鉴于用户数据体量庞大、信息复杂，在实现互联网广告行业大数据的公开和共享之前，必须对相关数据收集统计的来源、性质、方法、范围等进行深入分析和统一规定，明确每一条数据的采集原因与量化标准[①]，实现数据整合的系统化，从而确保行业共享数据的真实性、完整性和有效性。同时，互联网广告行业应对从事行业数据采集、整合、共享相关工作的人员进行专业、系统的培训，提高其对行业数据结构化处理的技术水平和业务素质[②]，组建专业化的工作团队，推动数据整合共享的职业化、专业化和专家化，确保行业大数据的质量。

---

① 刘婵，谭章禄. 大数据条件下企业数据共享实现方式及选择[J]. 情报杂志, 2016, 35(8): 171.

② 佘朝虎. 互联网广告的伦理问题及其治理路径[J]. 新闻战线, 2018(6): 38.

2. 完善顶层设计，自上而下优化互联网广告行业大数据运行生态体系

数据共享应当从上到下有序进行，若仅有少数企业参与，将难以有效推动行业数据一体化共享体系的构建，因此理应通过顶层设计达成行业的总体规划，实现更加科学的、有效的、有序的数据共享。推动行业数据一体化共享体系的构建，首先需要政府相关部门的参与和顶层设计，由政府相关部门牵头，从全局角度将互联网广告行业的数据共享制度化，集中行业内的数据信息资源，组建行业大数据一体化共享管理中心，并根据市场实际需求制定和适时调整数据共享的相关规定，保障行业大数据一体化共享体系的顺利运行；其次也需要行业中的行业组织和大型企业自律自强，在行业内部进行自上而下的统一筹划，积极探索行业内数据共享的管理制度和工作机制，明确各方参与者在数据的采集、整合、开放共享过程中的责任与义务，将行业的数据共享系统化，以实现行业内部高效快捷的数据共享。此外，"顶层设计"要求政府和行业联合，这对政府和行业的自身定位提出了更加精准的要求，从而为互联网广告行业的数据共享建立了双重保障机制。同时"顶层设计"也应具备可操作性与全局性，让各相关参与方都积极参与其中，这不仅需要由上而下的制度施行，也需要位于"中间"的参与者的积极沟通，以及"基层"参与者的不断探索，以实现信息的传达与反馈[1]，形成互联网广告行业中由上而下、互通有无的数据共享通路，从而优化互联网广告行业大数据运行生态体系。

3. 推行政府、行业组织和广告企业的共治模式，实现跨平台的数据集成

构建一个多领域参与、全行业覆盖、理论与实践结合的信息化、系统化的行业大数据一体化共享体系，无疑是更好地促进互联网广告行业数据信息的共享和交流，推动互联网广告行业蓬勃发展的有力武器。前文已提到，个体收集到的用户数据是被割裂的，只有完整的、系统的、全面的用户数据才能对广告营销活动起到有效促进作用，因此应首先在企业内的各部门之间实现数据的畅通，其次行业内的各企业之间也应做到数据的开放共享，而企业的数据共享行为需要行业组织在一定程度上进行监督与推动。[2]互联网广告行业组织必须强化自身法律意识，进一步促进数据共享机制建设，可以组织开展相关企业的声誉评价，从而提升各

① 张兴旺，李晨晖．"互联网+图书馆"顶层设计相关问题研究[J]．图书与情报，2015(5): 40.
② 夏超群．移动互联网广告发展现状、问题及对策[J]．中国广告，2016(9): 119.

企业对数据共享的重视程度，对于数据造假的企业或者存在不规范行为的企业，行业组织可以采取一定行动进行制止。相关政府部门需在与行业组织和行业代表人物进行沟通后，建立制度化的数据共享机制，明确行业数据共享的范围、方式与流程，引导与规范互联网广告行业的数据共享行为，同时也对行业组织反映的违规行为、违规企业进行调查与处理[1]，优化行业生态。由此实现政府、行业组织和企业对于数据共享的协同共治，更好地实现跨平台的数据集成。

四、建立互联网广告数据标准与监测评估体系

早在 2017 年，美国全国广播公司财经频道就已经针对数字广告的流量欺诈行为进行了报道，相关数据显示出的结果令人震撼：全球品牌广告主因为广告流量欺诈而损失的广告费用高达 164 亿美元，接近整体数字广告市场的 20%，而这仅仅是 2016 年一年的统计数据[2]，可见数据造假行为对整个互联网广告行业的毁灭性冲击。对于互联网广告行业而言，建立和形成科学合理、客观公正的广告数据标准与监测评估体系，是解决数据造假问题、促进整个行业进一步良性发展的重要基础。

互联网广告行业的数据造假问题反映了现阶段的行业乱象，广告营销活动中出现的流量欺诈和数据造假行为从根本上影响了行业对于大数据的客观运用，因此，在数据的采集整合、集成共享、监测评估等一系列环节，行业都要提高警惕。为了呈现真实有效的数据，杜绝数据造假，互联网广告行业有必要统一数据标准，并由政府部门宏观把控。在相关法律法规的指导下，行业内部应达成共识，由行业组织推动全行业建立科学合理、公正透明的数据标准。同时，合理引入权威公正的第三方数据监测机构，提供多方面、多层次的数据来源，实现数据之间的相互对比和印证，确保数据的真实性、客观性和有效性。此外，还应积极构建科学客观的监测评估体系，做好行业的监督管理工作[3]，从而推动行业的繁荣健康发展。

---

① 廖秉宜. 中国媒介市场数据失范现象与治理对策[J]. 编辑之友, 2018(10): 35.

② 张国华. 净化广告数据监测环境, 促进广告产业繁荣发展[J]. 中国广告, 2017(5): 31.

③ 陈苗青. 移动互联网广告监管模式研究[J]. 中国集体经济, 2019(20): 61.

（一）政府宏观把控，完善相关法律法规，净化广告监测环境

目前，我国针对互联网广告行业中数据信息的相关法律法规主要是《广告法》和《互联网广告管理办法》，其中《广告法》第三十六条规定："广告发布者向广告主、广告经营者提供的覆盖率、收视率、点击率、发行量等资料应当真实。"针对互联网广告的《互联网广告管理办法》第十一条也规定不得欺骗、误导用户点击、浏览广告。相关法律法规的制定和完善对于互联网广告行业的发展起着至关重要的作用，对于行业内数据的标准化建设和监测评估的制度化建设也有着显而易见的指导意义和推动力。因此，就政府相关部门而言，亟须完善与行业数据相关的法律法规，明确数据归属与数据权益的相关政策①，要求互联网广告行业的平台和媒体提供真实的数据信息，宏观引领数据标准的制定，促进互联网广告行业逐步实现真实的数据共享，加大对互联网数据信息的监管力度，严厉打击互联网广告行业出现的数据造假行为。

在互联网广告行业的数据标准制定与监测评估方面，政府应发挥宏观把控作用。政府与行业组织和行业代表人物沟通交流后，需完善相关法律法规，进一步推动互联网广告行业数据制度化建设。同时，调动互联网广告行业组织的积极性，促进行业自律与行业自我监督，对行业组织反映的企业违规行为予以调查，根据调查结果进行行政规制和法律规制。②政府还需从宏观上把控互联网广告行业的发展方向，从源头控制风险，完善互联网广告行业准入标准与退出机制，加强过程监督，引导企业规范化经营，强化行业数据标准和监测评估的体系化建设，净化广告监测环境，从而推动我国互联网广告行业健康发展。

（二）市场参与者各司其职，完善行业规范，建立透明科学的行业数据标准

1. 广告主

大数据与互联网广告市场有着密切的联系，广告主选用广告营销渠道及方式的前提就是对相关数据的获取，只有行业数据标准化、规范化，广告主才能根据客观真实的数据信息制定科学有效的广告营销投放策略，从而提高广告传播的效

---

① 王长峰. 大数据背景下企业创新模式变革[J]. 技术经济与管理研究, 2016(3): 30.
② 麻健. 如何防范治理经济数据造假[J]. 领导之友: 官场警策, 2017: 47.

果。对于广告主来说，行业内的虚假数据会直接导致广告营销投放策略的选择失利，广告主很可能付出了比实际投入更加高昂的费用，却得不到与此相对应的传播效果和投资回报，从而造成巨大损失。[①]因此，广告主必然要强调行业数据的规范化。受访者 BJ09-E18 就提到了当前行业各方均有自己的一套规范的问题：

> 广告主跟多家平台合作，一般没有一个统一的规范，行业通行的做法是数据服务平台会给他们提供一套规范，而像百度这类大的平台也有自己的规范，就看谁适应谁了。具体有两种模式，一种是百度要去优化自己的数据，另一种是广告主自己去用数据服务平台的数据。（受访者 BJ09-E18）

应统一互联网广告行业的数据标准，企业可以根据具体的营销需求设置科学合理的 KPI，推动互联网广告行业的数据透明化，同时也应加强自身的数据管理意识，可以仿照国外知名公司可口可乐、欧莱雅、宝洁等建立自身的用户数据库，并与市场的其他参与者协同共治，建立长期的、可信赖的合作关系，利用自身对于广告预算的支配权督促广告代理公司和网络媒体公开数据，建立针对广告营销活动中所出现数据的监测评估体系，保证自身所需要的数据信息的透明性、科学性和客观性，从而为广告主进行科学有效的广告营销决策提供合理规范的数据支持。

2. 广告代理公司

与广告主类似，广告代理公司对行业数据也有着极大的依赖性，行业内的数据造假问题同样会直接干扰广告代理公司对广告营销策略的制定与判断，而且借助虚假流量的广告营销投放往往无法达到广告主预期的广告效果。艾姆兰曾做过一次关于网络广告效果的调查，结果令人大跌眼镜：在每次的广告投放过程中，只有大约 20% 的"广告"被真实的受众看到。[②]当广告主实际投入的广告费用与其预期的广告效果不成正比时，会直接影响其对于广告代理公司的评价，造成广告代理公司的信誉受损，长此以往，广告主与广告代理公司之间无法达成互相

---

① 鞠宏磊, 李欢. 程序化购买广告造假问题的主要类型及影响[J]. 编辑之友, 2019(1): 64.

② 搜狐网. 揭秘数字广告业的幽灵：流量欺诈[EB/OL]. https://www.sohu.com/a/58870913_117753, 2016-2-15.

信赖的合作关系，这必将损害广告代理公司的利益。因此，广告代理公司同样应呼吁行业内数据标准的规范性建设，同时也应发挥自身的运营和技术优势，建设畅通高效的行业内数据共享渠道，搭建科学合理的反数据造假平台，在对互联网广告市场动态的精准关注下，加强自身对虚假流量的监控与反馈，打造科学透明的监测环境，促进企业之间的联合，创建协同共治、平等互惠的行业生态。

3. 网络媒体

随着互联网技术的高速发展，网络媒体已经成为新时代广告营销的重要战场之一。网络媒体借助互联网技术已经发展出较为完整的产业链，其中的各个参与主体都有媒介数据的需求，网络媒体通过数据体现自身价值，其中虚假数据的出现短时间内可能会为网络媒体带来高额的利润增长，但是从长期来看，借助虚假数据出现的泡沫式繁荣必然会造成网络媒体的恶性竞争，影响行业整体的信誉，导致"劣币驱逐良币"的逆向选择现象出现，造成整个行业的混乱。[1]因此，网络媒体应做到诚信运营，主动呈现真实、客观、全面、系统的数据信息，拒绝行业内数据标准的单一化、片面化。2018年知名网络视频媒体爱奇艺发表声明称将关闭前台的播放量显示，转而构建综合用户讨论度、互动量等多维度播放类指标的多元评价体系。此举旨在抵制"唯播放量论""唯数据论"观念影响下广告行业从业者的数据造假行为，避免单一数据标准下播放量攀比行为引发的刷单、刷量等虚假流量现象的出现，力争构建一套评价体系多元化、综合权重合理化的数据标准，从而实现广告主对广告营销投放效果更合理的评估，为广告代理公司广告营销策略的制定提供更有效的评判依据，为用户对内容的选择提供更全面的参考指标。

网络媒体应恪守社会责任，从自身长远利益出发，高度警惕单一化的数据标准和流量指标可能会带来的不良影响，在真实客观的数据信息基础上去建立透明化、系统化的数据标准，合理运用技术手段拒绝虚假流量与造假数据，打造自身在互联网广告行业中的良好信誉，完善惩戒机制[2]，提升互联网程序化广告生态的专业性、透明性和客观性。

---

① 王旭东. 整治数据造假必须正本清源[N]. 河北日报，2018-10-30.

② 刘晓春. 电商信息"刷量"造假需要多重规制[N]. 中国贸易报，2014-7-31（A5）.

4. 用户

用户是广告营销的接受者，也是虚假流量、造假数据的受害者。互联网广告行业的数据造假问题，比如刷单、刷量、刷榜、刷分、交易好评、搬运原创内容等，不仅破坏了数据信息的真实性，给广告主和广告代理公司带来损失，还干扰了用户的选择，使广大用户的切身利益受损。数据造假问题在点评类网站中多发，刷单、刷量、刷分的造假行为在某种程度上可以直接操控用户的决定，用户难以判断相关评价的真假，每次的消费决策都将承担更多的隐性代价，一旦出现数据造假，用户的权益就会受到实质性损害。[①]对原创内容的搬运，更是对原创作者权利的侵害，同时也会影响互联网正能量风气的建设，为用户带来恶劣的观看体验。出于对自身权利的维护，以及对互联网广告行业中可信赖数据的追求，用户作为行业市场的参与者之一，也应当发挥自身的作用，对互联网广告行业数据信息进行监督与评测。

在互联网广告行业中，数据是广告主、广告代理公司进行广告投放、营销策略选择的依据，也是网络媒体平台自身的内容价值和商业价值的最直观体现，还是用户进行观看、确定选择的风向标。因此，数据对于互联网广告行业内所有的参与者来说都是不可或缺的，互联网广告行业的数据造假问题也需要全行业各个参与者协同共治。[②]因此，市场的所有参与主体都应对广告数据进行把关，广告主、广告代理公司、网络媒体、用户等必须明确自身责任，加强合作、各司其职、公平监督，针对互联网广告数据的透明化达成共识，形成统一的行业规范和数据标准，建立科学透明、公正有效的数据监测评估体系，促进互联网广告行业健康发展。

（三）引入第三方数据监测机构，实现更多来源数据的相互对比与印证

目前，制约我国互联网广告行业发展的重要因素之一是权威、公正、具有公信力的第三方数据监测机构的缺乏。[③]因此，除了政府宏观把控下对相关法

---

① 董梦圆. 从法律角度看互联网点评社区的生态乱象——以"马蜂窝"数据造假事件为例[J]. 新闻传播, 2019(12): 69.

② 郭全中. 我们需要干净的数据[J]. 小康, 2018(31): 86.

③ 张骏德, 倪祖敏. 建立报刊发行量认证制度势在必行[J]. 中国记者, 2005(7): 74.

律法规的完善、行业的参与主体对自身责任的明确之外，还需要引入具有公信力的第三方数据监测机构，打破互联网广告行业数据来源比较单一的局面。受访者 BJ06-E10 阐述了当前我国一些媒体平台单方面完成监测的现实状况：

> X 平台一般不会用第三方数据监测机构，而是自己监测自己，排名也是自己估算的，它们不会向外部投放广告，而是优先满足自身广告投放需求，当内部消耗有压力时，它们会成立媒体联盟，让中小媒体去消耗，但这一过程往往是暗中进行。整个过程中数据流动的可能性比较小，因为平台并不需要把数据输出到站外，它们的需求主要在于采买数据，让数据源更丰富，这些数据一般在需求方平台内部循环，不会对外公开。

（受访者 BJ06-E10）

由此可见，引入第三方数据监测机构，可以为广告主提供更加公开透明、科学有效的数据，并完善数据信息的监管机制，从而对各类数据示范行为形成有效监督。同时，第三方数据监测机构也可以凭借其所提供的权威性数据和专业性服务，赢得广告主和广告代理公司的信赖。

国外的互联网广告行业已经有引入第三方数据监测机构的实例，2017 年 2 月宝洁公司面向全球呼吁数字广告行业需要引入公平公正、独立自主的第三方数据监测机构，并宣布与其合作的广告代理公司、媒体和平台必须启用第三方可见性测量，同时试图选用媒体评级委员会创建的可视性标准去统一衡量不同媒体和平台中的海量数据，以此形成一个简单、系统、透明、高效并且杜绝欺诈行为的媒体供应链。

国内也愈发重视相关问题，成立于 2006 年的秒针系统，是一个第三方技术公司，2017 年 4 月，秒针系统与腾讯公司签署了战略合作协议，二者强强联合，利用各自的技术领先优势，共同建立了广告反欺诈实验室，旨在将大数据与广告营销相结合，构建用于发现与甄别广告虚假流量、造假数据的数据库，从而为广告主贡献更大的价值，为业界提供更好的服务。基于行业内领军企业腾讯深厚的技术积累与丰富的反作弊经验，秒针系统作为引入的第三方数据监测机构可以更好地用数据创造信任，针对互联网广告行业内的造假行为形成有效监督，推进互联网广告行业的全产业链互信，建设更加透明、可靠的数据开放共享机制，净化互联网广告环境。

第三方数据监测机构可以提供多层次和多方面的数据信息，实现多来源数据之间的对比和印证，保障数据真实性。同时，也需更加强对第三方数据监测机构的监督和管理，防止第三方数据监测机构的"监守自盗"，规范和完善第三方数据监测机构自身的监测技术、监测机制和数据信息的管理流程①，使监测体系系统化、标准化、科学化，保障互联网广告行业中各相关参与方的合法权益。

（四）完善互联网广告数据监测评估体系，实现市场公平交易

1. 促进数据监测评估技术升级，进一步实现制度和流程的标准化

如今，互联网广告行业的数据造假行为已经演变出多种技术手段，能够在多个场景中进行多样化的数据造假。与此相比，对数据造假问题的治理面临挑战，不仅数据标准的制定缺乏统一规范，而且监测评估体系的建设中也存在很多漏洞。能否有效促进行业数据监测评估技术的升级，并据此进一步实现监测评估体系制度和流程的标准化，是决定互联网广告行业未来能否蓬勃发展的关键因素。针对互联网广告行业中的数据造假问题，单个企业对此进行监测与评估的效果有限，因此建立覆盖全行业的数据监测评估体系是非常有必要的，由此才好开展对行业内数据造假行为的统一归纳与梳理，并汇聚全行业力量，优化技术手段，更好地实现对广告营销中数据的监测与评估。随着互联网络的发展，广告营销活动的线上投入金额越来越多，2020 年我国互联网广告行业克服全球疫情的影响，仍保持增长态势，全年收入达 4971.61 亿元，而互联网营销市场的总规模突破万亿大关，达 10 457 亿元，且市场规模仍在高速增长。②因此，借助技术手段完善行业数据的监测评估体系已经刻不容缓。

互联网广告行业可以运用计算机算法在技术层面对监测评估技术进行完善，同时需要专业化人员进行辅助。互联网广告行业借力人工智能，提高监测评估体

① 曹细玉，吴卫群. "互联网+"环境下社会组织三方协同监管的演化博弈研究[J]. 华中师范大学学报(自然科学版)，2021(2): 317-328.

② 中关村互动营销实验室.《2020 中国互联网广告数据报告》正式发布[EB/OL]. https://www.imz-lab.com/article.html ?id=188, 2021-9-5.

系对数据造假行为的识别、筛查、归纳与整理能力，从而对广告交易过程中出现的数据信息进行全方位的监测与评估，有助于保障广告营销活动的数据信息透明化。通过升级监测评估技术，互联网广告行业更容易对广告营销活动的整个过程进行监督，实现监测评估流程的标准化管理：在广告投放之前监测乙方提供的过往数据，评估其真实性；在广告投放过程中监测广告效果，评估其有效性；在广告投放之后，则从更全面的角度对广告营销活动中的所有数据进行评估。[①]因此，有必要促进监测评估体系的技术升级，从而实现广告营销中的数据监测与效果评估机制的形式多样化、手段专业化、效果明显化。

2. 建立基于科学、客观的数据监测与效果评估机制的公平交易体系

互联网广告行业中数据造假行为的出现归根结底是由于利益的驱动，因此，要从根本上治理数据造假行为，就需要在科学合理、客观有效的数据监测与效果评估机制的基础上建立互联网广告行业市场的公平交易体系，保障行业所有参与者的合法权益。公平交易体系的构建不仅对行业内数据信息流通的规范化和标准化提出了更高的要求，也对市场交易过程的透明化提出了更深层次的需求。现阶段，数据信息作为具有商业性能的资源，尚存在不完整、不真实、不客观的问题，因此，需要政府与行业通力合作，建设针对互联网广告营销活动的数据监测与效果评估机制，同时借助政策法规的宏观把控与技术手段的更新升级，确保广告投放过程在各环节均被完整、系统地监控，完善对互联网广告行业数据信息的精准化收集、结构化处理和系统化整合等一系列环节的监督与管理。

在此基础上，为了实现互联网广告市场长效化的公平交易，必然要引入多利益攸关方机制，形成政府、企业、学界、社会等多方协同参与的规则制定和实施平台。[②]可以依托数据监测与效果评估机制，积极探索政府、行业组织、相关企业、网络媒体平台、用户协同共治的模式，建立政府引导、行业组织推动、企业自治、网络媒体平台遵循、用户参与的行业公平交易体系。政府应该完善相关法律法规，从宏观角度统筹行业规范，出台相关政策积极引导互联网广告行业中大数据的应用工作，完善数据监管制度，保证市场公平交易有法可依；行业组织应该发挥自身的规划和枢纽作用，制定行业数据的规范标准，打通连接政府、科研

---

① 鞠宏磊, 李欢. 程序化购买广告造假问题治理难点[J]. 产业视点, 2019(2): 34.

② 郎平. 从全球治理视角解读互联网治理"多利益相关方"框架[J]. 现代国际关系, 2017(4): 49-52.

工作者、技术提供者和广告代理公司的纽带，提供技术支持，促进数据资源的开放与流通，完善行业内的交易规则；广告代理公司以及网络媒体平台，则应该主动利用大数据优化自身内部管理模式，首先实现内部的数据畅通，其次与其他企业联合进行数据标准化建设，保证广告营销活动中数据监测评估的透明公正，形成交易过程中的自我约束；用户也应积极参与其中，发挥自身主动性，体现群体力量，逐步加强对广告营销活动的数据信息的反馈、投诉与监督[1]，共同营造健康有序的互联网广告市场交易环境。

市场公平交易体系的构建要求行业对数据的采集整合、开放共享、监测评估等环节进行标准化管理，实现跨部门、跨企业、跨行业的数据交流互通，保证市场交易过程的公开透明，形成流程系统化、行业规范化、数据标准化的互联网广告市场公平交易体系，从根源上治理数据造假行为，促进互联网广告行业蓬勃发展。

---

① 张晓静. 协同治理与智慧治理: 大数据时代互联网广告的治理体系研究[J]. 广告大观(理论版), 2016(5): 5-6.

第五章

互联网广告数据治理的体系构建

当前，在互联网广告行业，对数据利用的不规范以及不法广告商为追求利益导致的数据滥用现象凸显，数据非法收集、数据泄露、数据的不合理利用以及数据造假、大数据杀熟、算法偏见等问题层出不穷，因此，互联网广告行业的数据治理已成为亟待深入研究的重要理论和现实问题。本章基于宏观视角，从互联网广告行业数据治理的组织架构、制度建设以及相应的工具方法等层面，为我国互联网广告行业数据治理的体系构建提供思路与建议。

第一节　互联网广告数据治理的组织架构

数据治理是一项需要行业各方合作的系统工程，单独依靠某一方很难完成对整个行业的数据治理。互联网广告行业中存在广告主、互联网媒体平台、第三方数据监测机构等多个行业主体，各主体间只有相互合作，明确分工，才能有效实现行业的数据治理。互联网广告行业的数据治理需要一套完整有效的组织架构，以保证行业中的数据真实，并提高数据利用率。

一、互联网广告数据治理战略

完善的数据治理战略是开展数据治理工作的基础。互联网广告数据治理战略为数据治理的组织架构提供了顶层设计，可以帮助确定互联网广告行业数据治理的总体方向。

（一）互联网广告数据治理战略目标

确定适当的目标是互联网广告数据治理战略布局的首要任务，是制定数据治理组织架构时首先应该考虑的事情。数据治理战略的意义就在于能够有效利用数据，将不同时期、不同领域的数据统一整合，以实现数据利用价值的最大化。在互联网广告领域，"无数据，不营销"的时代已经到来，数据已经作为一种新的资源影响着整个互联网广告行业的生态。例如，消费者需要其他用户的购买数据来评测商品；生产者需要消费者的详细数据来规划生产；媒体宣传者需要生产者的生产数据和消费者的消费数据以便于对接宣传资源；等等。互联网广告数据治理的战略目标就是使各方在获取数据以及产生数据痕迹时真实有序，在利用数据时合法合规，从而确保发挥出数据的最大价值。简而言之，就是我们应有效地利用数据而非被数据主宰。

1. 短期目标：从互联网广告数据源头治理，提升数据质量

源头治理是互联网广告数据治理的第一步。只有确保数据源头精准真实，才能保证后续数据治理工作的有效进行。以数据加工为界，数据可以分为原始数据和二次开发利用数据。原始数据是指不依赖现有数据而产生的数据，显示了数据从 0 到 1 的过程。二次开发利用数据是指原始数据被存储后，经过算法筛选聚合、加工、计算而成的系统的、可读取、有使用价值的数据，如购物偏好数据、浏览偏好数据、分析数据等，显示了从 1 到 $f(1)$ 的过程（从 0 到 1 仅表示从无到有的过程，$f(1)$ 仅表示数据的聚合、加工、计算的操作过程，均不表示具体含义）。[①]在本小节我们所说的数据源头就是指原始数据，数据源头治理就是在原始数据这一环节就掐断各项虚假的、不规范或者自身不需要的数据。

当前，互联网广告的数据问题层出不穷，从互联网广告数据源头进行治理迫在眉睫。来自全球数据连接平台链睿（LiveRamp）的戴瑞认为，过去，整个数字广告生态几乎是建立在免费的第三方数据之上，也没有严格的规范和统一标准。时代在进步，消费者保护隐私的意识也在提高。所以我们必须顺应趋势，更要积

① 张莉. 数据治理与数据安全[M]. 北京: 人民邮电出版社, 2019: 68.

极做出改变，在生态中找到新的平衡点①。所谓天下没有免费的午餐，数据亦如是。当前，数据已经作为一种生产要素势不可挡地深入几乎每一个领域，但是，我们在享受数据红利的同时也深受各种数据安全问题的困扰，数据造假、个人隐私数据泄露、数据不透明、数据不规范利用以及数据不安全等问题导致当今市场数据良莠不齐，数据质量低下，严重威胁着互联网广告行业生态，数据治理已经成为当下互联网治理的重中之重，想要使得互联网广告在数据时代平稳过渡，保持稳定的"生态平衡"，需要各方的共同努力。任何一方都不可能仅仅依靠某一方数据在数字化社会独立生存，并且就当前市场来看，龙头企业一般都拥有自己独立的数据库，其他企业或媒体的数据大多来源于第三方，因此数据治理需要从数据源头精准切入，保证各方数据合法、准确、规范。

此外，互联网广告中的任何一方都无法独立地收集到所有数据，而且数据收集过程缺乏规范，很容易引起数据的片面化，从而导致品牌生产、媒体推广以及消费者购买时产生偏差。例如，新浪微博与脉脉之间曾有过数据产权争议，脉脉通过与新浪微博的合作协议，除了获取用户的头像、名称等相关信息外，还额外获取了用户的职业、地区、身份等较为隐私的信息，从而进行个性化推送，以期留住更多的消费者。但是，其中不可忽视的关键点是新浪微博数据的抓取是否准确无误，用户是否允许新浪微博以及脉脉来收集自己的数据。在一来一往的技术处理过程中不可避免地存在数据的计算误差，这样层层进行，导致最终的数据具有很大的偏差甚至成为无效数据，大大降低了数据的质量。除此之外，还有各种因为不当竞争等有意无意产生的虚假数据，这些数据交织成一张大网，想要从这些纷繁复杂的数据中寻找到自己需要的数据更是难上加难，数据浪费也成为不可忽视的问题。

面对当前互联网广告在数据使用过程中出现的上述问题，必须从数据源头入手进行数据治理。首先，面对在数据使用过程中出现的数据安全以及数据质量问题，数据源头治理要求互联网广告营销链条中的各个主体加强对数据的筛查和监测，在数据采集过程中精准设置数据搜集的关键词，确保所收集到的数据符合后续广告策划以及营销活动的要求；其次，利用先进数据技术对所采集的原始数据进行全面筛查，从源头有效防范数据质量低下以及数据造假等问题。

① 执牛耳. LiveRamp: 数字广告生态发展的关键在于数据连接与数据协作[EB/OL]. https://www.shangyexinzhi.com/article/3851175.html, 2021-6-11.

此外，谈起数据源头，就不得不提数据产权这个问题，张莉在《数据治理与数据安全》一书中，将数据产权分为数据的所有权、使用权以及收益权，即数据归谁所有、由谁使用以及所产生的收益归谁，只有厘清这三个问题才能有效避免由数据归属带来的不必要的矛盾。①明确数据产权是治理数据源头、保证数据质量的最有效的措施之一。从目前情况来看，我国的互联网广告数据治理首先要实现的，就是对原始数据的抓取依法合规、整合有序，将虚假数据以及错误数据出现的可能降到最低，从而有效提升数据质量，保证数据利用率。

2. 中期目标：打破数据孤岛，形成互联网广告各方数据协作的良性生态

当前，我们处在一个数据无处不在的社会，数据就是生产力，营销链上的各个主体，如品牌方、技术平台、媒体平台、消费者等都对数据越来越依赖，各方也因为数据联系越来越密切。打破数据孤岛，让数据在营销链条中流通起来，是当前互联网广告数据治理的中期目标，各方开展数据协作就是最为有效的措施之一。

数据协作即多方共享数据访问，通过协作，各方能够更加全面地了解品牌、了解消费者，并且获得更加深刻的见解。

对于品牌方而言，收益是显而易见的。其借助数据协作，获取了合作伙伴、消费者、媒体等第三方数据，从而能进行有效竞争。举例来说，某一企业想要增加百货类产品的销量，但其只拥有自己客户在自己商店中的购买数据，无法获知消费者更喜欢哪类或者想要购买到哪种商品，而如果该企业和支付平台合作，不仅可以获知消费者青睐的消费方式，也可以获知消费者在其他商店购买的商品甚至是购买时间，由此可见，数据协作为企业带来的竞争优势显而易见。

除此之外，在当今数字广告营销遍地开花的情形下，品牌方与媒体的合作其实就是一种数据的协作，我们都知道品牌方选择媒体刊登广告，最看重的就是媒体的受众与品牌的受众的契合程度。在每个品牌方都非常看重个性化营销的今天，媒体成为品牌方的最佳选择的主要竞争优势就在于其自身对于消费者数据的掌握情况，消费者的地区、职业、兴趣、购买偏好等等决定着品牌方的生产与销售。对于消费者来说，他们也希望各种媒体能对他们的数据进行有序管理，从而收到他们想看到的品牌和产品的广告推送，尤其是在疫情之后，消费者转向更加多元的渠道，全渠道的消费体验变得尤为重要，数据协作也成为连接品牌、媒体

---

① 张莉. 数据治理与数据安全[M]. 北京: 人民邮电出版社, 2019: 74.

与消费者的有效方式。

另外，在数据协作发展过程中，第三方数据监测机构也迅速发展，已经成为我们不容忽视的主体，成为各方数据连接与协作的关键。第三方数据监测机构已经不可或缺，为品牌方、技术平台和媒体平台搭建了一座桥梁，使得整个生态有序运转。这一洞察已然是全球互联网广告生态的共识。

全球数据连接平台链睿作为行业先发者，不断响应互联网广告生态的发展变化趋势和市场需求。其推出的第三方链睿身份验证流量解决方案规定，必须有双重授权同意。第一重是消费者可以选择与哪些品牌进行互动，第二重是消费者可以选择与哪些媒体平台进行互动。简单来说就是在双方均授权同意之后，再来进行数据的抓取、分类、整合等相关工作。身份验证流量的解决方案让营销链上的品牌方、媒体方以及消费者处于平等的地位，为各方提供了安全可靠的交换数据的空间，不必担心数据泄露，并且让数据协作更透明、更可控，让品牌方的广告回报率也更高。经过市场的验证，该方案已被业内广泛认可为"一个持久且有价值的解决方案"。迄今为止，包括美国、英国、法国、意大利、西班牙、德国、中国、澳大利亚和日本在内的全球数百家媒体发布平台均采用了身份验证流量技术，并取得卓越的效果。

值得注意的是，数据协作虽然让各方的数据联系起来，打破了小数据时代的数据孤岛以及信息不对称的现象，但是在享受数据协作带来的福利的同时，更应该考虑其本身不可避免的数据隐私泄露的问题。如何在数据协作的过程中对数据隐私进行很好的保护？我们需要在数据协作与保护隐私之间找到一个很好的平衡点，对于营销人员来说，这是一个很大的挑战，同时对于媒体平台来说，他们正在寻求与用户建立更好联系的方式。虽然上文提到的身份验证流量解决方案在保护数据隐私方面采取了一定的措施，需要双方授权的数据采集在很大程度上完成了对于隐私的保护，但是身份验证流量解决方案也并非完美，营销链中的第三方数据监测机构也不可能都像链睿一样，因此，数据协作未来的发展重点在于制定数据隐私保护方案，这需要学界和业界的共同关注与投入。

3. 长期目标：建立互联网广告数据应用规范体系，形成数据合规应用专业自觉

任何行业都需要符合自身领域特征的治理体系，互联网广告行业也是如此。互联网广告数据治理的长期目标必然是要建立符合互联网广告行业发展特点的数

据应用规范体系，在行业内形成一种数据合规应用的专业自觉。受访者 BJ02-E15 认为目前国内外一些大的互联网媒体平台已经形成了一定的数据合规应用自觉意识：

> 在规范化方面，苹果算是做得比较好的公司。国内现在的大厂中，字节跳动也比较规范，其法务团队很谨慎；小米在规范化方面也有一定成效。字节跳动对合规要求非常高，做产品时首先会考虑合规性，会邀请法务团队参与，法务在产品研发、公共关系处理、数据保护脱敏等各个环节中都有较高的话语权。这也是为了避免出现问题对国际化进程造成不利影响，同时现在对国内市场也越来越重视。（受访者 BJ02-E15）

可见，在未来的品牌发展过程中，面对数字化竞争，任何一个互联网企业都应该具备数据合规意识，这不仅决定了企业在竞争生态中的角色和地位，更决定了企业是领导数字生态、适应数字生态还是成为数字生态的出局者。让互联网广告行业能够良好地适应未来的数字生态并且在数字化竞争中拥有良好的发展势头才是数据治理的长期目标和最终目的。

首先，要建立互联网广告数据应用规范体系，就要加快建立基于用户画像的数据分类体系。《大数据时代：生活、工作与思维的大变革》的作者之一迈尔-舍恩伯格认为，大数据的简单算法比小数据的复杂算法更有效，大数据让人们不再期待精准性，而是混杂性。[①]面对互联网云端堆积的复杂数据不断干扰用户画像构建的现象，广告的精准营销似乎变得不那么精准，互联网广告的数据治理要不断精细化数据分类，对互联网中的每一组数据进行身份识别，从而有效剔除无效数据和虚假数据。互联网企业巨头谷歌公司就不断致力于搭建自身的用户数据识别分类系统，对所有用户数据进行不同类别的精细划分。谷歌拥有超过十亿的用户，也有完整的数据处理架构和扎实的数据处理能力。作为一个具有一定发展历史的搜索引擎公司，谷歌通过自身的业务沉淀用户与内容数据，拥有强大的数据集。谷歌公司的主要收入来源是广告，品牌不断增强对于多来源用户数据的分析能力，为用户构建立体化的标签画像，形成深度理解，实现更精准与有效的广

---

① 刘海，卢慧，阮金花，田丙强，胡守忠. 基于"用户画像"挖掘的精准营销细分模型研究[J]. 丝绸, 2015, 52(12): 37-42, 47.

告推荐，从而吸引更大规模的广告主使用其广告及其他数据产品服务。

谷歌围绕用户的标签体系，对用户的性别、年龄、地区、兴趣、职业背景甚至是日常生活轨迹等方方面面进行细分，呈现出的是一个立体的用户形象，从而更方便广告主对广告的精准投放。另外在用户 ID 战略中，谷歌已经从初级的用户分析进入数字广告营销阶段，谷歌通过营销平台一站式数字营销管理，背靠自身强大的数据分析能力，完成广告主的目标并且可以追踪到投放的广告产生的效果，实现了平台的销售人员宣传计划、广告购买、媒体数据监测和用户体验改善的一体化。

其次，完善的数据质量监管体系也是互联网广告数据规范应用体系的重要组成部分。2021 年颁布的《数据安全法》第二十二条规定"国家建立集中统一、高效权威的数据安全风险评估、报告、信息共享、监测预警机制"，对大数据杀熟、诱导用户消费、市场数据不合规范、数据分析维度的缺失、数据分析结果异常等互联网广告领域常见的数据问题进行重点监管和规范，为互联网广告领域的数据监测提供了有力的法律依据。

互联网广告行业自身对数据质量的监管主要指在数据环境的入口或上游进行全方位的监测，避免无效数据或不良数据流入下游而污染数据分析结果。数据的监控与质量评估是阿里云原生大数据运维平台 SREWorks 的核心功能区之一，SREWorks 对阿里巴巴的整个平台中的所有交付数据进行全方位的监控，数据监控功能仅次于数据交付系统，而后才是数据的管理、运营与服务等相关的数据分析与数据应用工作，前端的数据监测体系有效减少了流入数据处理流程的无效数据和异常数据，保证了数据分析的有效性。互联网广告行业同样如此，前端的数据质量监管可以有效保证后续数据的质量，高质量的互联网广告数据以及有效的互联网广告数据质量监管体系使广告市场环境得到了进一步净化，有助于互联网广告在多变的技术环境中稳步向前。

（二）互联网广告数据治理战略的基本原则

如今，数据治理已经成为互联网公司普遍的痛点和难点，无论是品牌方的生产、广告方的营销、媒体方的投放还是消费者的购买，任何一方在选择和规划上都无法离开数据。"我们有什么数据？""所收集到的数据是正确的吗？""他所用到的数据是我的吗？""我能否从数据中获得利益？"等众多相关问题扑面而来，互联网广告数据治理已经迫在眉睫。但是，数据治理是一个比较复杂的过程，互联网并非法外之地，在实际的治理过程中，需要遵守相关的法律法规以及应有的道义，同时互联网广告的数据治理又应该是灵活的。下文主要阐述了互联网广告数据治理需要遵循的原则。所谓无规矩不成方圆，只有遵循相关的原则才能保证数据治理工作的顺利开展。

1. 互联网广告运作流程的数据真实性原则

数据的绝对真实对于任何一个行业或领域而言都是必不可少的，保证数据的绝对真实是数据治理的第一要求。在互联网广告数据治理中，看似高级的数据产业也饱受数据不完整、不透明、不准确、不一致等问题的困扰，这成为当前互联网广告以及数字营销中难以逾越的障碍。互联网广告数据治理首先要保证使用的是高质量数据，数据的真实性是互联网广告数据治理的第一原则。在整个互联网广告运作流程中，无论是对用户的信息数据采集还是对广告投放的媒体数据考察抑或对广告效果数据的监测分析，都需要真实的数据作为支撑。缺乏真实性的数据根本无法成为后续广告运作流程的有效支撑，甚至会对后续互联网广告营销环节产生错误的指导，从而影响互联网广告的真实效果。

首先，互联网广告运作流程的数据真实性原则要求保证用户信息搜集方面的真实，以确保进入后续营销流程的数据的真实性。精确绘制用户画像是互联网广告精准营销的前提，只有获取真实的用户数据，才能挖掘用户的真正需求，实现数字广告的精准营销。用户的行为数据指用户在互联网平台进行访问、浏览、发布、交易等行为产生的所有数据，将所收集到的数据进行分析整合后，就形成了相对完整的用户画像，能够准确地呈现出用户的偏好习惯，为精准营销提供正确的方向。然而，在当下互联网平台中，用户信息不完整、用户注册门槛偏低等问题导致大批虚假用户的刷单行为出现，严重干扰了品牌方和媒体方的数据搜集，大量虚假数据流入互联网广告运作流程，干扰了广告主对用户需求和用户偏好的判断，使得广告精准营销策略与用户产生偏离，降低了用户的忠诚度，甚至会导致部分用户流失。

其次，互联网广告运作流程的数据真实性原则还要求保证广告投放环节营销信息数据的真实。就互联网广告的发展现状来看，广告主对于营销预算的分配越来越谨慎，对营销投放的精度要求也极为严格，精准成为广告投放的第一要义。

精准的投放以及个性化的定制服务离不开营销信息数据的真实性。广告投放环节的营销信息数据主要包括广告投放前期的媒体调查数据，例如媒体舆情监测数据、客户洞察数据、竞品数据、消费热点监测数据以及关键意见领袖数据等所有有助于广告投放的相关数据。这些营销信息数据能够有效帮助品牌方选择合适的媒体进行广告的投放，是广告投放环节必不可少的依据。只有保证相关营销信息数据的绝对真实才能保证品牌方广告投放的精度，以及广告主流量的真实有效。

最后，互联网广告的效果监测数据同样应该遵循数据的真实性原则。变化是互联网时代的最大特性，常看常新的互联网促使广告策略不断调整。真实的效果监测数据是大数据时代广告策略调整的主要依据。大数据技术不仅能够为广告主提供实时反馈，而且能够对广告效果进行短期的预测，使广告主提前采取措施应对变化。虽然各类广告效果监测工具使效果监测的准确性有了明显提升，但虚假或异常数据仍然存在，互联网广告的效果监测数据同样面临数据不真实的困扰。互联网广告的效果监测数据体系包括各类流量指标、互动指标以及转化指标。当前对互联网广告效果监测数据真实性产生威胁的来源主要有跨屏监测中的指标打通和用户识别问题以及广告欺诈现象。[1]由于企业选择广告投放的终端不止一个媒体，广告效果监测数据极易产生片面收集的问题，跨屏打通各项数据成为当前难题。除此之外，尽管数据安全越来越受到重视，各类数据监测系统都有严格的反欺诈工具，但是某些媒体为了完成 KPI、某些需求方平台为了利润夸大自身流量等现象仍然存在，互联网广告效果监测数据的真实性应始终得到重视。

2. 互联网广告行业各方数据安全性原则

目前，移动互联网正在向数字化时代迈进，在数字化时代，每个人都不可避免地在互联网上留下痕迹，每一分每一秒都在产生数据。截至 2020 年第三季度末，我国国内市场上监测到的移动应用数量超过 350 万款，我国第三方应用商店在架应用分发总量达到 14 723 亿次。[2]数据的安全性原则是指，在数据获取和应用过程中，为确保数据安全使用而制定的相关规则。受访者 BJ07-E15 分析了第三方数据监测机构的数据安全管理方式：

---

① 王淼. 数据驱动的互联网广告效果监测研究[J]. 广告大观(理论版), 2017(4): 31-46.
② 中国信息通信研究院. 移动互联网数据安全蓝皮报告(2021 年)[R]. 北京: 中国信息通信研究院, 2021.

我们公司的数据安全管理方式主要包括以下几种：一是数据技术部门与业务部门物理隔离，业务部门没有权限进入数据技术部门的办公场所，同时，在写字楼租用单独的空间，并设立了单独的门禁和远程监控系统，在机房中，也是将自己的机房区域与其他公司的机房进行隔离，确保服务器的安全性；二是与用户签订数据采集协议，而不是直接植入软件开发工具包，保障数据采集过程中用户的知情权，不侵犯用户隐私，目前 X 数据公司因数据采集不规范正在接受调查；三是数据在服务器端具有双倍冗余部署，防止数据因硬件或者机房环境等问题而受到损失，确保数据安全；四是数据从用户终端直接回传到北京总部，不经过分公司，分公司除了负责部分当地的相关数据外，不接触任何用户的行为数据，确保数据的集中管理以及数据安全。（受访者 BJ07-E15）

可见，数据的安全性原则应渗透在数据链的各个环节，利益相关方的各个部门都应该遵守该原则，而不是某一方为了自身的利益随意操控数据。互联网时代免费的商业模式对于用户权益侵犯的风险逐渐加剧，随着互联网技术的不断演进，互联网广告从起初的"广撒网"模式的在线广告逐渐转变为基于大数据的精准营销广告，实现了广告的个性化定制，向目标用户精准推送，用户的特征数据成为各个企业竞争的关键，也正是基于这种发展状况，越来越多的非法分子借助数据漏洞进行不正当竞争。2020 年的"微信群控案"就是首例涉及微信数据权益认定的不正当竞争案[①]，腾讯公司将控制微信群的软件告上法庭，该软件通过外部技术将"个人号"的功能加入用户微信之中，并展开商业营销，非法抓取微信用户的账号、好友以及朋友圈、微信支付等相关信息，该行为已经构成不正当竞争。像"微信群控案"这样的侵犯数据隐私、违规获取个人信息、过度索取个人权限，甚至还有部分数据服务公司为了自身盈利非法获取公民的个人隐私数据等情况在最近几年屡屡发生。作为数字化时代的数据生产者与应用者，我们必须明白任何数据都不能绝对自由地使用，在法律允许的范围内安全应用数据是每一个公民不可推卸的责任和义务。

2021 年 7 月 28 日，致力于在全球范围内打造优化数据类产品的 WPP 公司与

---

① 刘晓春, 李梦雪. 2020 年数据竞争与个人信息司法案例盘点[J]. 中国对外贸易, 2021(1): 38-41.

腾讯云建立深度合作，达成了基于"腾讯云安全隐私计算"平台的广告业务合作，致力于为品牌方提供基于数据的消费者分析、营销策划以及进行产品推广等相关工作，开拓中国市场，充分挖掘数据潜能。在数据安全隐私规范方面，"联邦学习"是一种打破数据孤岛、释放 AI 应用潜能的分布式机器学习框架，能够让各参与方在不泄露原始数据的前提下，通过交换加密的中间参数完成联合建模，合法合规地进行数据赋能，是近两年在大数据领域最受关注的热点之一。"联邦学习"不仅为数据的分析和处理提供专门的定制化隐私保护，甚至可以在数据不出本地的情况下进行隐私类数据的计算，既保证了数据的安全，又最大化地挖掘了数据的价值。

腾讯云在与 WPP 公司的合作中，探索了中国市场互联网广告数字化营销中隐私保护的相关措施，高安全性的平台以及高性能的数据计算程序推动了中国互联网广告数字化的进程，也在一定程度上解决了困扰各方的数据隐私泄露难题。

3. 互联网广告行业各主体数据伦理的坚守原则

2021 年 7 月 6 日，深圳市人大常委会发布了《深圳经济特区数据条例》，其中第十条规定，处理个人数据应当依法告知个人数据处理的种类、范围、目的、方式等，并依法征得同意。让用户对自己的数据做主，保障了用户的权利，条例内容有"深度"，更有"温度"。

关于互联网广告数据治理，虽然上文我们强调了数据的绝对真实以及针对数据链上各个环节的明确的法律规定，但是，在数据治理实践中，在遵守法律法规的同时也应该保持应有的感性，并非所有的事情都可以依靠法律来做出"是否"的定夺。哲学家认为的"伦理"包含规则及道理，具有律他性，要求人们的行为基本符合社会规范，对社会成员的道德约束具有双向性、相互性特征。[①]因此，数据伦理也是数据治理中不容忽视的重要环节，所以本书提出互联网广告数据治理的相对理性原则，主要包括科技向善、底线伦理、权利伦理以及价值理性。

"科技向善"的原则强调"人是数据的尺度"，数据始终都是要为人服务的。就互联网广告中的数据来说，数据采集、存储、分析和整合等数据处理的全过程看似完全依赖于技术，但实际上人的角色至关重要。消费者的数据整合与分析能力虽有限，但他们在日常购物时仍需要数据支持，比如产品的详细信息和其他消

---

① 邹渝. 厘清伦理与道德的关系[J]. 道德与文明, 2004(5): 4.

费者的购买体验等。然而，并非每位消费者都具备处理这些数据的能力。举一个很简单的例子，年轻女性在购买护肤品、化妆品时会看很多测评，比较产品的成分，考虑自己的肤质等，最后选择合适的产品来购买，但是年纪较大的女性对于产品的了解可能仅限于页面所展示的产品特征，她们无法获得更多的产品数据，甚至不懂得如何看其他购买者的评价。这就要求品牌方或广告方在向消费者呈现数据时充分考虑不同人群的特征和需要，避免一些年纪较大的消费者因数据不透明而产生不良的消费体验。

底线伦理指的是在数据处理过程中需要有一定的底线，需要遵循一定的原则。从数据的供给方、分析整合方到数据的需求方，从营销链上的品牌方、广告方到消费者，任何一个部分、任何一个流程在数据的处理上都应当坚守底线，不随意散播所得到的数据，不随意获取未经授权的信息，不侵犯他人的权利。此外，数据治理的底线伦理还包括数据的安全问题，即在数据治理过程中坚决保证数据的安全，这尤其针对数据的存储方，包括品牌方、媒体方、广告方以及第三方数据检测机构等，它们在收集、获得、存储数据的过程中应保持高度谨慎，避免失误或错误行为导致的数据被攻击或被盗取，防止无效数据和虚假数据混入引发的数据泄露和资源浪费，避免给品牌方和消费者造成损害。

权利伦理主要指在数据协作以及数据共享日益盛行的背景下，一方虽然拥有获取合作方相关数据的权利，但同时心中应该有"一杆秤"，明确知道什么样的数据是应该获取的，什么样的数据无权采集。在"新浪微博控诉脉脉"一案中，脉脉并没有按照《开发者协议》获取用户信息，没有经过微博用户的同意以及新浪微博的授权，便非法获取非脉脉用户的新浪微博的相关信息，包括但不限于用户名、手机号、账号、地区、职业等相关信息。获取、使用脉脉用户手机通讯录中非脉脉用户联系人与新浪微博用户对应关系的行为，违背了诚实信用原则和互联网中的商业道德，案件以"脉脉"的败诉而告终。显而易见，脉脉并没有坚持权利伦理，没有在双方合作范围内获取数据。在法治社会，任何权利与义务都是相伴而行的，我们在享受数据协作以及数据共享带给我们的发展红利的同时，更应该坚守权利伦理，履行保护合作方数据隐私的相关义务。

互联网广告数据治理的伦理坚守的最后一项原则是价值理性。我们所说的价值理性是相对工具理性而言，数据虽然本身就是一种工具，但是我们在关注工具理性的同时也应该注重价值理性，不能丢失应有的人文情怀。在当前科技背景下工具理性与价值理性之间往往存在矛盾。大数据作为一种工具、一种生产要素被互联网广告市场所分配，大数据仅仅是一种技术手段下的信息资源利用模式，是符号意义的信息加工者，而人类才是将技术转化为社会前进动力的关键。在这个充斥技术理性的时代，我们不能一味追求大数据带来的新技术应用和价值，我们更需要把数据技术作为一种艺术品，去追求仅仅依靠技术无法达到的人文高度。我们始终应该明白，对于数据应该依法合理地利用，但我们所追求的最终目的永远是数据能够与我们一道共同推动人类社会的发展。

二、互联网广告数据治理的组织架构分析

数字化时代，大数据已经充斥在我们生活的方方面面，数据已经成为营销链条上不可缺少的一部分，数据治理也并非单靠某一个行业或者某一个公司就可以完成。近年来，我国发生了多起数据隐私泄露案件，个人信息的数据窃取贩卖行为多有发生。在第四次科技革命、国家实施的大数据战略以及大力发展数字经济的大背景下，我们更应该大规模打击非法获取数据行为，加强数据治理。互联网广告是对数据依赖性极高的几个行业之一，对于数据的治理更是迫在眉睫。

在互联网广告中，无论是品牌方还是营销方抑或是消费者，无时无刻不需要大量的详细数据来实现精准营销、理性消费，但是并非所有的数据都可以挖掘出我们需要的价值。面对虚假、无效、雷同的数据的泛滥以及数据隐私泄露等问题，任何一方都没有理由推卸责任，从数据的宏观调控到微观管理，数据治理的工作需要多方协同，这样才能达到我们所期待的效果，从而挖掘出数据的最大价值。

（一）数据治理的组织架构

数据治理的通用组织架构一般是根据数据的使用流程制定的，由数据的采集、整合、分析、使用等各个部门完成对数据的治理工作。但是在互联网广告领域，行业内的任何一个主体都同时担负着不同的数据工作，例如品牌方可以是产品数据的提供者也可以是消费数据的整合利用者。因此，在互联网广告数据治理组织架构搭建过程中，我们基于 RACI 职责分配模型（谁负责 R = responsible、谁批准 A = accountable、咨询谁 C = consulted、通知谁 I = informed）[①]，将架构分为监督

---

① 朱珠，邱玉婷，刘瑛. 一种基于 RACI 的政府数据共享权责体系构建[J]. 中国科技信息，2019(22): 68-70.

层、数据层及活动层。RACI 职责分配模型的最大优势就是可以明确每一个成员的分工，定义成员间的联系以及判断每一个成员的工作完成情况。借助这一模型，我们对每一部分成员进行明确分工，使他们在不同方面共同完成数据治理工作。在架构中，监督层对活动层、数据层均起到监督作用；活动层接受监督层的监管，并且与数据层进行数据的交流与互换；数据层的数据来源于活动层，经过整合分析之后再次提供给活动层。

1. 互联网广告数据治理的监督层

互联网广告数据治理的监督层主要指政府管理部门以及行业组织，如中国广告协会等。顾名思义，监督层主要负责在数据治理的过程中进行宏观把控和监督，以保障治理工作顺利进行。政府在互联网广告数据治理中主要负责颁布相关法律法规，建立网络化的监管治理模式等。当前，我国关于互联网广告数据的法律法规主要包括《网络安全法》《电信和互联网用户个人信息保护规定》《广告法》《互联网广告管理办法》等，对包括个人信息在内的各种数据的保护进行了相关规定。但是就当前治理现状来看，我国互联网广告数据治理的法律法规相对宏观，且部分数据泄露情况尚未包含在内，司法解释有一定缺失，使得企业在执行过程中缺乏具体详细的标准化依据。

行业组织作为行业性和非营利性的组织，在数据治理的过程中同样担负着宏观调控的责任。拿中国广告协会来举例，在 2020 年 7 月 30 日，中国广告协会与中国信息通信研究院合作成立了互联网广告技术实验室。目的在于打击数字广告数据造假和作弊行为；加强数字广告数据安全和个人隐私保护；科学评估互联网广告投放的真实性和精准性，营造透明真实的广告经营环境；建设互联网广告绿色生态环境，促进互联网产业的科学发展。[①]互联网广告技术实验室对互联网广告数据治理工作具有很强的指导意义，有利于构建良好的互联网广告数字化生态。

2. 互联网广告数据治理的数据层

随着大数据、物联网等技术的发展，数据作为一种重要的生产要素在第四次科技革命中推动着生产力与生产关系的变革。但是，互联网中收集到的大数据是大体量的，并且是杂乱无章的，整合并分析这些数据对技术的要求极高，

---

① 中国广告协会. 透过数据洞悉互联网广告产业科学发展[R]. 北京: 中国广告协会, 2020.

一些规模较小的企业无法达到数据整合的技术要求，因此，一些大数据整合机构、数据服务公司应运而生。作为掌握大量数据的数据服务公司，通过数据的整合加工进行盈利，因此更不应为利益所蒙蔽，应该肩负起数据治理的责任。

互联网广告数据治理架构中的数据层指数据服务公司借助技术所构建的数据管理平台和数据中台等相关中间处理平台，数据层主要负责辨别虚假数据、重复数据以及冗杂数据等无效数据，同时对有效数据进行精准的分析，从而最大限度挖掘数据的价值。首先，数据服务公司要充分利用技术手段，建立涵盖范围广、分类清晰、整合有效的数据库，为行业内其他公司提供数据的融合与共享服务。我们依旧用消费者数据来举例，数据服务公司所掌握的应该是来自不同品牌的不同消费者的各类信息，同时还包括在移动互联网端合法收集的用户数据。那么，在这些纷繁复杂的数据中，数据服务公司的职责主要是辨别并剔除其中不符合要求的无用数据，然后根据不同品牌方以及媒体方的要求，为不同产品的受众推送相关信息，从而实现互联网广告的个性化定制和精准营销。

此外，数据服务公司还肩负着保护数据隐私、保障数据安全的责任。数据服务公司之所以能够成立并稳定发展，最大原因就在于它拥有无可比拟的数据库以及前沿的新型技术。技术在互联网广告数据治理中的最大优势在于可以有效防范数据隐私泄露、数据造假等行为。其中人工智能、区块链、数据中台以及数据湖等新技术已经被用于数据治理，尤其是人工智能技术以及区块链技术，在经历了一段时间的发展后，已经被运用到互联网广告的数据治理之中，例如区块链技术以其去中心化、不可篡改的特点有效防范了广告数据隐私泄露以及数据造假等问题。美国互动广告局表示区块链技术非常适合应用于数字广告供应链，借助区块链技术可以建立一个大型、稳定、高效率的分布式系统，让流量数据自动上链，链上数据一经上传便无法篡改，这就避免了通过操控后台改变数据的造假方式。

在互联网广告数据治理的组织架构中，数据服务公司作为掌握了大量核心技术的一方，不仅为活动层提供了便捷有效的技术，也为监督层提供了利用数据进行日常监测的新技术和新方法，成为互联网广告数据治理的技术支撑以及必要补充。技术的不断发展与应用推动着互联网广告行业数据的有效治理，促进了互联网广告行业生态的良性健康发展。

3. 互联网广告数据治理的活动层

活动层是互联网广告数据治理架构中涵盖主体最广泛的一层，包括品牌方、媒体方、营销方以及消费者等营销链条上的各个节点。这一层是数据的生产方也是数据的使用方，在日常工作中非常依赖数据，数据的流动也较为频繁，因此称之为活动层。活动层在数据治理方面主要负责解决如何发挥出数据的最优价值的问题，以及数据共享与协作中涉及的数据安全问题。首先在生产数据方面，主要针对的是企业，企业要不断提高内部数据处理能力和安全管理能力，高效的数据处理能力能够帮助企业快速了解"应该生产什么样的产品""已经流入市场的产品应该从哪些方面进行升级"等关乎生产的问题，从而提高生产效率，为企业带来更大的利润。其次在数据使用方面，主要针对营销方以及媒体方，它们掌握了大量关于企业产品的数据，以及消费者的年龄、性别、地区、职业等的详细数据，因此，他们在数据治理的过程中除了增强自身对于数据的辨别、分析、处理等能力外，更应该采取有效的措施保护数据安全，避免数据隐私泄露。2020 年 9 月，美国奈飞娱乐平台推出纪录片《社交困境》，以更加直观的方式展现了企业对于用户隐私的非法监听及滥用，更可怕的是用户很难意识到自己的数据是否被采集和使用，每个人在技术面前几乎是完全透明的。在当今社会，尤其是在互联网广告这样一个高度依赖数据进行营销的行业，数据隐私的侵犯无孔不入。像谷歌、脸书这类拥有数十亿用户的社交媒体，收入绝大多数来自广告，之所以能够有大量的广告投放，是因为广告主看重它们在用户的数据搜集以及分析方面的能力，它们通过对用户的各种数据以及使用痕迹的分析，展现每个人的不同特点，将其与广告主所提供的产品数据对比分析之后实现广告的个性化推送。因此，作为掌握互联网用户大量数据的营销方和媒体方，更应该尽最大可能保护数据隐私。

（二）数据治理的职责分工

1. 监督层：构建数据治理的顶层架构，保证数据生态和谐稳定

上文已提到，政府机构以及行业组织作为互联网广告数据治理的监督层，主要负责数据治理的宏观把控以及对数据治理工作的整体监督。监督层的职责具体包括以下几点。

（1）完善互联网广告数据治理专项法律框架

就各国针对互联网数据安全所制定的法律来看，欧盟的《通用数据保护条例》、美国的《消费者隐私权利法案》和《美国数据隐私和保护法案》、新加坡的《个人数据保护法》等，都对数据安全以及隐私保护做了严格的规定。近年来，我国的互联网数据治理的法律法规也在不断完善，和互联网广告数据治理相关的法律法规有《广告法》《互联网广告管理办法》等。受访者BJ11-E22认为当前我国对互联网广告的监管会涉及多个监管部门，需要明确分工、多方联合：

> 目前广告监管的主要部门是国家市场监督管理总局，专门制定了《互联网广告管理办法》。线上线下的主要监管部门是国家市场监督管理总局和各地的市场监督管理局。国家广播电视总局、国家电影局等也会管，它们管视听节目，所以也会涉及广告的管理。这就存在分工的问题，因为有些决定和政策是双方联合推出的。涉及数据安全监督的法律体系也分几个层次。国家层面的法律主要有三部，分别是《网络安全法》《数据安全法》《个人信息保护法》；国务院层面会制定一些法规来贯彻这些法律；再往下是各部委，国家互联网信息办公室、工业和信息化部是数据安全方面最主要的监管部门；另外，也可能涉及公安部等。中国广告协会也很重要，协会很活跃，在行业内有一定的发言权，但协会只能建议企业按照某个标准来执行，并不具备法律强制力。（受访者BJ11-E22）

但是，我国目前还没有专门针对互联网广告数据的冗乱复杂问题的法律法规，现有相关条文的惩罚力度缺乏足够强的震慑力，而且存在缺乏具体惩罚条例的情况。针对当前互联网广告数据治理方面相关规定的缺失情况，政府及相关部门应当积极寻求解决方案，强化和完善互联网广告数据安全与隐私保护工作。

（2）制定互联网广告数据治理统一战略和工作计划

行业组织是指由作为行政相对人的公民、法人或其他组织在自愿基础上，基于共同的利益要求组成的一种民间性、非营利性的社会团体。广告行业的主要组织包括中国广告协会，以及地方各类广告代理公司和广告从业者组成的民间组织，这些组织基于自愿的原则成立，虽然其制定的措施或条例不具有强制性，但大多数品牌方都会遵守。行业组织在数据治理工作中担负的职责主要是协同各方共同完成数据治理工作，以及与新技术联手进行数据治理的创新实践。例如，中国广告协会与中国信息通信研究院合作，探索互联网广告的数字化发展方向，共同成立了互联网广告技术实验室。主要的工作内容有：制定互联网广告行业技术标准、研发技术工具及数据服务产品、推进互联网广告国际认证、建立中国互联网广告认证体系、开展数字营销职业技能培训、建立互联网广告内容合法性监测预警平台、搭建以新技术为核心的数据保护与监测系统七个方面，从而打造中国互联网广告以数据为核心的发展体系。中国广告协会紧紧抓住数字化时代对互联网广告的新要求，率先开始探索，为各级广告部门指明了新的发展方向，提出了新的工作要求。广告行业组织作为行业内各方共同组成的民间组织，应该肩负起数据使用处理各个环节的监督工作，保证互联网广告对数据的合理应用，营造和谐有序的互联网广告数据环境。

（3）完善互联网广告数据治理的日常监测体系以及违规数据投诉流程

监督层与技术部门合作搭建互联网广告数据治理的日常监测体系，对全行业的数据工作进行全方位的监控，及时发现其中不符合规定的程序和步骤，同时对行业内企业的数据处理过程进行监督，及时发现数据造假以及隐私泄露等违规行为。此外，全方位的互联网广告数据治理监测工作量大，仅凭行业组织的力量难以实现。因此，互联网广告行业组织应该和相关政府部门合作，建立完整的违规数据投诉流程，确保消费者和企业在意识到自身权益受到损害后能第一时间申诉，并且能够在最短的时间内获得相关部门的帮助。此举旨在为全行业的互相监督提供简单便捷的举报服务，确保数据违规行为在萌芽阶段就能得到遏制，从而保障数字化广告生态的健康和谐。

2. 数据层：整合业内数据，保证有效的数据分析和共享

随着智能媒介终端的多元化以及移动端用户的跨平台媒介使用，数据的整合与分析的难度越来越大，而且部分企业规模较小，缺乏相关能力和技术，这为数据服务公司的产生带来了机遇。数据服务公司通过连接各种用户的多方面数据，全方位展示用户的行为模式以及消费偏好，使得立体化的用户形象呈现在我们眼前。掌握了大量原始数据的数据服务公司在互联网广告数据治理中主要的职责是

利用新技术高效采集整合数据、进行有效的数据共享、推进不同企业间的数据协作。

（1）以技术手段为支撑，有效整合行业数据，促进数据分析和共享

随着 5G 技术和移动端媒体的发展，用户在不同平台产生的数据越来越多，数据的采集与整合也越来越困难，这对数据服务公司在数据的精准化、有序化治理方面提出了越来越高的要求。数据服务公司要不断推进互联网广告数字化进程，同时不断创新，将数据资产化，打造服务于数据的一体化平台。2021 年第六届中国大数据产业生态大会上，普元信息第六次被评为"中国大数据企业 50 强"，普元信息的数据治理产品也获得了国家级的认证。普元信息以融合创新的方式，为客户提供优质的数据治理产品和解决方案，服务贯穿于数据的采集、传输、汇聚、清洗、服务、共享的一体化链条中，为客户带来海量、有序的数据信息，从而有效地应对数字化营销带来的挑战。

帕兰提尔公司成立于 2004 年，公司成立之初，飞速发展，估值一路飙升，但是，在 2016 年和 2017 年，帕兰提尔公司的业务增速明显放缓甚至出现停滞的迹象，还被卷入脸书和剑桥分析公司的数据丑闻中，在所有人都认为公司即将倒闭时，其引入了新的云计算技术，赢得了大量的客户。2016 年，帕兰提尔公司推出了全新的具有微服务架构的通用云原生软件平台 Foundry，该平台可以无缝连接销售、营销、生产的不同部门的前端数据库以及公司的外部数据，是一个可以转变企业运行模式的中央数据操作系统，正是该平台把帕兰提尔公司从困境中解救出来，也为其开辟了新的发展方向。2021 年，帕兰提尔公司分别与亚马逊和国际商业机器公司合作，致力于不断提高自己的数据整合分析能力，并加强业务的拓展。帕兰提尔公司成立至今，每一次重大的转折都离不开技术的支持，对于帕兰提尔来说，新的数据整合技术已经在路上了。技术作为数据整合与分析的一种手段，帮助企业不断适应大数据时代的发展需求，如果没有技术，再强大的企业也会在数字化浪潮中被淘汰。

以数据为依托的数据服务公司应搭建自身的数据采集通道，有效整合行业数据，并对自身所收集到的各类数据进行统一的分类汇总，打造专业的数据产品体系，从而保持自己的技术能力优势，稳定地测量产品、消费者以及各类媒介的数据，为合作品牌提供真实、准确、有效的行业数据，进而推动产品数字化营销的进程。

（2）借助新兴技术，维护数据安全，规避数据造假

伴随着数据技术的发展，第三方数据监测机构的数据治理不仅仅局限于数据的采集、挖掘和整合方面，在维护数据安全以及规避数据造假方面，第三方数据监测机构也发挥着重要的作用。海量的数据中掺杂了众多虚假无效数据，唯有技术才能精准有效识别。第三方数据监测机构采用数字识别技术，对内部数据进行自动识别并标记，定期对敏感数据进行监测，对未标识的数据进行审核，有效识别虚假数据，避免资源浪费。

第三方数据监测机构拥有从不同渠道收集的大量的原始数据，高效的数据防御体系是任何一个第三方数据监测机构建立的必要条件，第三方数据监测机构一般掌握着网络防火墙、数据加密等前沿技术，对于数据安全的治理有着极大的话语权，并且完全有能力构建数据安全解决方案。比如我国第三方数据技术公司精硕科技在不断完善企业内部的数据监测机制的同时，还成立了数据安全委员会，不断优化相关制度、应急方案以及技术架构，构建了包括网络安全、主机安全、应用安全、数据安全及管理安全在内的数据安全解决方案，全方位进行数据安全治理。①

在规避数据造假方面，第三方数据监测机构的技术也在不断提升，实现了跨平台的异常流量监测。目前，人工智能技术已经在社交媒体平台广泛运用，能够精准识别敏感词汇，自动识别数据欺诈并排除干扰，还能对异常数据进行实时监测，防范数据造假。广告追踪公司 Adometry 主要为客户提供互联网广告的追踪服务，该公司收集各类与广告或营销相关的用户行为数据，并对其进行持续的分析，从而保证自己所提供的数据完全真实有效，不掺杂任何虚假成分。精硕科技在其发布的《2018 上半年 OTT 大屏广告监测报告》中提到，2018 年上半年异常流量在 9%左右，精硕科技的跨屏监测技术尤为成熟，通过同一局域网将电视屏与其他屏幕进行连接，并进行本地的广告监测，从而有效防范数据造假行为。②

3. 活动层：处在营销链上的各个主体在发挥自身作用的同时也要通力合作

品牌方、营销方、媒体方以及消费者都是广告营销链条中的重要节点，同时

① 刘晓. 生存空间窄化, 第三方数据服务商如何应对?[J]. 媒介杂志, 2020(6): 58-61.
② 张艳, 王超琼. 互联网广告数据治理的智能技术应用——基于防范数据造假的视角[J]. 青年记者, 2020(15): 84-85.

也是互联网广告数据治理架构中活动层的重要组成部分，但是由于它们所处的立场不同，在数据治理方面的分工也就不同，担负的职责也会随着立场的变化而变化。

（1）企业：建立完整的数据治理体系，促进企业数字化转型

在互联网广告的架构中，企业既是数据的提供者也是数据的需求者，但目前我国绝大多数企业缺乏较强的数据处理能力，多依靠数据服务公司。随着数字化进程的不断加快以及数据服务公司的不断转型，企业想要在数字化转型中处于先列，就必须建立自己的数据治理体系，不能仅仅依靠数据服务公司。

早在2017年，华为提出数字化转型之后，就将数据治理作为企业数字化转型的目标之一，在华为的数字化转型蓝图中，有4项举措涉及数据治理和数字化运营，这是华为数字化转型的关键，包括打破数据孤岛、确保源头数据准确、促进数据共享、保障数据隐私与安全等。从2007年至今，华为已经系统地建立起集数据分类与结构化管理、数据服务与数据安全防护以及隐私保护于一体的完整数据治理体系，主要包括对企业内部基础数据的分类管理、对结构化数据和非结构化数据的管理以及对外部购买的数据的治理，以持续提升数据质量，保证数据在全公司内的迅速流通，同时不断利用新技术整合数据，提前洞察市场，完美实现了数据的自助共享与安全透明的目标，保证了数据的安全准确，为企业的数字化转型奠定了坚实的基础。在海量数据数字化营销以及场景化营销中，华为依托自身强大的数据处理能力，最大限度地挖掘数据价值，不断提升内部的运营效率，走在了行业的前列。

（2）媒体：提高数据整合分析能力，防范数据造假与隐私泄露

随着移动终端的不断发展，用户的跨媒体或跨平台媒介使用已经成为常态，互联网媒体是大数据时代不可或缺的力量之一，数据治理是媒体在数字化时代不可或缺的技能，媒体作为联系产品与消费者的桥梁，掌握着大量的产品与消费者数据，媒体对于数据治理的职责主要包括有效整合分析数据以及保证数据安全两个方面。

媒体凭借自身多样化的产品和服务，吸引了大量用户，尤其是社会化媒体，往往涵盖数十亿用户，通过对每一个用户长时间媒体使用情况的日常监测，持续积累数据，面对如此海量的数据以及自身发展的需要，媒体的数据处理能力必须不断提升，从而建立起完整的数据处理系统。谷歌作为互联网媒体公司巨头之一，

在数据处理能力方面也是行业领先者,成立于 1998 年的谷歌公司迄今为止已经拥有数十亿用户，其依托丰厚的用户数据积淀建立了扎实的数据处理架构，完整的数据处理结构、先进的技术为谷歌的用户数据立体化分析提供了支撑，为谷歌的合作方广告的投放保驾护航。2019 年，谷歌将商业营销板块的数据产品进行了重组，重组后的谷歌在线营销生态主要涵盖三部分产品：谷歌广告投放平台、广告管理平台以及谷歌一站式营销管理平台。①重组后的谷歌营销生态使广告方、广告资源与消费者数据直接连接，广告主可以直接在平台上选择合适的广告资源以及消费者数据进行广告投放。谷歌依靠强大的数据整合能力打造了一站式数据采集服务、广告购买服务以及数据监测服务。此外，谷歌不仅局限于用户数据的整合，对广告资源数据的整合能力也进一步提高，Display&Video360 和 Search Ads 360 数据处理工具的使用，让广告团队、代理机构和媒体团队只需使用一个平台就能够有效协作，完成广告系列的制作、投放等全部环节。依托数据处理能力的自动化广告资源售卖系统为客户提供了更加便利的服务，实现了谷歌的数字化转型。

同时，对于掌握大量用户数据的社交媒体来说，数据安全问题的解决也是重中之重。如何精准识别用户数据，防范数据造假，以及如何保护用户的数据隐私是媒体应该思考的两个主要问题。2021 年 4 月，脸书再次被曝出隐私泄露问题，106 个国家的约 5.33 亿用户的个人数据都遭到泄露②，其中包括用户的电话号码、电子邮件地址、家乡、姓名和生日等较为隐私的数据信息，脸书产品管理总监迈克·克拉克指出是网络犯罪分子通过联系人导入系统进行数据非法搜集，然后再组合成不同的数据集出售，最终脸书被处以 2.65 亿欧元的罚款。③面对层出不穷的数据泄露事故，保护数据隐私安全是任何一家媒体都不可推卸的责任，媒体应该坚持创新，与先进技术实验室达成合作意向，利用人工智能、区块链、隐私计算等先进技术，有效保护数据采集处理和协作共享的工作过程，为媒体用户的数据隐私护航。

（3）消费者：标记敏感数据，保护个人隐私

消费者作为数据时代相对弱势的一方，没有能力也没有必要耗费大量的物力

---

① 周晓琳, 周艳, 吴殿义. Google: 互联网巨头的数据生态[J]. 国际品牌观察, 2020(33): 27-34.

② 光明网. 泄露 5 亿用户数据，脸书被欧洲监管机构罚款 2.65 亿欧元[EB/OL]. https://m.gmw.cn/baijia/2022-11/29/1303209037.html, 2022-11-26.

③ 光明网. 泄露 5 亿用户数据，脸书被欧洲监管机构罚款 2.65 亿欧元[EB/OL]. https://m.gmw.cn/baijia/2022-11/29/1303209037.html, 2022-11-26.

财力运用新技术建立数据库，作为亿万消费者的一员，我们需要做的就是擦亮眼睛，有效识别虚假数据，尽最大的努力，保护自己的隐私数据。

在互联网消费遍地开花的今天，"大数据杀熟"现象较为普遍，即使是一些大的互联网媒体平台，也存在这一问题。作为消费者，在自己的权益受到损害时，要敢于拿起法律的武器来保护自己的权益，避免被"割韭菜"。此外，消费者在日常网购或上网时要注意保护自己的隐私数据，在给平台授权时要注意识别敏感权限，虽然有法律的保护，但我们仍然要有高度的防范意识，避免自己的隐私被泄露，避免陷入数据造假或非法采集数据的陷阱；同时，遇到数据造假或数据隐私泄露等问题时，要积极向有关部门举报，为互联网广告数据治理尽一份绵薄之力，共同营造天朗气清的网络环境。

第二节　互联网广告数据治理的制度保障建设

虽然数据已经成为整个互联网广告行业不可或缺的重要生产力，但是在数据应用的过程中，数据产权纠纷、大数据杀熟现象以及个人信息泄露等问题层出不穷。所谓无规矩不成方圆，互联网也并非法外之地，互联网广告行业亟须建立一套专门的数据治理机制，有效健康的数据治理机制能够充分发挥数据作为生产力的作用，促进互联网广告在数据时代顺势而行。

一、建立具有行业特征的数据治理机制

不同领域的数据治理制度的建设需要结合各自的行业发展特征进行。针对互联网广告领域数据基数大、对流量要求高等特点，以及当前互联网格局的变化和互联网广告与互联网营销边界不断融合的现状，亟须建立一套具有互联网广告行业特征的数据治理机制。

（一）权责明晰的认责机制

互联网广告数据治理需要一套权责明晰的认责机制。数据认责源于国际数据管理协会发布的《DAMA 数据管理知识体系指南》中数据管理专员以及数据管理

专员责任制的相关内容，就是指为企业数据资产管理而分配、委托的业务职责和正式的认责。①直白来说，数据认责就是在互联网广告领域着手建立数据治理机制之初，对于数据资产的相关权利和责任的明确，包括数据运用、管理和收益的权利以及进行这些数据活动所要担负的责任。

谈起互联网广告数据治理的认责机制，"数据产权"是无法避开的问题。在大数据时代，大数据的价值是其他产品所无法比拟的，数据的资产化使得大数据的价值得以通过可视化的方式进行精确计量。数据产权的核心问题涉及数据的所有权、使用权以及收益权。②特别是在互联网广告领域，多方主体以及多种类大体量的数据使得数据的产权问题更加模糊不清。其中数据的所有权指的是数据归谁所有，在互联网广告营销策略的制定过程中，要明确互联网广告行业各方，如广告主、媒体平台、广告代理公司等，到底谁对数据享有所有权，应根据数据的来源、生成方式、投入成本等因素综合判断。在数据的使用权方面，互联网广告领域主要涉及的是消费者和企业（此时广告主、媒体、广告代理公司统称为企业）的矛盾。互联网的每一个个体都会是互联网广告的目标受众，他们在无形之中所提供的使用偏好数据、健康数据、支付数据等等会被各方网站或 APP 收集。但是，这并不意味着企业可以随意使用这些数据，企业有权对其收集到的数据进行后续日常销售的运用，但更有义务对这些数据进行保密和维护，最大限度地保护数据的安全。数据的收益如何分配的问题是整个数据产权问题的关键所在，数据产生的巨大收益使得数据链条中的各主体都想要争夺"蛋糕"，但是在以往的案例中，数据的收益权一般归属于数据的收集者或者实际控制者，也就是说数据的收益是对数据进行加工处理的劳动的报酬，同样，有权利获得收益就必然有义务对数据负责。

总之，互联网广告数据治理的认责机制所遵循的原则应当为"谁受益，谁负责"。在互联网广告行业中，营销链条与数据链条并非相互独立，而是有着千丝万缕的联系，因此，数据治理的认责也应当注意到全员性的问题，以数据的受益方为主要代表，其他各方只要应用了数据，就应当为自己工作所涉及的部分数据负责，实现"认责到岗"，进一步明确和落实数据治理的相关责任。互联网广告

---

① DAMA International. DAMA 数据管理知识体系指南[M]. 马欢, 刘晨等, 译. 北京: 清华大学出版社, 2012: 28-30.

② 张莉. 数据治理与数据安全[M]. 北京: 人民邮电出版社, 2019: 74.

数据治理的认责机制能够有效促进数据的安全有效运用，规避数据所带来的各项风险，让数据作为生产力产生最大价值。

（二）实事求是的创新机制

创新是发展的动力，任何一个行业的进步都需要创新，数据治理也是如此。随着技术的发展以及全球化进程的加快，数据体量愈发巨大，流动也愈加迅速，为数据的治理带来重重困难。因此，在互联网广告行业数据治理之初，就要坚定地将创新机制引入，利用新技术手段以及新的管理制度，应对互联网中纷繁复杂的大数据，从而保证数据治理的有效性。

本书所提到的互联网广告数据治理的创新机制主要包括制度与技术两个方面。就制度层面而言，创新机制指创新数据治理制度，数据治理在各行各业已经不是一个新词，在学界也已经是众多学者热议的话题，但是互联网广告领域数据治理体系的建构需要创新。一方面，除了前文提到的数据治理的一般组织架构，还可以在数据治理体系构建时加入数据管理委员会，设立数据管理专员，专门负责数据的分配以及监督数据的应用，为数据的安全保驾护航。另一方面，数据治理体系也需要创新，互联网广告数据治理体系的搭建不能按照其他领域的数据治理架构生搬硬套，也不能完全依赖于更加抽象的、适用于各行各业的统一体系。在互联网广告运行体系中，数据的运用与其他行业截然不同，区别于其他领域的公司内部的数据流动，互联网广告的运行需要数据在三方甚至更多方之间流动，数据治理体系的构建要考虑到更多主体的利益，同时也要协调各方的关系，既要保证数据的高效利用，又要保证数据的安全有效。

就技术层面而言，创新机制指的是在互联网广告的数据治理过程中，引入相关的先进技术作为工具，实现数据的有效治理。当前数据治理领域，较为通用的是数据中台技术，数据中台是相对于市场的前台和企业内部的后台而言，为市场数据和企业数据搭建相互联系的桥梁。在互联网广告数据治理过程中，数据中台的搭建也是非常重要的，但是互联网广告的数据中台是针对前台媒体与后台企业而言，是搭建媒体与企业数据沟通的中台，使媒体与企业能够实现数据的沟通与交流。当数据的采集、交流、传输以及运用都在一个平台上完成时，数据管理的效率就会大大提高，数据造假、数据泄露以及数据安全等问题可以得到更好的解决，甚至可以利用技术手段从源头制止，最大限度保障数据的安全以及数据治理的效率。此外，互联网广告所用到的数据大多都是消费者的相关数据，涉及个人隐私较多，面对网络爬虫等新兴技术给数据治理带来的新的挑战，我们需要明确数据的获取原则，制止利用技术随意抓取数据的不正当行为，甚至可以通过相应的算法，在数据未被窃取时便采取相应的措施，有效地防范数据泄露给消费者以及产品带来的负面影响。

（三）高度完善的保障机制

良好的数据治理体系的建构不仅需要行业的高度自律，完善的制度保障与法律保障同样重要，传统意义上的严格审查与契约精神同样不可或缺。如今，互联网广告数据治理体系需要寻求公私协同治理的良好生态。

在互联网广告营销过程中，媒体和第三方数据监测机构掌握着大量的用户隐私数据，用户个人信息泄露的风险无处不在。媒体会向付费者即广告主精准提交每一个用户的偏好数据，从而实现广告的精准推送。涉及大量用户隐私数据的互联网广告营销流程加剧了个人隐私泄露的风险。2021年4月，大约5.33亿脸书用户的个人信息在黑客论坛泄露，脸书首席执行官扎克伯格的手机号码也在其中。这样大规模的数据泄露对脸书来说是一场巨大的打击，同时极有可能增加社会的不安定因素。扎克伯格发布声明表示脸书的数据泄露源于第三方应用的接入制度不完善。脸书的数据泄露事件也表明仅仅依靠平台和第三方的协议来保证大量隐私数据的安全是不够的，当双方协议信任破产时，用户便处于"裸奔"状态。

在整个互联网广告数据治理过程中，法律是数据治理的最有力保障之一，互联网广告数据治理需要有法可依。消费者的个人信息保护相关立法工作也是保证数据安全的重中之重。2012年《全国人民代表大会常务委员会关于加强网络信息保护的决定》审议通过以及2016年《网络安全法》颁布之后，各项个人信息保护条例相继出台，规定任何数据的使用和公开，其使用的目的、方式和范围必须经过消费者同意，明确了互联网企业在采集、使用个人信息时应遵循的各项要求，以及违反这些要求所需承担的法律责任，杜绝数据的不正当利用以及使用数据谋取不正当利益的行为。值得注意的是，我国相关行政部门还陆续出台了针对银行机构的《人民银行关于银行业金融机构做好个人信息保护工作的通知》、针对征信机构的《征信业管理条例》、针对电信从业者的《电信和互联网用户个人信息保护规定》等。①但是在互联网广告领域，我国目前还没有一项专门针对互联网广告数据应用的法律法规，广告主或媒体在数据使用过程中的数据保护多依靠行业自律。

因此，我们需要在互联网广告数据治理制度框架中搭建从上到下的完善的保障机制。针对互联网广告营销活动对数据量以及个人隐私数据的需求，考虑到日常广告推送中数据运用的特点，我们应建立属于互联网广告领域的完善的数据治理的制度体系和保障机制，既保障日常广告营销活动中数据使用的合理、合法、合规，又保障日常数据治理有法可依，从而保证数据治理工作有效进行。

（四）全方位的立体监督机制

我们所谈到的互联网广告数据治理的根本目的就是保证数据的安全以及数据的有效利用，在我们所搭建的数据治理体系中，监督机制必不可少。完善的监督机制的运行可以给数据使用方及数据所有方一定的压力，保证在营销过程中的数据安全，防止数据滥用。

监督机制与上文提到的保障机制有很大区别。上文中的保障机制主要指的是在数据治理体系搭建之初的根基或者在广告营销流程开始之前就已经明确的必须要遵守的相关规定，是因数据问题产生冲突或者已经造成某一方的损失后，追责、问责的依据。监督机制主要应用的时间是从整个互联网广告的营销流程开始到流程的结束，当产品在互联网上的营销完成之后，监督机制便会退出。监督机制负责监督整个营销活动进行时的各项数据使用的合规性，避免出现数据泄露、数据造假以及数据滥用的现象，保证数据被合理、合法、正当使用，保护数据为产品营销带来的独特价值。

监督机制是相对于第一节组织架构的监督层来讲的，就是指监督层如何行使监督权的相关制度或规定。上文中提到，我们在搭建互联网广告数据治理的组织架构时，添加了由政府以及行业组织组成的监督层，负责对整体营销流程中的数据进行宏观把控，以及监督运行流程的规范性和合法性。以"大数据杀熟"现象为例，一些打车平台或点单平台把收集到的大数据进行比对，将一些优惠券或其他优惠发放给新客户，而老客户需要支付的价格则相对较高。这显然是对数据的不正当利用，损害了一些消费者的权益，需要监督层及时检查并阻止。相关监督

机构可以通过数据的监测以及用户的反馈或区块链等技术对数据进行整体把控，及时发现并制止不当行为。此外，监督层还可以制定相关规定，例如规定媒体所收集到的消费者数据只能作为精准投放广告的依据，不能通过其他渠道获得收益。

受互联网发展的商业模式以及数据技术门槛的限制，行业内少数经济实力雄厚的互联网公司掌握着多数数据资源，广告主为了提升广告效果，不得不选择掌握数据更全面的公司，在过去很长时间里，数据垄断、数据滥用、掠夺性定价等问题充斥着整个互联网行业，甚至有部分互联网公司为了获取高额的广告费和企业赞助而进行数据造假，这些数据垄断和不正当竞争行为危害整个互联网广告行业，也是互联网广告数据治理的监督层的职责所在。以"二选一"为例，应该坚决反对网络平台单方面强迫商户进行"二选一"的行为，因为"二选一"的结果必然是强迫商家留在大平台而退出小平台，小平台与大平台之间的差距会越来越大。[①]这是典型的互联网平台依靠自身强大的客户源数据进行的垄断行为，不仅不利于广告市场的竞争，也不利于整个互联网广告行业的发展。

值得注意的是，我们所建立的监督机制并非要打造"一管就死"的生硬局面，而是以调查促进监管，当发现数据遭到不正当利用时，我们要主动进行沟通协调，甚至在算法技术监测到数据使用出现小偏差时就及时纠正，从源头上以及活动中避免数据滥用和数据不正当竞争现象，从而保障互联网营销活动过程中的数据真实与数据安全，享受数据为广告业带来的最大价值。

二、构建互联网广告行业的数据标准管理流程

行业标准的建设与落地，离不开科学合理的管理流程，这在行业主体间已达成共识，如受访者 BJ08-E20 所述：

> 针对中国广告监测缺乏标准的情况，中国广告协会建立了互联网广告数据服务平台，并与中国信息通信研究院成立互联网广告技术实验室，组织行业各界力量积极开展我国互联网广告标准化建设工作，推动标准

---

① 王晓晔. 数字经济反垄断监管的几点思考[J]. 社会科学文摘, 2021(8): 71-73.

的建立和落地。但仅有标准是不够的，还需要一个科学的验证及推动企业达到标准的流程。这也是我们在中国广告协会互联网广告数据服务平台上做的工作。（受访者 BJ08-E20）

构建互联网广告行业的数据标准管理流程，可以从互联网广告数据治理的"质量"与"管理"两方面着手，为日常的数据治理工作搭建更加完整有效的管理流程，保证数据质量以及数据的价值。

（一）构建互联网广告传播中日常数据质量监测体系

秒针系统联合《中欧商业评论》发布的《2020 中国异常流量报告》显示，2020 年中国品牌广告市场因异常流量遭受的损失约为 305 亿元，其中垂直媒体和广告联盟是异常流量的重灾区。[①]互联网广告市场的异常流量日益增多，因此在日常数据治理流程中，数据质量的监测就变得尤为重要，我们需要从源头和流程进行全方位管控，严防数据造假和数据异常现象的发生。

1. 建立个人身份认证机制，保证数据来源真实

完善数据治理，提高数据质量，应从数据源头进行。互联网广告营销所需要的数据大多是消费者的使用数据和痕迹数据，广告代理公司根据这些数据绘制出详细准确的用户画像，并进行相关数据的分析，从而深入研究用户的日常使用偏好和行为习惯，指导广告投放和营销策略的选择。然而，我们在日常使用互联网时不难发现，大量互联网用户的个人信息完善度极低，一些 APP 为了扩大自己的用户量会进行虚假用户注册，还有部分用户为了博取流量会盗用他人的个人信息或作品创意，甚至还有一些账号专门为了抹黑明星或网红产品而存在。这些异常行为加大了我们收集用户数据的难度，收集到的数据的真实性与说服力下降，数据的真实性也成为数据治理首先要面对的挑战。个人身份认证机制的构建，有助于确保互联网中每一个 IP、每一个用户都是真实存在的，而非虚拟的，从而保证我们所收集到的用户数据真实有效。

随着物联网和 5G 等新兴技术的出现，人工智能技术成为互联网用户身份识别必不可少的工具之一。我们可以运用智能技术手段，分析用户在平台上的行为

---

① 张云山. 去年异常流量造成损失高达 305 亿人民币，为近三年最高[EB/OL]. https://www.thehour.cn/news/434867.html, 2021-3-31.

特征、内容偏好、访问频率等，对可疑用户进行标记，从而有效识别平台上的虚假用户。在数据采集阶段，我们可以根据日常的标记进行筛选，从源头上保证数据的真实性和可靠性。例如，人工智能公司维择科技开发了无监督机器学习算法，建立了 AI 一站式检测平台，通过分析用户 IP、邮箱、行为模式等特征，找出传统检测方法不易察觉的细微链接，发现数据造假用户之间的微妙关联，并在群组中自动分析发掘新型欺诈模式，可以帮助广告主实现早期检测与未知欺诈检测，以全面洞悉媒介全局动态；第三方机构艾瑞睿见利用自定义目标人群筛选、描绘 APP 用户画像等智能技术实现了多元跨屏数据洞察的目标；被谷歌收购的广告追踪公司 Adometry 专门为客户提供互联网广告"归属服务"，可以帮助追踪与广告、视频平台、各种移动端以及其他营销工具有关的用户行为，为营销者进行数据监测以及跨平台决策提供强大的归因分析服务。

此外，除了利用智能技术进行身份识别外，推进用户身份统一认证和 IP 地址识别在应对虚假数据源方面同样必不可少。现今，众多社交平台在不断完善用户的身份认证，要求用户进行实名认证，甚至还有部分 APP 已经应用了生物认证技术。但是，由于互联网广告多以第三方链接形式接入各类社交媒体平台，并且借助用户的分享、转发进入其"朋友圈"进行传播，当平台上的身份认证不被授权时，极易产生虚假数据和重复数据。例如，没有经过平台认证的虚假用户的信息也会被采集，同一用户通过不同渠道对同一个广告的多次点击也会被多次采集，从而产生了重复数据，加大了后期数据处理以及数据筛选的难度。此时，搭建用户统一身份认证平台以及 IP 地址识别系统就显得尤为重要。首先，可以联合多方平台共同搭建适用于各方的身份认证平台，例如《和平精英》《王者荣耀》等游戏的身份认证都是通过微信的统一身份认证平台来完成。统一身份认证平台有效防止了网络刷单中虚假用户的信息干扰，在一定程度上保障了信息安全。IP 地址识别系统是利用技术手段识别同一 IP 地址的不同身份的用户行为。一个用户只有一个固定的 IP 地址，当用户在不同平台进行相同活动时，系统可以有效筛选数据，避免数据重复所带来的无效收集问题。

完善的个人身份认证机制有效预防了用户画像采集过程中的数据造假及数据重复等问题，是大数据时代保证数据质量的关键，为数字营销提供了更加广泛坚实的数据支撑，真实有效的数据推动了互联网广告领域良好数据生态的构建。

2. 建立数据质量评估系统，为广告主提供个性化定制数据库

在互联网广告这一特殊领域，数据质量监测通常只在公司内部进行，面对收集到的纷繁复杂的大数据，我们亟须建立一套各方都能够认同的数据质量评估系统，以识别异常数据，保障进入后续营销活动中的数据真实有效。

目前为止，最权威的数据质量评价指标是由国家市场监督管理总局和中国国家标准化管理委员会发布的《信息技术 数据质量评价指标》，包含规范性、完整性、准确性、一致性、时效性、可访问性六个指标。六个指标基本保证了数据来源的真实规范、数据的有效以及数据的及时准确。在数据质量评估的初始阶段，这六个指标就能帮助我们筛选出明显异常的信息，从而保证数据的初步有效。

互联网广告领域对用户的使用偏好数据的质量要求很高，因此，除了统一的数据质量评价指标外，还需要一套能够迅速提取相应数据的质量评估系统。也就是说除了通过数据质量评价指标对所采集到的或者进入营销流程内的数据进行日常的评估监测外，我们还应该考虑所采集到的数据是否与产品的目标消费者或潜在消费者相符，即我们采集到的是否是目标消费者或潜在消费者的个人用户画像数据。互联网营销的目的是针对消费者进行个性化定制的广告投放，实现精准营销。因此，即使数据真实有效，但如果不是目标消费者的相关数据，在互联网广告领域同样是无效数据。例如，阿里巴巴研发的达摩盘——一个专门的广告数据系统——在数据的筛选以及人群画像的描述上都极其细致，并且还包括一些对商家很重要的数据，例如店铺的消费者、广告的触达率、行业潜在消费者的渗透率等。全方位、针对性的数据采集和筛选系统使达摩盘能够为广告主提供高质量的电商消费者数据，也成为阿里系中商家频繁使用的数据工具。

如果说真实、完整、规范、有效的数据是互联网广告数据质量评估系统的基础的话，那么与广告主目标投放需求相适应便是互联网广告数据质量评估系统的关键所在。数据质量评估系统的构建完全可以实现在应对虚假数据、无效数据等异常数据的前提下，根据不同产品的调性与目标消费者的需求，为广告主提供个性化的定制数据。广告行业作为服务业，只有为广告主筛选出他们所需要的目标数据，才能完成互联网广告的营销，取得良好的广告效果。

（二）全视角监管日常数据质量监测体系

互联网广告日常数据质量监测单靠任何一方或任何一步的数据监管都无法完

成，面对日益庞大的数据库以及涉及各方利益的复杂营销流程，即使是一点小小的数据误差都有可能使整个互联网广告营销策略崩溃。因此，在互联网广告数据治理流程建设中，必须全视角监管日常数据质量监测体系，全方位把控整体营销数据流程。

1. 清洗源头数据，识别无效信息

人工智能技术逐渐普及，在各行各业都掀起了数字化浪潮，互联网时时刻刻都在产生着大量新数据。面对海量的数据，如何采集到准确有效的数据并进行简单的数据筛选是互联网广告数据治理首先要解决的问题。

面对互联网上杂乱无章的数据，在数据采集之初就需要有明确的要求，不能随随便便笼统地收集。例如，数据量所包含的主体必须是产品所有的目标消费者，数据需要满足广告主的营销要求、数据的时效性以及针对性等。

源头数据治理首先要保证能够挖掘到足量的数据。当数据量越来越大时，所包含的有效数据才会越来越多，这样才能为后续广告数据治理工作提供支撑。当前，互联网数据采集使用最广泛的技术是网络爬虫技术，爬虫技术可以按照一定的要求对网页上的数据进行爬取，然后通过结构化的方式统一处理保存。将海量的非结构化数据同时收集，再根据消费者的职业、年龄、习惯等特征进行分类提取，保证覆盖后续广告营销工作所需数据类型。

采集到大量数据之后，便需要进行数据清洗。数据清洗是指对所采集到的数据进行重新审查和校验，剔除重复、存在错误或不符合要求的数据，保持数据的一致性。例如对回收的消费者问卷数据进行采集之后，数据清洗的主要工作便是对机器人作答数据、问卷回答不合逻辑的数据进行筛选。目前较为常用的数据清洗软件主要有 Navicat 和 SQL。[①]数据清洗是数据处理的第一步，也是保证后续数据结构正确最重要的一步，高效的数据清洗可以有效避免之后数据整合分析时产生结构性错误，避免数据错误导致的广告成本的增加。

2. 整合已有数据，提升工作效率

纷繁复杂的数据无法直接用于指导后期的营销策略，我们需要找出看似不相干的数据背后的逻辑关系与本质规律。只有看清隐藏在数据背后的真相，

① 刘小茵. 云端数据治理[M]. 北京: 电子工业出版社, 2017: 167.

才能挖掘数据的价值。

目前，数据整合最普遍且有效的方式就是打造行业内专属的数据库，建立数据整合平台。数据库的建立不是一朝一夕就可以完成的，而是需要逐步积累，例如在日常工作中把经过清洗筛选的数据直接整合，并按照一定的要求进行分类，方便广告主在后期投放广告和精准营销时进行选择。谷歌公司之所以能够在搜索引擎领域获得巨大成功，一定程度上是因为其采用先进的大数据技术管理极其庞大的数据库。谷歌在2018年正式发布可视化数据处理工具Data Studio，Data Studio可以整合脸书、谷歌、油管等平台的营销数据并进行整合分析处理，还可以提供针对广告主需求的各类数据报告模板，帮助判断产品当前的营销状况，在营销过程中通过数据进行进一步的判断，进而将数据结果用于后续的营销广告策略之中。

大数据的核心价值之一在于预测。通过对数据的整合，可以及时发现数据背后的因果关系或相关关系，从而进行预测性的广告投放或生产。例如全球最大的零售商沃尔玛所拥有的超大型历史交易数据库，记录了每一个消费者的购物清单、消费额、消费时间、年龄、职业等特征，甚至还包括天气、环境状况。沃尔玛通过对后台的数据整合分析发现，啤酒和尿不湿在周末的销量会同时增长，购买者多为已婚男性，体育比赛节日前增长趋势会更明显，于是营销经理将妇婴用品与酒水饮料的柜子摆在一起，并且在周围摆放小零食，大大提高了超市的营业额。看似毫不相关的啤酒与尿不湿，在数据的整合分析过程中，产生了相关关系，沃尔玛利用这种关系有效地指导营销，提高了广告的效果。

3. 管理共享数据，避免数据孤岛

大数据时代，不流动的数据就像一潭死水，总有一天会丧失自己的全部价值。互联网时代，任何一家企业、任何一个行业都不可能独立于其他企业、行业而单独存在，每一个企业或行业的发展进步都离不开其他企业或行业的支持，需要获得其他领域的信息。数据需要在不同行业、不同企业之间相互流动，但"隔行如隔山"，任何领域的数据都需要用专业的知识进行分析整合，尤其是互联网广告这一需要了解各方前沿信息的特殊领域，数据的开放共享与交流更加重要。

在2018年全球新兴科技峰会上，有着"互联网之父"称号的蒂姆·伯纳斯·李谈道，互联网的发展产生了非常重要的长尾效应，不同规模的企业都有

自己的生存空间，但是在大数据时代，长尾效应失效了。[①]由于规模较大的互联网公司拥有更多的用户，所采集到的数据也更加完整全面，广告主会更愿意在这些头部平台上进行广告的投放和营销。久而久之，这些规模较大的公司所收集到的数据越来越多，所占据的市场份额越来越大。某些公司为了保持自己在竞争中的优势地位，会封闭自己的数据信息，使得其他公司无法连接，甚至用户也无法左右自己的数据，逐渐形成了数据孤岛现象。

其实，哪怕处于垄断地位的企业也无法完全掌握所有的数据，数据的不流动只会加剧数据浪费，只有开放共享的数据才能创造更大的价值。目前，一些头部互联网企业已经认识到这一点，并且主动开展数据开放共享活动，甚至有一些企业开始推动数据的跨境流动。例如，腾讯集团举办的"腾讯技术开放日"活动，清华大学邀请业界和学界共同举办的"大数据开放日"活动，对促进数据的交流、数据技术发展的沟通具有良好的效果，并且为不同领域的企业提供了更多的合作机会。

数据的开放共享为互联网广告提供了更加丰富和更加全面的消费者数据。广告主不再为了整合各方资源数据而耗费不必要的人力物力，数据的价值将会进一步提高。例如在日常生活中，当你在手机浏览器中搜索一件商品时，打开淘宝，推荐里可能就会有你刚刚搜索的商品，这就是数据共享，通过一定的算法，浏览器与淘宝在极短的时间内完成了数据的交换，为消费者提供了更多的便捷，在不影响营销效果的前提下，降低了广告营销的成本。

值得注意的是，数据的开放与共享虽然扩大了数据采集的源头，增加了数据量，提高了数据价值，但是，营销所需要的消费者使用数据以及痕迹数据多为隐私数据，在数据的开放与共享中应该格外注意保护数据安全，避免数据泄露，以免破坏数据开放与共享的价值。

三、建立基于广告营销场景的数据服务体系

目前，人类社会已经进入一个依靠互联网就可以充分表达自己的时代，信息的快速传播成为互联网的重要特点。互联网时代，广告行业也将营销的视角转向

---

① 张莉. 数据治理与数据安全[M]. 北京: 人民邮电出版社, 2019: 25.

线上，线上投放的广告在营销策略的选择方面离不开数据，数据越来越成为广告营销的主导，数据营销已经成为当下广告营销的主要方式之一。

（一）互联网广告数据营销的特点

互联网时代，数据营销的核心在于数字化的媒介购买。比如，每个人手机中各类 APP、网站记录了各自的喜好、特征、性格、消费习惯等等，当这些数据被收集和分析后，每个人手机中淘宝的主页面就会有区别，甚至不同的人看到的同一产品的广告都是不同的，这就是数字营销。数据营销追求的是"精准"，其目的不在于数据本身，而是通过数据的分析结论更好地服务顾客，为顾客创造更高的价值。

数据营销具有全面性、精准度高、关联性强三个特点。全面性是指数据营销中所需的数据并非单单来源于某一个平台，而是来源于多平台，营销中所需要的数据可能包括社交媒体的使用数据、搜索引擎的搜索数据、购买平台的消费数据、支付平台的支付数据，甚至还有可能包括相关朋友的设备数据，此外，可穿戴设备、智能家居等工具或设备上的数据也会被采集。一切与消费有关的数据都会成为数据营销的支撑。精准度高指数据营销实际上是一种特殊的个性化营销。全球化时代，产品的竞争非常激烈，广告主的营销理念已经由过去的媒体导向转变为受众导向，他们不再像过去那样争先恐后地购买优质的广告位，而是有选择地针对自己的目标消费者进行营销。通过数据采集、整合、分析后，广告主能准确寻找到自己的目标消费者，了解他们所处的位置、关注的信息以及具体需求，然后根据目标消费者的喜好审美进行广告的前期设计和投放，使广告信息可以精准地抵达消费者眼前，从而取得良好的广告效果。关联性指的是通过数据分析得出不同类商品在消费中的关联性，也可以分析消费者看过的广告之间的关联性以及消费者购买的上下游之间的关联性。通过数据的关联性分析，广告主可以快速得知目标消费者所关注的内容，以及多种购买信息。比如上文提到的沃尔玛经典营销案例"啤酒与纸尿裤"，就是通过分析数据的关联性实现精准营销的。

数据营销在一定程度上实现了"Data is everything"，数据对营销的影响巨大。借助数据，当前的广告营销已经实现了在合适的时间、合适的地点，面对合适的人，通过合适的渠道，传递合适的信息，不断提高企业在广告投资上的回报率。

数据营销之所以能够在大数据时代大受欢迎，最大的原因就是其具有适应网络技术发展的独特之处。上文提到数据营销具有全面性、精准度高以及关联性强的特点，这同样是大数据的优势。覆盖全面的数据库为营销提供了更加精准的数据指导；通过数据的整体分析可以精准定位目标消费者，同时可以根据用户的兴趣爱好以及需求特点及时调整营销策略；通过数据的关联性分析可以发现不同商品之间的联系，甚至可以提前预测消费者的消费行为，改善消费者的消费体验，提高品牌的市场竞争力。

但是，任何技术的进步所带来的作用都是双向的，数据营销目前的发展还存在一定的局限性。首先我们需要考虑的就是数据的泄露问题，不管是企业还是消费者，数据的泄露都会危及自身的利益，尤其是营销过程中，广告主掌握着大量企业新产品的内部数据以及消费者的用户画像之类相对隐私的数据，互联网的数据采集难免会使不法分子有机可乘，利用技术进行信息的窃取。其次，在数据营销过程中，数据已经处于决定性的位置，那么数据造假的问题一旦出现，就会使整个营销流程崩溃。由于缺乏完善的认证机制，数据在采集过程中难以完全准确识别用户的个人情况，网络刷单或恶意制造虚假数据行为凸显，一旦收集到的数据出现错误并且无法筛选出错误数据时，就会使整个营销方向产生偏差，使广告无法到达目标消费者眼前。再次，还要考虑数据资源稀缺的问题，精准的数据营销需要极其专业的数据平台提供支撑，但是在中国有足够实力完成数据的采集和分析的平台较少，一些实力没有那么雄厚的广告主难以支付知名数据平台进行数据分析的费用，也无法聘请专业的数据技术人才，导致无法获得相关的数据资源，数据营销无法开展。最后，还要考虑数据的管理成本问题，当收集到足够量的数据之后，如何进行数据的日常管理和后期的维护也成为广告主面临的难题。并不是每一个企业都可以像阿里巴巴一样拥有足够强大的数据管理系统，也不是每一个广告主都有日常的数字化营销的思维。

虽然数据营销已经成为互联网时代广告市场发展的必然趋势，并且可以帮助广告主取得更加良好的广告效果，但是，数据营销目前受到技术以及资本的限制，未来的发展之路依然任重道远。

（二）基于广告营销场景的数据服务

《2021中国互联网广告数据报告》显示，2021年中国的互联网广告市场集中度较去年不降反升。越来越多的广告主将营销转向互联网，以技术为基础、数据为核心的互联网广告成为营销策略的新选择，并涌现出一些基于广告营销场景的数据服务的典型案例。

1. 玛氏与阿里妈妈：数据赋能助力场景化营销

作为最早进入中国市场的外资品牌之一，玛氏坚持选用适用于中国消费者的营销模式开拓中国市场，随着中国互联网的兴起以及线上销售的迅速发展，玛氏集团与阿里妈妈建立合作关系，深耕数字化管理和营销模式，充分利用大数据技术深入洞察消费者，用数据指导品牌的营销建设。

阿里妈妈作为阿里巴巴集团旗下的数字营销平台，制定了按点击付费、按千次展示付费、按时长付费，以及提供需求方平台、数据管理平台等一系列营销投放方案。阿里妈妈为每一个用户提供 Uni ID，基于所有阿里系产品的数据提供用户的基础数据，并且精准绘制用户画像，进行用户数据的标签分类，帮助品牌进行精准的受众定位，阿里妈妈借助强大的数据分析能力以及算法技术帮助广告主实现产品的精准推广。此外阿里妈妈还提供需求方平台的广告实时竞价模式，面向全网精准流量实时竞价，提高广告效果的同时降低品牌的广告支出。

在阿里妈妈与玛氏合作之初，双方就将合作意图确定为挖掘数据背后的营销方向，而不单单是获得更多的品牌数据。阿里妈妈团队借助自身强大的数据整合能力的优势，将玛氏营销链中的不同人群进行分类整理，打造品牌站外曝光到站内的用户链条相贯通的可视化、可追踪、可养成的用户营销体系。玛氏希望借助阿里妈妈的力量进一步分析用户的主动搜索以及浏览内容和浏览页面时长等数据，基础产品本身的消费者洞察为新品的开发以及产品的营销提供指导。

此外，玛氏也借助阿里妈妈的数据采集能力进行营销。例如，在七夕节营销活动开始之前，玛氏就联手阿里妈妈，通过品牌雷达+数据银行的数据采集整合方式，分析情人节期间的消费者数据以及相关潜在客户数据，为之后的七夕节产品营销提供指导。玛氏依据阿里妈妈提供的情人节沉淀人群标签，在七夕节品牌营销策略中实现了更加精准的广告投放以及更加细致的消费者分类，收获了更加良好的营销效果。玛氏与阿里妈妈联手，以数据为核心，以技术为支撑，通过对消费者数据的分析采集，寻找产品销售峰值的特殊情景以及时间，为日后的场景化营销以及产品的创意设计提供了有力的指导。借助数据的玛氏在未来将会更加精准地"捕获"消费者，实现广告投资回报率的提升。

2. 网易云音乐《年度听歌报告》：用大数据搭建与用户的情感联系

每年年底，朋友圈、微博、抖音等社交媒体平台都会被用户分享的各类年度账单、年度歌单等榜单刷屏。年度榜单的营销模式起源于网易云音乐《年度听歌报告》，报告借助大数据技术，通过对用户在平时使用过程中产生的数据的采集，呈现用户在过去一年的所有使用数据，包括哪首歌听得最多、发表过什么样的评论、听歌的时间以及歌曲喜好和歌手喜好等等，深受广大用户好评。

网易云音乐《年度听歌报告》只不过是展现在用户 APP 前端的简短报告，报告的背后是网易云音乐对用户数据的精细划分。网易云音乐通过对用户的所有使用数据的分析，形成了完整且准确的用户画像。网易云音乐的数据采集分析工作的主要目的在于，根据用户画像得出的用户的喜好与习惯为每一位用户精细定制专属推荐歌单，使所推荐的歌曲与用户喜好之间的契合度进一步提高，使每一个用户都可以感受到网易云音乐的精心与细致，提高用户的忠诚度。

此外，网易云音乐《年度听歌报告》还将用户的数据与网易云音乐温暖的情感调性相结合。从情感的角度切入，为用户的每一组数据匹配温暖的文案，直击用户心灵，引发用户共鸣，与每一个用户建立情感的联系。当用户的情感被触动后，好感与共鸣会促使他们分享歌单报告，从而达到传播的目的。网易云音乐将大数据营销与情感营销相结合，为每一个用户量身定做精准数据与走心文案，充分体现了网易云音乐的品牌调性。

第三节 互联网广告数据治理方法与工具

大数据时代，互联网已经成为人们日常生活中不可或缺的一部分，每个人每时每刻都在产生数据。面对大体量、高速率、多种类、高密度的大数据，我们需要借助先进的工具和技术来治理。目前在互联网广告的数据治理方面，还没有任何一家数据公司或数据工具可以单独完成完整的数据治理工作，互联网广告的数据治理需要集合多方主体运用多种工具来完成。

一、构建完整的互联网广告数据治理工具体系

在我国，数据治理始于 2004 年左右。2016 年左右，数据技术进入飞速发展的阶段，国家大数据战略实施以后，对数据治理的要求不断提高，部分领域开始引入数据治理工具。2021 年 10 月由全国信息技术标准化技术委员会大数据标准工作组联合中国电子技术标准化研究院发布的《数据治理工具图谱研究报告（2021版）》对数据治理工具的定义是，为数据治理项目而开发，以满足数据治理规划、设计、实施、常态化运营工作的一系列应用程序系统集和其他技术。[①]在我国，金融行业、医药行业、交通行业、互联网行业已经分别引入了相应的数据治理工具。在互联网广告行业，随着法律法规以及技术工具的日益完善，行业的数据应用也较互联网发展之初更为规范，如受访者 BJ08-E20 所述：

> 在 2015 年和 2016 年，数据是以明文形式输出。当时，如果投放广告，我们可以将安卓 ID 提供给广告代理公司。在 1.0 时期，数据甚至是直接开放的。随着法律法规的完善，目前大多数情况下采用的是画像包形式。例如，针对金融用户群体的画像包，包含 300 万个设备，以人群包的形式进行标签化，不同的人群包是交叉重叠的，每个设备上都有几十个标签。我们通过人群标签划分数据，以人群包的形式输出数据，并在媒体端加以应用，而且会对数据进行加密处理。（受访者 BJ08-E20）

由于不同领域对数据的需求不同以及相关数据问题存在偏差，因此数据治理工具也并非一成不变，任何行业都需要实事求是地根据自身发展特点建立数据治理工具体系。随着互联网行业的发展、网络技术的普及以及网民数量的增多，互联网巨头企业在日积月累中掌握了海量的数据。互联网广告的发展依靠的就是互联网中的海量数据资源，面对当前互联网中存在的数据良莠不齐等问题，互联网广告行业亟须建立一套数据治理工具体系，以帮助企业在全生存周期内有效利用数据，全方位监测数据。借助统一的数据治理工具模型（图 5-1）的相关逻辑，根据互联网广告中的数据应用特点以及数据需求，笔者将互联网广告行

---

① 全国信息技术标准化技术委员会大数据标准工作组, 中国电子技术标准化研究院. 数据治理工具图谱研究报告(2021 版)[R]. 北京: 全国信息技术标准化技术委员会大数据标准工作组, 中国电子技术标准化研究院, 2021: 3.

业的数据治理工具体系分为数据安全管理工具、数据的质量管理工具、数据的存储技术工具、数据采集技术工具、数据处理技术工具、数据分析技术工具以及数据交换与共享工具七个方面，全方位支持数据治理，提高数据质量，保证数据安全。

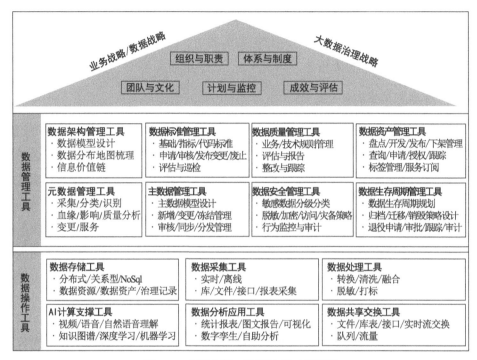

图 5-1 全行业统一数据治理工具模型

资料来源：全国信息技术标准化技术委员会大数据标准工作组，中国电子技术标准化研究院. 数据治理工具图谱研究报告（2021 版）[R]. 北京: 全国信息技术标准化技术委员会大数据标准工作组，中国电子技术标准化研究院，2021

1. 数据安全管理工具

数据安全管理工具主要包括数据的安全采集、安全存储、安全共享、数据防泄露以及隐私数据的加密等相关技术和方法。数据的安全采集指的是保证数据的采集渠道安全，确保数据采集合规合法，尤其是获取消费者的相关数据时，确保消费者的隐私数据不被泄露。在数据存储与流通中要注意数据的授权访问以及数据的加密，运用身份识别系统以及加密算法等技术保证数据的安全。互联网广告行业的数据中，消费者的隐私数据与广告主的企业内部数据都属于加密数据，在数据管理中应当重点注意，在确保数据安全的情况下合理利用数据。

2. 数据的质量管理工具

数据的质量管理主要包括针对线上广告营销过程中的不合规数据进行探查、发现、修复、报告，建立数据质量评估体系，筹划数据优化方案以及布局数据监测战略，为互联网广告行业打造一套全面且灵活的数据质量管理方案，为后续的日常广告投放以及营销开展提供高质量的数据，通过对数据的全面检测，满足互联网广告既需要海量数据又需要精细数据的要求，优化互联网数据，避免数据造假，发挥营销数据的最大价值。

3. 数据的存储技术工具

数据的存储技术工具主要是指对日常收集到的海量数据信息进行统一的存储和管理的技术。在广告策略的制定过程中，越是全面的数据对广告策略的指导效果越明显，海量的数据对互联网广告行业的数据存储技术提出了较高的要求。目前被广泛应用的数据存储技术包括分布式文件存储技术以及非关系型数据库系统，[①]分布式文件存储技术支持多种文件格式的写入以及 1∶4 以上的数据压缩，便于数据的大量存储；非关系型数据库系统支持并行式的快速数据写入，可以同时写入多方面多种类的数据。数据存储技术工具保证了海量数据的高效、快速、稳定存储与计算。

4. 数据采集技术工具

数据采集技术工具指的是用来连接数据库与各类数据源，保证来自不同数据源的数据获取工作顺利进行的技术。互联网广告行业的数据采集技术包括数据实时采集技术以及网页数据的爬取技术。数据实时采集技术是对用户在社交媒体中产生的各类数据进行实时监测、全方位捕捉，从而完善用户画像，指导后续营销；网页数据爬取技术是指利用自定义的 Python 语言脚本，爬取网页中的所需数据，该技术还可以对数据进行简单的分类。数据采集技术保证了数据仓库的数据供应，不断扩大的数据源以及数据量为之后的广告工作提供了更加强大的数据基础。

5. 数据处理技术工具

数据的处理技术包括数据的清洗技术、数据的批量处理技术以及数据的分类整合技术。数据清洗技术旨在识别所收集到的数据中不准确、不完整以及不符合

---

① 祝守宇, 蔡春久. 数据治理: 工业企业数字化转型之道[M]. 北京: 电子工业出版社, 2020: 291.

要求的数据，从而提高数据的质量，得到完整、准确、有效的数据；数据的批量处理技术是通过采用统一的标准和方式，对不同来源的数据进行统一管理，以保证数据仓库存储的规范性和有序性，提高数据的效率；数据的分类整合技术主要用于绘制用户画像，通过对不同来源的数据进行整合分析，识别出同一消费者来自不同渠道的数据，绘制出完整的用户画像，以指导广告投放，实现精准营销。

6. 数据分析技术工具

数据的分析技术工具包括数据的计算技术以及数据的建模技术。数据的分析是数据产生价值的关键流程，杂乱无章的数据无法直接指导广告的制作与投放，只有经过分析、比对、整合得出的结论才能成为营销策略制定的依据。数据的计算技术主要涉及数据的查询以及分布式计算，即对现有数据快速提取查询，再依据一定规则进行计算，以满足不同广告业务对数据的需求。数据的建模技术指的是通过数据建模工具将海量的数据纳入固定的模型之中，方便后期的分析。此外，大数据的预测功能就是通过数据分析技术来实现的，通过对消费者数据的整合以及各类数据的关系挖掘，找出消费者产生消费行为的关键因素，当广告击中这个关键因素之后，才能产生最佳效果。

7. 数据交换与共享工具

在任何领域，一味地封闭孤立是永远无法长久立足的，互联网广告行业也是如此，想要获取尽可能多的数据就必须进行数据的交换和共享。数据的交换和共享有利于同一行业内、不同领域间或不同方向间的数据沟通与交流，从而发挥出数据的最大价值。数据的交换与共享工具主要包括数据的访问授权技术以及数据的交换技术。数据的访问授权技术指的是在采集第三方数据或采集消费者的数据时，必须主动向其提出授权申请，拿到授权之后才能进行后续的使用。数据的交换技术指的是双方在达成平等协议的基础上，通过一定的算法技术进行数据的交换和共享，方便获取第三方数据。虽然说数据的本质在于流动，但是在数据的交换与共享过程中，仍需格外关注数据的安全问题。

二、发挥数据中台的管理作用

互联网上的数据资源日益丰富，互联网广告行业在使用数据时，主要面临着数据质量问题、数据效率问题以及数据价值问题的困扰。数据中台作为一种强调资源的整合、集中配置、能力沉淀和分步执行的运作机制被普遍关注，成为数据治理的主要工具之一。艾瑞咨询 2021 年发布的《中国数据中台行业白皮书》显示，2020 年数据中台市场规模已经达到 68.2 亿元，并且增长势头迅猛。[①]就目前广告行业的数据现状来看，数据中台已经成为互联网广告行业数据治理不可或缺的重要工具。

1. 中台与数据中台

想要了解数据中台的概念，我们就必须搞清楚中台究竟是什么，中台的界限范围又在哪里。在芬兰，有一家游戏公司叫作"超级细胞"，创立之初，这家公司的年收入就高达 17 亿美元，但是全公司的员工只有 150 人[②]，且公司内的每一款游戏的开发团队只有五六个人，那么这家小规模的公司是如何达成如此高的利润的呢？原因就在于这家公司将游戏开发前期的素材以及算法整理为一种工具，提供给每一个小的团队，这种工具可以支持多个团队共同使用，大大提高了公司的开发效率。这种工具就相当于一个简单的"中台"。中台，是相对于前台和后台而言的，其处于前台与后台之间，为数据的前台和后台搭建联系的桥梁。在互联网广告领域，我们把中台界定为位于企业（后台）与市场（前台）之间的第三方平台，是为企业与市场提供联系的平台与中介。

数据中台对企业内外部多源异构数据进行采集、治理、建模、分析、应用，对内优化管理、赋能业务，对外开展数据合作、释放数据价值。[③]数据中台可以为企业提供数据服务，包括对企业产品数据、消费者数据、市场数据的采集、整合、分析等。完整的数据中台以统一的数据标准和数据规范管理企业数据库中的所有数据，能够有效降低企业的数据建设成本，提高数据资源的利用率，同时降低各方在数据交接过程中产生的风险。此外，完善的数据中台可以指导企业的运营与决策，和数据治理工具不同的是，数据中台可以对企业数据资产进行布局配置，根据数据的整合分析结果，指导企业的日常运营和决策。

---

① 艾瑞咨询. 中国数据中台行业白皮书[R]. 北京: 艾瑞咨询, 2021.

② 搜狐网. 游戏公司介绍——Supercell(超级细胞)[EB/OL]. https://www.sohu.com/a/826174460_121984121, 2024-11-12.

③ 祝守宇, 蔡春久. 数据治理: 工业企业数字化转型之道[M]. 北京: 电子工业出版社, 2020: 291.

2. 数据中台助力互联网广告数据治理

数字化时代为互联网广告提供了前所未有的发展机会，使企业能够更加精准地了解消费者。但是，随着互联网技术的不断发展，用户信息的碎片化以及市场竞争的激烈加剧了数据采集和数据分析的难度和运营成本。首先，同一用户将会同时拥有分属于不同领域的账号，各种渠道带来的用户数据非常分散，数据孤岛现象进一步加大了数据收集的难度，新用户难以沉淀，用户的忠诚度随之下降；其次，复杂多变的数据来源以及网络认证系统的不到位使得用户画像数据采集不全面，甚至出现用户画像数据采集错误，最终导致广告无法精准投放；最后，互联网时代企业不同渠道的运营相对独立，比如淘宝、京东等购物平台的官方旗舰店和企业官网、官方小程序的数据无法及时连接，造成数据的重复收集。这些数据问题加大了数据分析整合的难度，同时也大大增加了出现数据错误的风险，从而导致后续的营销环节出现偏差，无法取得应有的广告效果。

构建互联网广告营销数据中台可以助力数据治理工作，有效提高数据治理效果。营销数据中台在集数据采集、融通聚合、管理服务等功能于一体的基础上，基于场景的特点开发专门的数据模型、标签体系等多种数据智能应用，构建用户 360°全景画像，深入洞察目标客群特征，分析交易销售数据及营销效果，助力企业实现基于智能营销和消费者智能运营及管理的数据管理、洞察分析和决策支持。[①]营销数据中台将整个营销过程中的用户数据、市场数据、产品数据以及相关的广告数据进行统一收集，在统一的平台上根据统一的标准进行数据分析，全方位地洞察用户，进一步预测用户动机，为后续的广告的设计、品牌的发展以及营销策划提供数据支撑和基本方向，避免出现数据质量问题，提高数据的价值，让各方都能在整个营销活动中收到预期的效果。

互联网广告营销是应用数据中台最早的领域之一，在中国互联网广告行业，最早搭建完成数据中台架构的是阿里巴巴的全域营销领域。阿里巴巴给出的全域营销定义为：在新零售体系下，以消费者运营为核心，以数据为能源，实现全链路、全媒体、全数据、全渠道的营销方法论。全域营销方法论就是帮助品牌商以消费者为中心做数字化品牌建设，即通过数字化地管理消费者关系，分析消费者行为，最终把消费者与品牌的关系用数据表达出来。阿里巴巴将旗下品牌数据银

① 艾瑞咨询. 中国数据中台行业白皮书[R]. 北京: 艾瑞咨询, 2021.

行、达摩盘、御膳房、数据工场等数据产品整合在一个平台，这个平台就相当于一个数据中台，在此平台上，可以实现基于消费者数据的标签分类和用户画像的分析洞察，阿里巴巴全域营销中消费者的数据来源于市场，作用于产品，这样就将品牌的市场与产品以数据的方式结合起来，搭建起数据的桥梁，同时帮助广告主实现消费者消费行为以及市场未来发展的预测，指导后续的品牌生产以及营销策划。阿里巴巴基于自身强大的数据源和数据技术为品牌的营销、广告的投放提供数据支撑，保证了数据的质量，提高了数据的价值。

三、区块链技术赋能互联网广告数据保护与治理

区块链技术的起源要从 2008 年的全球金融危机说起，一大批世界知名投资公司纷纷倒闭之时，仿佛是一道曙光的比特币诞生了。比特币的数字货币特性，使得其能够在没有企业或政府干预的情况下进行交易和储蓄，其背后是区块链技术在支持。区块链技术也因此进入了大众视野。

区块链技术，简单定义就是一种去中心化、安全可信、防篡改和可编程的分布式账本，卖家与买家都有在账本上记录的习惯，但是只有经过大家同意之后，才能在账本上记录。[1]用一个简单的例子来解释，区块链技术就相当于我们购买的某些商品上的二维码，这个二维码是经过卖家同意后放置的，买家可以通过扫描二维码对商品进行溯源，以确保自己购买的是正品。区块链技术的定义就是区块链技术隐私保护的思路，基于加密协议、共识机制、混币、零知识证明的区块链技术已经成为数据隐私保护领域常用的解决方案。[2]基于区块链数据的透明性以及数据加密技术，我们可以在互联网数据共享中确保数据的安全与不被泄露，保护用户的个人隐私不被侵犯。

互联网广告之所以能够取得成功并获取到巨大利润，主要得益于其背后大量的用户数据，这些数据能帮助广告主为每个消费者定制个性化广告。但频繁的广告推送使众多消费者开始怀疑自己的信息是否被泄露，并对广告产生厌烦心理。对于互联网广告而言，隐私信息泄露是广告主和用户对行业产生不信任的重要原因。从技术原理来看，在确保数据可信与流动的情况下，区块链能在一定程度上

---

① 王峰，邓鹏，沈冲. 区块链通识课 50 讲[M]. 北京：清华大学出版社，2021：1-4.
② 叶皓涵. 区块链应用中的隐私保护策略[J]. 信息技术与信息化，2021(10)：185-186，189.

为用户隐私保护提供支持。①区块链技术通过对用户的隐私信息及敏感数据的加密处理，有效地解决了隐私数据泄露问题，保障了每一个用户的隐私权。

区块链中的加密算法技术可以有效加密用户的身份数据。尽管区块链上的数据都是可以查询到的并且都是公开透明的，但是区块链还有一个最大的特点，即匿名性。区块链以自身强大的加密技术实现用户与自己数据分离，也就是说每一个人都可以在区块链上查询到相关的数据，但是用户的身份特征是经过哈希（区块链特有的加密算法技术）计算的，得到的哈希值是用户身份 ID 的代表，也是用户在区块链上的唯一身份表示，用户的特征数据、习惯数据、消费数据等都与相应的哈希值绑定。由此一来，区块链既保证了数据的真实性，又保护了用户的个人隐私。基于这一技术，我们可以采集到真实的消费者数据，既有效指导了广告的营销与投放，也有效保证了消费者的隐私安全，同时打破了当前互联网广告既需要用户的隐私数据又无法保证数据不被泄露的困境。

此外，区块链技术帮助互联网广告实现保障用户隐私与数据共享的动态平衡。数据价值实现的根本就在于数据的流动，互联网广告所需的用户数据、广告效果数据、竞品营销数据等大都掌握在互联网头部企业手中，数据孤岛、虚假数据等现象在互联网广告数据共享中层出不穷。区块链技术保证了消费者敏感数据不被泄露，同时凭借其分布式的存储，可以使每一个广告主都看到不同平台的广告效果数据，并为广告主提供更加全面、更加精确的用户画像。另外，区块链有数据不可篡改的特点，区块链使得批量生产篡改 IP 地址变得困难②，保证了互联网广告数据的真实性，降低了后期数据分析整合的难度，提高了数据的利用率。当数据的隐私泄露问题被有效解决，数据的开放与共享就会变得更加容易，也会更加有效。区块链技术为互联网广告寻找到保护数据隐私与数据共享的平衡点，促进了互联网广告生态的良性发展。

① 王菲，姚京宏. 构建全新信任范式：论区块链对广告业的变革[J]. 当代传播，2021(5): 82-86.
② 窦春欣. 区块链技术将如何改变广告产业[J]. 传播力研究，2018(34): 119, 129.

第六章

互联网广告数据治理的协同路径

在大数据时代，互联网广告行业的参与主体日益多元，由数据引发的矛盾往往牵扯到互联网广告产业链条上的各方主体，主体间的多重治理责任相互交织，行业数据治理也呈现出协同合作的发展态势。

第一节　数据治理共同体的建构与认同

为应对当下互联网广告发展进程中的诸多数据乱象，亟须建构一种高效联动、协同共生的数据治理共同体模式。协同治理为多元规制主体提供了战略定位和理论指导，而多年来的行业数据治理经验以及国家政策导向也为数据治理共同体的建构和发展提供了前所未有的契机。

一、基于协同学理论的数据治理

英语中的"治理"（governance）一词来源于拉丁语和希腊语，原意是控制、引导和操纵，由"统治"一词发源而来。进入民主时代以后，"治理"逐渐被应用于社会公共管理领域。联合国全球治理委员会在1995年发表的一份题为《我们的全球伙伴关系》的研究报告中对治理作出了如下界定："治理是各种公共的或私人的个人和机构管理其共同事务的诸多方式的总和。它是使相互冲突的或不同的利益得以调和并且采取联合行动的持续的过程。这既包括有权迫使人们服从的正式制度和规则，也包括各种人们同意或以为符合其利益的非正式的制度安排。"①我国政治学者俞可平进一步对治理做了解读，他将治理视为官方的或民间的公共管理组织在一个既定的范围内运用公共权威维持秩序，满足公众需要的公共管理过程，包括公共权威、管理规则、治理机制和治理方式。②由此可见，共同的事务是协同治理的对象，治理并不是主体行为方式的总和，而是由多元主体协同参与的过程。

所谓协同，即任何一个系统中的子系统或要素之间存在的相互合作。协同学理论的创始人——德国斯图加特大学理论物理学教授赫尔曼·哈肯在《大自然成功的奥秘：协同学》一书中提到协同是一个自组织的过程，开放系统中存在的大量子系统之间相互协同的作用使系统从杂乱无章的状态转变为新的宏观有序的状态。③协同学理论强调协同是由诸因素共同作用并自发形成的结果。

基于治理理论和协同学理论的协同治理是指在由政府、企业、公民个人、非政府组织等主体所构成的开放系统中，各子系统通过协调和合作共同治理社会公共事务、增进和维护公共利益的过程。④总的来说，协同治理理论包含以下三方面的内涵：一是治理主体的多元性，除政府以外，其他组织、机构乃至个人都可参与治理；二是治理手段的多样性和权威性，包含法律法规、制度、政策、自律公约、技术等多种治理手段，但是无论何种手段必须具有权威性；三是治理结果的公共性，即旨在达成主体间的公共诉求，追求公共事务效率的最大化。由此可见，协同治理与公共治理存在着必然的联系。公共治理理论认为治理应该是在公共场域中由利益相关方的多元主体共同参与的一种网络式的管理模式。

数据治理研究所指出，数据治理是针对数据信息相关过程的决策权和职责体系，执行过程需要遵循"在什么时间和情况下，用什么方式，由谁，对哪些数据，采取什么行动"的规则。⑤互联网广告行业的数据协同治理可以被理解为包括政府、广告主、广告代理公司、互联网服务商、数据管理机构以及第三方数据监测

① 俞可平. 治理与善治[M]. 北京：社会科学文献出版社，2000：4.

② 俞可平. 治理和善治引论[J]. 马克思主义与现实，1999(5)：37-41.

③ 赫尔曼·哈肯. 大自然成功的奥秘：协同学[M]. 凌复华，译. 上海：上海译文出版社，2018：4-10.

④ 郑巧，肖文涛. 协同治理：服务型政府的治道逻辑[J]. 中国行政管理，2008(7)：49-50.

⑤ Thomas, G. The DGI data governance framework[R]. Washington: The Data Governance Institute, 2009.

机构等在内的参与互联网广告事务的多元主体，以制定具有法律效力的制度或促进协商和沟通的非正式制度安排为手段，协同参与治理共同事务，合理分配对涉及广告相关数据的保护、优化和利用过程的决策权和职责体系，以实现数据价值最大化的动态管理过程。

互联网广告数据治理的主体责任呈现出下沉的趋势，嵌入式的治理结构和治理权力的纵向延伸使得数据治理越来越朝着多元化方向发展。政府主导治理的一元模式已经不再适应当下数据治理的生态环境和经济社会发展的需要。互联网广告数据治理越来越注重政府、企业、公民个人、非政府组织间互助合作关系的建构，主体间协同治理，能够对广告行业外部环境的变化做出灵活且迅速的反应，在谋求互利互补的基础上有效降低治理成本。为此，互联网广告行业亟须建立一个跨行业、跨层级的网络式数据协同治理模式。协同治理理论和公共治理理论的整合为进一步探讨数据治理共同体和互联网广告行业数据治理体系的建构提供了科学的理论指导。

二、数据治理共同体的出场与释义

互联网广告行业的数据治理呈现出行业协同、全员参与、智能协作的发展趋势，建构数据治理共同体的现实诉求愈加强烈。因此，有必要对互联网广告行业数据治理共同体的出场条件进行全面、科学的审视，并结合治理理论深度诠释数据治理共同体的内涵与建构思路。

（一）出场：从广告数据治理到数据治理共同体

广告数据作为互联网产业新的生产要素，不仅是互联网广告数据治理的手段和工具，而且也是国家信息治理和社会治理的一部分。广告数据治理具有双重内涵：一是面向广告的数据治理，二是由数据驱动的广告治理。前者是从治理的本质出发，在国内一般表现为由政府主导、行业协同的广告数据治理模式；而后者则是从治理的体系出发，政府、广告组织、数据机构、媒体、广告主、广告受众等都可以利用数据参与广告治理，从而保障自身利益，调和主体间的利益纷争。因此，广告数据治理作为一种综合治理模式，是广告治理和数据治理相互交融的系统过程，要真正实现二者的和谐统一，必须由合作治理范式向更为系统化和科学化的"数据治理共同体"的思维范式转变。这一转变意味着数据治理不仅要明确广告数据的主体责任和落实主体间的匹配联动,更要凸显互联网利益共享与风险共担的治理机制,最终实现数据效益和广告价值目标的整合。

目前,我国互联网广告行业的数据治理正处于起步阶段,在数据治理共同体的建构方面仍然面临诸多挑战与困境,但是科学审视我国当下数据治理局面,仍可发现许多有助于推进该项任务的行动契机,如图 6-1 所示。

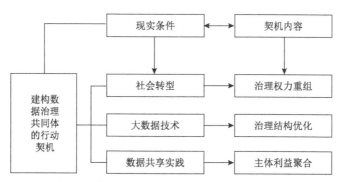

图 6-1 建构数据治理共同体的行动契机示意图

1. 社会转型背景下数据治理权力的重组

互联网广告行业的数据治理和中国的社会治理存在着千丝万缕的联系。在社会转型背景下,除了政府和相关企业,社会组织和公众的治理能力不断提升,他们也成为重要的数据治理主体。

党的十八大以来,我国的政治体制改革不断深入,"公众参与"的治理理念深入社会治理实践的方方面面。2014 年,李克强总理在《政府工作报告》中首次提出,"推进社会治理创新。注重运用法治方式,实行多元主体共同治理"。[①]党的十九届四中全会通过的《中共中央关于坚持和完善中国特色社会主义制度 推进国家治理体系和治理能力现代化若干重大问题的决定》明确指出,"建立健全网络综合治理体系,加强和创新互联网内容建设,落实互联网企业信息管理主体责任,全面提高网络治理能力,营造清朗的网络空间"。政府治理权力的下放在很大程度上激活了社会组织、企业和公众积极参与社会治理的热情,多中心的合作治理和共同治理实践,塑造出了相对灵活有序的协同治理环境。网络综合治理体系的建构和国家治理理念的深化为互联网广告行业的数据治理营造出更为开放的环境。

---

① 新华社. 政府工作报告(全文)[EB/OL]. https://www.gov.cn/guowuyuan/2014-03/14/content_2638989.htm, 2014-3-14.

伴随互联网产业的高速发展，网络化经营已然成为常态。互联网广告为企业带来了流量效益，但点击欺诈、展示作弊等数据欺诈手段也使得互联网广告的数据造假成本更低、隐蔽性更强。[①]享受互联网广告红利的某些主体企图利用技术的便利性从广告数据中谋取不正当利益。据 2020 年公安部公布的有关违法收集个人信息的"十大典型案例"，"印象笔记"APP 在收集用户信息时，其隐私协议中有关收集用户数据的选项未以显著字体标注在显著位置，并且也未明示对用户数据的用途。互联网的高度开放性和虚拟性导致广告主体定位复杂、数据侵权难以识别和判定等一系列监管难题，仅凭政府的一己之力难以应对社会转型背景下复杂的互联网广告乱象。为了适应社会转型升级和互联网广告市场的发展趋势，高效治理互联网广告数据失范行为，必须打破数据治理权力过于集中的局面。目前，我国政府及有关部门已经朝这一方向迈进。2019 年国家互联网信息办公室发布的《网络信息内容生态治理规定》明确指出，网络信息生态内容治理要建构政府、企业、社会、网民等主体多元参与的综合治理模式，各主体间形成了基于共同利益和目标的伙伴式关系。互联网营销新政的出台，既赋予了协同主体平等地参与治理的机会，也为数据治理共同体的建构奠定了权力基础。

2. 大数据技术加持下数据治理结构的优化

伴随着数据生产主体的日益多元，拥有丰富的数据资源和人才优势的企业在网络化经营中逐渐占据优势地位，由此带来互联网广告行业利益格局的深度调整。由数据引发的利益纷争与数据治理的协同模式相冲突，导致主体间很难达成共识和协调。此外，互联网广告治理的复杂性迫使现实中参与治理的主体能动性受到限制。然而，大数据技术的发展极大地降低了信息沟通成本，使得跨界合作成为可能，进而为打破行业垄断局面、优化治理结构、应对治理难题提供了新的工具。各主体在合作中建立起的共同的数据治理目标、标准和价值取向，进一步强化了数据治理结构的嵌入性。

近年来，大数据技术与物联网的结合极大地丰富了广告营销场景，使网上数据与用户的线下行为相关联成为可能，进而形成关于个体的数据仓库。以大数据资源为背景的信息获取与分析方式比广告机构或者其他机构传统的调研方式更加科学和可靠。网络爬虫技术、自然语言处理技术、信息处理技术等一系列大数据

---

① 黄升民. 魔鬼就在数据中[J]. 媒介, 2017(4): 1-2.

分析技术能够把碎片化、分散化的信息进行关联分析和交叉印证，提升数据的权威性和真实性。例如，自然语言处理技术可自动识别数万种敏感词变体，通过文本序列标注系统与方法能够智能识别数据欺诈行为并排除干扰。我国第三方营销数据技术公司秒针系统研发的网站资讯监控技术，支持采用灵活的埋点采集等方式对数据进行分钟级实时监测，形成对网络的实时监测与分析。全方位、多样化、实时性的数据分析可以减少数据冗余，提升数据质量，从而能够使政府、组织、公众及时了解广告活动过程中产生数据的真实情况。大数据技术应用于广告数据治理领域，一方面有助于缩小广告数据治理主体对治理对象认知的差异，为构建多元主体所认同的相对客观、科学的治理标准提供了契机。另一方面大数据技术赋权网络科技公司和第三方数据营销机构，它们凭借着大量的数据资本和强大的科技实力介入广告数据治理过程中。多元治理主体在"博弈"与"合作"中有望实现多元结构性力量在动态数据治理过程中的均衡发展。

3. 数据共享实践下数据治理主体利益的聚合

互联网的高度开放孕育了数据的共享性这一本体属性，共享的数据嵌入移动端，进入移动传播情境，成为网络公共空间的"漫游者"。互联网广告行业的数据共享实践主要涉及数据采集、广告投放、效果评估等各个环节。纵观当下计算广告的应用实践，数据共享实践主要表现在程序化广告中（图 6-2）。

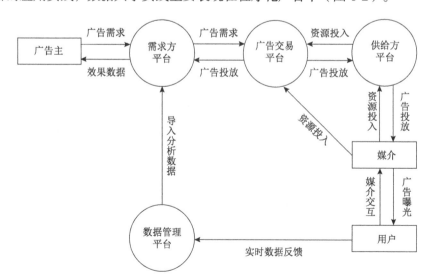

图 6-2　程序化广告中的数据共享实践

数据共享实践旨在以信息采集效率最大化实现"端对端"的一站式精准服务。数据管理平台在广泛采集大量用户的行为数据及广告反馈数据的基础上,运用云计算的基础设施服务实现海量的数据存储、强大的数据处理和高效的数据分析,对用户进行标签化处理和画像建构。多个广告主在广告交易平台中借助这些数据在同一广告时段做出广告决策,然后对广告的效果数据进行评估,并将评估结果反馈给广告投放人员,以调整广告投放策略。受访者BJ09-E18详细阐述了互联网产业中各方主体业务往来与利益关系:

> 媒体发起广告请求,媒体把用户画像标识符推给需求方平台,需求方平台将标识符与用户画像进行匹配。供应方平台的形式很简单,广告交易平台也只是报价,没有实质性意义,核心是需求方平台和数据管理平台,有可能第三方数据监测机构就是数据管理平台,或者他们提供标准的数据管理平台接口。每一家数据管理平台都会接入多个数据来源,最终由数据管理平台来判断。大平台一般是自己做数据管理平台,小型广告主一般会用第三方数据,搭建自己的平台也是必不可少的。(受访者BJ09-E18)

可见,广告目标的达成离不开参与数据共享实践的各个治理主体间的协同合作,各主体共同营造健康良好的数据生态环境,其背后的主要驱动力是治理主体利益的聚合。Web2.0时代,以微博、维基等为代表的数字媒体平台颠覆了传统意义上的单向传播模式,在社交属性的加持下呈现出双向互动的传播趋势。用户的主动性大幅提升,他们既是信息的生产者同时也是传播者,成为企业和品牌竞相追逐的受众。移动互联网的本质在于与用户的情境匹配和生活贴近,一切需求的满足都建立在对人的需求的深入挖掘之上。[①]让互联网回归本质,精准挖掘用户需求,实现广告传播效果的最大化是各个主体的一致诉求和"兼容利益"目标,数据共享实践为达成这一目标提供了有益的合作空间。

一方面,企业通过多接触点的数据聚合、利用标签定向技术、建立情感转化模型等手段打通用户的线上虚拟行为与线下现实行动,对用户展开多维度的分析,

---

① 倪宁, 董俊祺. 重新定义广告——从戛纳国际创意节主题的演变说起[J]. 国际新闻界, 2015, 37(8): 124-135.

深度挖掘用户的现实需求并对其潜在需求进行预测，向目标用户推送符合其个人喜好和所处场景的广告信息，这有助于连接用户兴趣与广告主需求，促进广告精准触达，并向目标用户输出品牌价值观，增大品牌声量。受访者 BJ07-E15 分析了对用户展开多维度数据分析的应用过程：

> 我们这边采用多维度弱特性参数整体方案。我们采集到的一些参数，比如系统时间、Wi-Fi、网卡、设备名称等在我们大库看来，是无法对设备或者对人进行唯一的识别或者唯一的标识的，但是通过多个参数的组合，以及算法的拟合，参数的标识性会增强。比如，我们拿到 10 个参数，可能 95% 以上是标定某一个人，我们通过多维度弱特性参数进行归因，基于算法能力，我们又提出了一个卓越的归因引擎。整套归因引擎加上多维度弱特性参数，可以提升数据探索分析以及多平台分析的能力，更好地满足广告主的用户分析需求。（受访者 BJ07-E15）

另一方面，基于数据的场景营销也能够满足用户的信息需求和社交需求，为用户提供更加人性化、个性化的服务体验。数据共享实践使用户成为数据资源的重要源头，他们从治理的"客体"真正转变为治理的"主角"。例如欧盟发布的《通用数据保护条例》赋予公民知情权、访问权、更正权、删除权等多种权利。用户可以运用这些权利自行调查取证，协调疏通由数据引发的各种矛盾，在合作共赢中维护自身合法权益。

在传统的广告效果评估中，广告主一般从媒体、广告代理公司或者第三方调查机构中获取广告投放效果，广告效果监测存在严重的滞后性。数据共享实践应用于广告效果评估阶段使得广告效果数据的实时反馈成为可能，广告主能够适时调整广告投放组合策略，不断优化广告的点击率与转发率，广告效果由事后监测转变为事前预警。尽管数据造假、流量欺诈等一系列问题仍然存在，但数据共享实践在很大程度上能够赋予广告主决策自主权，从而使其摆脱对广告代理公司的依赖，直接与消费者"对话"，真正获得"品效合一"的广告效果。此外，数据共享实践在一定程度上打破了互联网巨头的数据垄断局面，许多第三方数据监测机构介入数据运维的各个环节，凭借着海量的数据资源和专业的技术优势不断产出数据效益。宝洁公司曾要求与其合作的所有媒介代理商、媒体、广告科技公司必须引入第三方数据监测机构，并统一制定测量标准，细化媒介购买合同，以避免流量欺诈和媒介代理商收受返点情况的发生。互联网媒体平台、广告行业组织和政府相关部门能够利用共享数据联通各个实践主体，合理配置数据资源，协调主体矛盾，实现数据治理效率的最大化。受访者 BJ01-E15 认为当前我国互联网广告行业联盟合作主体的竞争优势已经显现出来：

> 埋点一般是小型平台的用户数据采集方式，小型平台拥有一二十万日活用户，历史用户不过数百万，如果去采集亿级用户数据，不仅成本高，而且匹配度不一定很高。小型平台的数据应用一般是依托广告联盟，广告联盟有大量的客户和数据资源，而且已经做了数据匹配的工作。（受访者 BJ01-E15）

由此可见，在互联网广告行业的数据共享实践中，各治理主体间利益纵横交织，以数据为中心结成一张"兼容并包"的利益网，主体利益的聚合为数据治理共同体增添了强大的凝聚力。

（二）释义：数据治理共同体的具体内涵

数据治理共同体的建构带来了多元利好趋势，我们可以从伦理导向、治理结构及技术支撑三方面阐释数据治理共同体的具体内涵。

1. 数据治理共同体以公共价值为伦理导向

数据治理共同体的立足点并非微观上的"私人"或者"个人"，而是涉及"全社会"这个宏观整体，其所遵守的伦理应以社会所认可的公共价值标准为逻辑起点，而不是以"一家之言"挑战伦理正义。数据治理共同体应始终坚持公共治理之道，以公共价值为内在的伦理导向。

首先，数据治理共同体讲求用价值理性去引导工具理性，这是实现公共价值、巩固共同体根基的首要前提。广告数据治理共同体的伦理导向包含广告伦理和数据伦理两个维度，蕴含着韦伯所谓的价值理性和工具理性两种价值取向。一方面，互联网广告行业数据治理的出发点与落脚点在于广告治理，即以净化广告业的发展环境、促进广告发展为目标，始终与广告伦理追求的"真""善""美"保持同向。另一方面，互联网广告数据治理又要遵守网络中的数据伦理，其中存在着数据主义和人文主义之间的博弈争锋。由于广告数据治理具备数据属性，因而在一定程度上提倡数据主义的价值取向，认为数据是实现信息自由以及流量最大化的一种工具。数据的确能够提高企业的生产效率，但从数据治理共同体的本质来看，数据伦理终究要回归人文主义的价值理性。正如历史学家尤瓦尔·赫拉利在《未来简史：从智人到神人》中所说，"对数据主义来说，信息自由就是最高的善。……信息自由流通的权利应该高于人类拥有并限制数据流通的权利"①。然而，数据自由和信息自由并不等于人的自由。尽管工具理性有助于提升广告产业生产效率、降低人力成本，实现企业经济利益最大化，但是也极易埋没人的主体性，从而陷入技术乌托邦的理想世界。数据本身承载的这种意向性，容易使广告数据治理误入数据至上、算法为王的技术逻辑陷阱，这违背了数据治理共同体的伦理精神和治理初衷。

其次，除了崇尚具有普遍意义的价值理性，还要特别观照广告数据治理的公共性。马克思主义伦理观认为，建构伦理原则应将社会关系置于首位，以解决社会生产中个人与个人、个人与集体、个人与社会之间的利益冲突。②因此，数据治理共同体应坚持以人为本，崇尚价值理性的伦理原则，关注人的情感和需求，以公共价值为伦理导向，在此基础上化解治理主体间的利益冲突，实现合作共赢。例如，数据治理要抛开数据优先、以数据定标准的思维，应将各方主体的现实利益和公共需求纳入考量，扩大标准或制度的张力，在保障有效治理的基础上提升对主体的包容性。以公共价值为伦理原则有助于提升治理主体利己行为的积极性与利他行为的归属感，反之则容易导致治理主体道德的丧失和职能的失范。③因此，数据治理共同体不仅要观照广告的人文主义精神，还要强化广告数据的公共治理理念，也就是要围绕公共价值这一核心理念，调动多主体广泛参与，在多元共治中实现公共利益的最大化。国际货币基金组织发布的《2019年全球价值链发展报告》指出，数据资产已经成为跨国投资的关键引导变量，并对外商直接投资产生双重影响。数据治理共同体要重视数据的公共价值，净化互联网广告行业的数据环境，促进数据合理公开化，为各主体营造健康良好的广告营销环境。数据治理共同体要奉行"善治"的治理理念，以公共利益为导向，加强主体间的对话

① 尤瓦尔·赫拉利. 未来简史：从智人到神人[M]. 林俊宏，译. 北京：中信出版社，2017: 347-348.
② 许根宏. 人工智能传播规制基础：伦理依据与伦理主体的确立[J]. 学术界，2018(12): 93-103.
③ 高中义，高伟. 行政伦理失范及其治理对策[J]. 中南民族学院学报(人文社会科学版)，2002(4): 30-32.

协商，重视微观主体的诉求和意见，并及时就不同意见做出客观、公正的反馈，体现出更多的回应性，最终达到"数据普惠"的治理效果。

2. 数据治理共同体以"多维互嵌"为互动逻辑

有学者认为，"共同体"所凸显的全方位互动有效刺激与约束了治理主体在治理角色上的重塑、在治理方式上的架构转变、在治理结构上的互嵌样态以及在治理伦理上的观念革新。[①]构建数据治理共同体的过程正是参与主体在协同合作中不断重构治理角色、明确角色职能、完善治理机制、调整治理结构、创新治理伦理的过程。在这个过程中，广告受众的主动性和参与性得到极大的提升，他们嵌入治理结构当中，成为数据治理和维护自身利益的直接参与力量。参与数据治理的各方主体在互利共赢的基础上不断拓展合作的空间和范围，在互动与合作中消弭了广告主体之间的边界。广告主、广告代理公司、广告媒介"三驾马车"领跑广告行业的传统被打破，平台型的互联网公司集上述三者功能于一体，强势嵌入数据治理组织架构当中，网络科技公司和第三方数据营销公司凭借"科技话语权"改变着广告主的专业认知，对广告行为产生很大影响。在此发展背景下，数据治理共同体以"多维互嵌"为互动逻辑，讲求治理主体间的深层次、多维度互动与合作。

要理解"多维互嵌"的互动逻辑，首先要厘清治理主体的参与维度。以市场监督管理部门为代表的政府机构在数据治理共同体中占据关键地位，不仅发挥着配置公共资源、协调各方的领导作用，更是承担着艰巨、广泛的治理责任。政府凭借着资源优势和政策导向为广告数据治理引领方向，从而激发其他治理主体的参与热情，规范治理秩序。包括互联网媒体、广告主、广告代理公司、第三方数据监测机构、广告协会等在内的主体是数据治理共同体的中心节点，它们承接政府的相关职能，通过行业自治或公共服务的优质供给来搭建受众和政府沟通桥梁，平衡多方利益，聚合更多的社会力量参与到数据治理当中。由此可见，在数据治理共同体中，政府、行业协会、广告主、广告代理公司、互联网媒体、第三方数据监测机构等主体多元共治的格局彻底颠覆了政府一元化治理体系，多元行业主体在深层次的互动与合作中表现出"多维互嵌"的互动逻辑。"互嵌"的各方主

---

① 徐顽强. 社会治理共同体的系统审视与构建路径[J]. 求索, 2020(1): 161-170.

体不是"你中有我，我中有你"的渗透关系，而是一种结构性关系。①社会组织治理能力的加强和公众参与治理意识的提升为二者强势嵌入治理结构提供了现实条件，数据治理需求的强化则是嵌入的内在驱动力。数据治理共同体的"多维互嵌"存在关系型嵌入和结构型嵌入两种嵌入类型，一方面，广告数据治理的各主体嵌入行动者网络中，它们之间存在功能交叉、治理责任重叠等关系上的勾连，深受各个行动者的影响，并产生连带作用。另一方面，行动者网络又被嵌入到更大的社会结构中，如全球治理价值规范、社会文化传统等等。在两种互嵌方式的加持下，数据治理结构得到不断优化。联合国全球脉动计划"数据和治理"项目负责人米拉·罗曼诺夫曾表示："我们需要一个框架，允许政府相关部门和企业进行合作，以对公共利益作出适当回应。"②"多维互嵌"恰恰为主体间的合作提供了互动和治理框架，在这个框架之下，政府、行业协会、广告主、广告代理公司、互联网媒体、第三方数据监测机构等行业主体依据实际治理情况可以自由组合成小型共同体，充分发挥各自的优势，以灵活高效的跨边界合作促进数据资源共享，降低沟通成本，达成治理目标。

3. 数据治理共同体以智能技术为深厚支撑

当下广告行业数字化转型浪潮来势迅猛。2020年12月，亿欧智库发布了《2021企业营销数字化转型研究报告》，报告指出，随着边缘计算、5G等智能技术发展落地，基于"云-边-端"体系的营销将从全渠道迈向全场景化和全生活化。③数据治理共同体为顺应广告行业的发展大势，必须要朝更加专业化、场景化、智能化的方向迈进。在 Web2.0 时代，网络连接性大大加强，全球数据呈指数式直线上升，信息的不确定性增加，由数据和信息引发的诸多问题给互联网广告行业的数据治理带来了极大挑战。从宏观上讲，数字化时代全球企业正面临"信任赤字"的难题。某些企业利用数据博弈维护自身利益而非共同利益，利益驱使下的交易行为具有违规性、攻击性，信任关系在跨国和多边合作中逐渐被解构。此外，经济领域的间谍活动越来越具隐蔽性，由信息爆炸带来的不可控因素正在侵蚀着国际合作的正当性。从微观上讲，用户个人的隐私侵犯问题多发，黑心企业利用数

---

① 王思斌. 中国社会工作的嵌入性发展[J]. 社会科学战线, 2011(2): 206-222.
② 梁正, 沈春蕾. 探索数据治理公私合作新模式[N]. 中国科学报, 2021-2-25(003).
③ 亿欧智库. 2021企业营销数字化转型研究报告[R]. 北京: 亿欧智库, 2020: 47.

据开展流量欺诈、隐私侵犯、数据造假等违法犯罪活动的"招数"不胜枚举，我们正在步入德国社会学家贝克所说的风险社会，传统的广告数据治理模式难以应对互联网广告行业甚至全球数字营销行业面对的一系列风险挑战。

当前，大数据、云计算、区块链等智能技术不断应用于广告数据治理，逐渐成为数据治理变革逻辑的重要基石。2020年7月，中国广告协会与中国信息通信研究院合办的互联网广告技术实验室正式成立，针对虚假广告数据和传播效果以及虚假的媒体价值评估和定价等问题提供标准化、规范化的技术解决方案，在保障数据安全和强化个人隐私保护的基础上，科学有效评估互联网广告投放的真实性和精准性，同时也为行业制定权威、公正的数据治理标准。可见，以智能技术为深厚支撑，实现数据治理的精准化、科学化、高效化是构建数据治理共同体的大势所趋。当然，由于技术具有复杂性，智能技术在广告数据治理领域的应用与探索必然离不开多方主体的协商，仅仅依靠政府或者单个企业的力量无法推进相关工作。数据治理共同体研发和利用智能技术的前提是要加强广告数据治理的顶层设计，从根本上打破各个主体之间的数据区隔，促进数据的自由流通与交换共享，避免在治理过程中陷入自说自话、条块分割、数据孤岛的泥沼。此外，数据治理共同体以智能技术为深厚支撑也遵循以人为本的伦理精神，始终坚持用户本位，关注用户的人性化需求、情感状态，将工具理性和效率为先的价值取向置于合理的可控范围之内。数据治理共同体通过技术共享、数据共享、信息共享将更多的治理主体纳入核心领域的治理范畴，同时依托智能技术提升共同体的责任落实、治理运行监管以及治理效果评估等方面的能力。

第二节　互联网广告数据协同共治的实践路径

互联网广告数据协同共治应立足于行业数据乱象，以数据治理共同体为依托，从数据立法、数据监管、数据共享等方面充分调用其成员的各自治理优势，加强治理主体间的通力合作，在借鉴已有治理经验的基础上，不断探索行业数据协同治理新道路。

一、明确行业数据立法依据，加强个人数据保护

加强对广告数据的保护力度，完善数据保护方面的立法，能够为建构互联网广告数据治理共同体、维护各方主体的合法权益以及提升协同治理的信任度提供最基本的法律保障。我们要在现有法律法规的基础上，结合国内外立法实践，建构和完善广告数据保护法律体系，以科学化、合理化的手段加强对消费者个人数据以及数字营销公共领域数据的保护。国内外各行业的数据治理实践都离不开对数据主体的信息保护，其中大部分主要涉及个人数据。在互联网广告行业，个人数据保护贯穿于广告数据的采集与存储、传输与共享、审查与评估三个环节。受访者BJ11-E22也认为数据安全保护工作应从数据的搜集、存储、传输三个环节展开：

> 数据安全保护工作主要从数据的搜集、存储、传输三个方面展开，旨在确保数据在各个环节中不会出现泄露和意外情况。在搜集方面，智能媒体存在过度搜集的问题，国家互联网信息办公室和中国消费者协会的调查发现，流行的APP普遍存在这一现象。在存储方面，官方的订票网也曾出现信息泄露的情况，因此在智能媒体时代，存储安全变得越来越重要，如何在自动化过程中保证存储的安全成为一个突出问题。为了应对这些问题，有些标准化委员会正在考虑制定技术标准，并强调要进行安全评估，这也是各界普遍提倡的措施。（受访者BJ11-E22）

当前，个人数据保护立法已在全球范围内全面展开，我们整理了部分具有代表性的法律法规，以期为我国互联网广告行业的数据立法提供有益借鉴。

1. 国内外的数据立法实践

（1）数据采集与存储方面

早在2015年，我国修订的《广告法》规定，广告使用数据、统计资料、调查结果、文摘、引用语等引证内容的，应当真实、准确，并表明出处。这表明，广告制作者有义务考虑引用数据的使用期限和范围是否合规、数据来源是否真实，而且需要承担一定的法律责任。2020年3月6日，《信息安全技术 个人信息安全规范》正式发布，明确了"授权同意"的界定，同时对"明示同意"定义进行

了补充，还要求个人信息主体注销账户后及时删除其个人信息或匿名化处理。该规范还明确要求信息控制者应将个人生物识别信息和身份信息分开存储，原则上只能存储个人生物识别信息的摘要信息而非全样本信息，且摘要信息应具有不可回溯性。2021年颁布的《个人信息保护法》对敏感个人信息的处理做出专门规定，要求处理敏感个人信息应当取得个人的单独同意，并向个人告知处理敏感个人信息的必要性以及对个人权益的影响。受访者 GZ03-E23 提到目前对个人信息保护的需求越来越迫切，我国应加快立法进程：

> 国家加快立法的原因在于争议众多且刻不容缓。一方面，各种形式的个人信息过度搜集和处理现象频发；另一方面，立法者意识到了个人信息保护的重要性。此外，大数据技术的发展也使得个人信息保护的需求越来越迫切。（受访者 GZ03-E23）

国外有关数据采集与存储的立法也日趋完善，其中发达国家走在前列。美国的立法起步较早、进程较快、相对完善。早在 1986 年，美国《联邦电子通信隐私权法案》规定了未经用户的许可，广告发布方不得追踪和获取用户的网上行为，《存储通信法案》针对应用程序中的用户访问与信息存储做出相关规定。2011 年，国会颁布《不要在网上跟踪我法案》，法案规定企业为保护用户隐私，要建立"不要跟踪"机制。在保护消费者隐私方面，2018 年，《加州消费者隐私法案》出台，旨在保护消费者的个人信息和权利，该法案于 2020 年正式生效。法案规定，消费者具有访问和删除个人信息的权利，并且有权拒绝企业出售自己的个人信息。同时也规定企业必须创建相应的程序来响应消费者的请求，例如在网站或应用程序中设有"拒绝出售我的个人信息"选项。法案还将儿童信息、地理信息、生物信息列为敏感信息，对其进行严格保护。2021 年 1 月 21 日，华盛顿州参议院通过《华盛顿隐私法案》。该法案融合了《加州消费者隐私法案》和《通用数据保护条例》的内容，但也存在独特之处。《华盛顿隐私法案》规定，消费者除了具备更正权、删除权、访问权、便携权等，还有权取消对其个人数据被用于定向广告、出售给第三方或进行分析等处理行为的同意，并规定数据控制方应在 15 天之内处理退出请求。此外，该法案指出，在隐私声明中数据控制者需向消费者披露的数据信息有：收集的个人数据类别及其使用目的；控制者与第三方共享的个人数据类别，以及第三方的数据类别；向数据代理销售个人数据或以直接营销为目的而处理个人数据的情况，同时要标明消费者能够通过何种方式行使反对权。2003 年，意大利颁布了《个人数据保护法典》，提出了数据处理的"通知-同意原则"，其中提到如果包含敏感数据，那么必须获得数据主体的书面同意。此外，该法典第 37 节规定，数据处理者在处理广告数据、生物数据、地理位置数据时必须通知意大利数据保护机构。2018 年，欧盟正式实施《通用数据保护条例》，该条例开创性地赋予了数据主体多种新型权利，包括知情权、同意权、访问权、更正权、被遗忘权、可携带权、反对权（限制处理权）、拒绝权、自动化自决权等，并将机器决策和互联网相关服务统统纳入治理范围，在很大程度上保障了数据主体的权利自由。①其中包含的知情同意原则要求企业在采集数据和信息时必须在用户完全知情的情况下进行，而且要尽可能以准确、简单以及透明化的手段告知用户信息如何被使用，同时确保用户明确同意其个人数据被使用。俄罗斯在数据采集方面赋予了用户更加广泛的权利，其 2022 年发布的《俄罗斯联邦个人数据法》修正案对公开个人信息的处理做出专门的规定，要求公开个人信息前必须获得个人明确的、有区分的、非永久性的且有限制范围的同意。个人在无须证明其个人信息被非法处理的情况下也有权要求网络运营商删除已公开的个人信息。发展中国家的立法虽然起步较晚，但近年来立法进程逐步加快。肯尼亚政府于 2019 年签署《数据保护法》，要求数据控制者采取多种措施保障数据存储的安全性。例如，对数据进行加密或者假名化处理；在发生突发情况时确保能恢复个人数据可用性或访问权；建立个人数据内部和外部的风险预警机制。2020 年 7 月 1 日，南非实施《个人信息保护法》，规定除法定情况外，数据主体有权拒绝任何以未经请求的方式（如电子通信）擅自将个人信息直接用于营销的行为。此外，该法还规定了应对数据泄露的补救措施，要求企业必须至少采取邮寄、电子邮件、网站公布、媒体发表、遵循监管机构指示行动等方式中的一种，与数据主体及时协商。

（2）数据传输与共享方面

2016 年《网络安全法》颁布，其第三十七条对跨境数据的流动管理做出规定：关键信息基础设施的运营者需要向境外传输信息时，应依据国务院有关部门和国家网信部门制定的办法进行安全评估。首次从法律层面提出了数据出境安全评估

---

① 吴沈括. 欧盟《一般数据保护条例》(GDPR)与中国应对[J]. 信息安全与通信保密, 2018(6): 13-16.

要求。《个人信息保护法》中规定个人信息处理者在处理个人信息时应采取相应的加密、去标识化等安全技术措施。《信息安全技术 个人信息安全规范》要求只有满足"业务需要"和"告知同意"时才能对个人生物识别信息进行共享或转让。

国外在数据传输与共享方面的立法更为严苛且更具有针对性。2018年3月，特朗普政府签署《澄清境外数据合法使用法案》，这意味着美国执法机构能够避开其他国家的法律制度，轻易跨境调取其公民海外信息。2018年7月印度发布了《2018年个人数据保护法案（草案）》[①]。该法案规定，个人数据分为一般的个人数据、敏感的个人数据和关键的个人数据（定义及要求见表 6-1）。印度境内为数据主体提供商品、服务或从事数据主体画像相关活动的互联网企业，在传输"关键的个人数据"和"敏感的个人数据"时需要注意以下事项。

第一，大多数情况下必须获得数据主体的明确同意才能够将敏感的个人数据传输到境外，但此类数据必须在印度保存。

第二，除非在必要情况下，如向提供公共医疗卫生服务或紧急服务的个人或实体传输数据，或者在经过中央政府的允许并确保不损害国家安全和利益的前提下进行跨境数据传输，否则，关键的个人数据只能在印度境内处理。

表 6-1 印度《2018年个人数据保护法案（草案）》有关个人数据的定义及具体要求

类别	定义	具体要求
一般的个人数据	主要是指考虑了自然人的特征后，或与这些特征进行结合后，可以直接或间接地识别出自然人的数据或与之有关的数据	1. 对个人数据的处理，需获得数据主体的同意，且仅限于特定、明确和合法的目的 2. 一般的个人数据无须进行本地化储存
敏感的个人数据	包括财务数据、健康数据、官方证件、宗教/政治/信仰、性取向、生物识别和基因数据、种姓与部落，以及法律认定的其他敏感数据等	1. 向境外传输敏感的个人数据，需要满足一定的条件，如数据委托人需要被告知处理数据可能引发的显著伤害，需要获得数据委托人对数据处理的目的、处理流程及用途等的同意 2. 敏感的个人数据应在印度境内保留一份副本
关键的个人数据	"关键的个人数据"由政府进行定义，即政府拥有自由裁量权	1. 关键的个人数据只能在印度境内处理 2. 特定条件下允许跨境传输：如向提供公共医疗卫生服务或紧急服务的个人或实体传输数据，或在得到中央政府的允许并确认不损害国家安全和利益前提下传输数据

---

① 2023年8月11日，印度《2023年数字个人数据保护法案》颁布。

泰国2019年颁布《个人数据保护法》，将对向境外传输个人数据的公司实施"企业约束规则"。如果数据处理者需向境外传输个人数据，则必须制定个人数据传输方案，且该方案要获得个人数据保护委员会办公室的批准。新西兰在《2020年隐私法》中首次提出了一项新的隐私原则——"原则12"。该原则将向海外发送个人信息的行为定义为"跨境披露"，并明确了企业和机构可以在以下三种情况下实施"跨境披露"：一是境外组织受到《2020年隐私法》的制约；二是境外组织受到与《2020年隐私法》类似的法规约束；三是境外组织受到具有约束力的计划保护。该原则还提出了"人员许可"，即如果境外组织不符合上述任何一项标准，那么企业和机构必须获得相关人员的明确许可才能进行跨境披露，同时需明确告知相关人员，他们的信息可能不受《2020年隐私法》保护。日本2021年修订的《个人信息保护法》明确规定，当数据控制者向国外第三方提供个人数据时，有关人员应要求数据接收方提供其处理个人数据的相关信息。

　　（3）数据审查与评估方面

　　我国的法律从制度安排和组织架构层面对数据的审查与评估提出了一定的要求。《个人信息保护法》规定，处理个人敏感信息、利用个人信息进行自动化决策以及向境外或第三方提供个人信息时需要事先进行个人信息保护影响评估，并且个人信息保护影响评估报告和处理情况记录应当至少保存三年。该法还规定，履行个人信息保护职责的部门有权要求个人信息处理者委托专业机构对其个人信息处理活动进行合规审计。《信息安全技术　个人信息安全规范》新增了对第三方接入管理的规定，要求从接入审查、责任界定、持续监管等方面强化第三方对个人信息处理的监督审查责任。《数据安全法》规定，应建立数据安全审查制度，并定期开展风险评估，推动有关部门、行业组织、科研机构、企业、个人等共同参与数据安全保护工作。同时，受访者GZ03-E23建议我国可以培育一些第三方数据监测机构进行数据安全评估，以辅助政府监管：

　　　　从国际上看，欧洲和美国都有数据安全评估实践经验，这种安全评估主要由具有技术能力的第三方进行，以测试系统的安全性能达到什么等级。结合中国的实际情况来说，比较好的办法就是培育一些第三方数据监测机构，进行数据安全评估。因为政府不是技术提供方，没有职责站在技术最前沿，而且如果政府出具评估报告，也会有一些麻烦，而第三方数据监测机构可以有效解决这一难题，中国信息通信研究院就是做这方面工作的。（受访者 GZ03-E23）

国外在这方面的立法大多沿袭了欧盟《通用数据保护条例》的数据保护官制度，即要求委任数据保护官或者要求数据控制者承担评估责任。例如，印度强调数据信托责任的归属，并在《2018 年个人数据保护法案（草案）》中引入了"重要数据受托人"的角色定义，如实施任何可能对数据主体造成重大损害的处理行为时，需要按照法案的规定进行数据保护影响评估，此外还需任命数据保护官对该评估进行审查。巴西于 2018 年通过了《通用数据保护法》，该法没有具体规定何种情形下需要设立数据保护官，而是统一要求数据处理者任命一名人员负责数据处理，这意味着每个组织都需要设立专门的人员负责数据审核。2021 年 3 月 2 日，美国弗吉尼亚州州长签署《消费者数据保护法》，该法案要求数据控制者对涉及定向广告、数据销售、某些画像活动、敏感数据处理以及其他任何可能增加消费者风险的行为进行数据保护评估。《华盛顿隐私法案》规定数据控制者出于特定目的处理个人数据，例如进行定向广告投放、数据销售、特定类型数据分析、敏感个人数据处理以及其他给消费者带来损害的个人数据处理活动时，应实施数据保护评估。俄罗斯的《俄罗斯联邦个人数据法》修正案要求委任一名数据保护官，主要负责审查数据处理人及其员工是否遵守联邦法律的规定，对与保护个人数据相关的义务予以内控；同时也负责处理数据主体依法提出的申请及要求。上文提及法律法规汇总如下（表 6-2）。

表 6-2　部分国家互联网广告数据法律规制一览表

发布国家和地区	发布年份	法律名称
中国	2015（修订）	《广告法》
	2016	《网络安全法》
	2020	《信息安全技术 个人信息安全规范》
	2021	《数据安全法》
	2021	《个人信息保护法》
欧盟	2018（生效）	《通用数据保护条例》

续表

发布国家和地区	发布年份	法律名称
美国	1986	《联邦电子通信隐私权法案》
	1986	《存储通信法案》
	2011	《不要在网上跟踪我法案》
	2018	《加州消费者隐私法案》
	2018（签署）	《澄清境外数据合法使用法案》
	2021（签署）	《消费者数据保护法》
	2021（通过）	《华盛顿隐私法案》
意大利	2003	《个人数据保护法典》
巴西	2018	《通用数据保护法》
印度	2018	《2018年个人数据保护法案（草案）》
泰国	2019	《个人数据保护法》
肯尼亚	2019（签署）	《数据保护法》
南非	2020（实施）	《个人信息保护法》
新西兰	2020	《2020年隐私法》
日本	2021（修订）	《个人信息保护法》
俄罗斯	2022	《俄罗斯联邦个人数据法》修正案

2. 国内外数据立法实践对互联网广告行业数据立法的启示

国内外关于数据立法的实践为我国互联网广告行业的数据立法提供了借鉴。欧盟《通用数据保护条例》提出的一些原则，如"数据最小化原则""企业约束原则""充分性决定原则"等都对企业或机构的数据行为加以严格的限制，许多资本主义国家的数据立法及修订在很大程度上参照了《通用数据保护条例》的有关规定。就目前来讲，我国关于个人信息保护的法律框架逐渐完善，《民法典》《个人信息保护法》等法律的颁布充分展现了我国在助推数字经济发展、加强个人信息保护方面的中国智慧。但就我国互联网广告行业而言，数据立法分散于多种法律法规之中，某些领域仍存在空白，因而我国有必要借鉴其他国家的立法规范，并且充分考虑文化和国情的差异，建构适合本国国情和行业发展的法律框架。基于此，我们对互联广告行业数据立法提出以下建议。

第一，建立适配的数据权利体系。《通用数据保护条例》开创性地提出数据可携权，让消费者自主管理数据和自由变更服务商，以便获得更好的服务。我国数据权利体系也独具特色，如信息权与隐私权的二分法则。^①数据可携权为我国互联广告行业数据立法提供了新的思路，但是绝不能照搬欧盟《通用数据保护条例》的权利配置，而是要结合我国实际情况有针对性地合理配置数据权利。

第二，创新同意模式。在互联网广告营销中，有些企业经常利用大数据技术将二手的用户数据据为己有，在不告知用户的情况下，通过移动网络向用户精准定向推送广告信息。在未来，将会有越来越多的技术手段被应用于数据的采集中，因此，应不断探索更具实际意义的同意模式，如"知情同意原则"。该原则在"明确同意原则"的基础上强调要在用户完全知情的情况下获得用户的同意，这从源头上对数据采集行为加以严格限制。

第三，扩大数据的保护范围。随着物联网和人工智能的发展，用户的个人数据与非个人数据的界限日益模糊。许多非结构化、不能识别身份的个人数据常常被视为非个人数据，但大数据分析技术使得这些数据能够重新被整合和连接。所谓的非个人数据中可能包含着隐藏的敏感信息，因而立法者应当对扩大数据保护的范围做出全面的考量。此外，还要明确划分数据种类，特别是广告中经常涉及的儿童信息、人脸信息、位置信息等敏感数据，应对个人数据进行分类分级存储和加密，以免个人隐私遭到侵犯。

第四，完善数据跨境传输管理。各国的数据立法侧重于对境内和境外数据安全的保护。当下，尽管我国网络安全技术取得较大进展，但仍然存在不利于维护网络安全的风险因素，存在数据泄露、数据欺诈等违法行为，广告数据在传输环节亟须加强法律保护。个人敏感信息是互联网企业不可触碰的红线，广告数据立法要根据我国实际情况完善对个人敏感数据和关键数据的界定。近年来，我国互联网企业出海"碰壁"国外法律的情况时有发生。2020年6月，印度政府对59款中国应用下达禁令，声称这些应用在未经授权的情况下窃取印度境内用户数据并传输到境外的服务器，违反了印度《信息技术法案》。应用被下架或遭封杀势必会影响我国广告行业的收入和商业模式。因此，出海企业务必要考虑数据跨境传输带来的法律风险，同时，我国也要加快推进数据跨境评估机制建设，建构多

---

① 李永军. 论《民法总则》中个人隐私与信息的"二元制"保护及请求权基础[J]. 浙江工商大学学报, 2017(3): 10-21.

元化的跨境数据流动管理制度，坚决维护国家主权，营造良好、正当的交易环境。

　　第五，建立完善的风险评估制度。这一制度要求企业设立数据保护官、数据受托人等专门的数据审核人员，这有助于弥补法律空白，有针对性地解决行业中出现的各类矛盾和具体问题，从而提升数据治理的灵活性和时效性。该制度将事后追查转变为事先审查，能够预防数据违法现象的发生，有助于将损害降到最低，在一定程度上规避了法律风险。

　　第六，树立"设计保护隐私"原则。在设计阶段嵌入对用户信息的保护技术能够有效保障用户的合法权益，如数据匿名化技术、数据库防火墙技术等。我国互联网产品如支付宝，运用了信息脱敏技术，只不过缺乏对匿名处理的统一标准和具体要求[1]，我国应尽快出台专门针对行业数据应用规范的法律法规。

　　第七，确立数据共享协议。经济合作与发展组织称，一些政府已经制定了相关法律，强制要求企业分享被认为符合公共利益的数据。欧盟的开放数据指令要求欧盟委员会公布一份高价值数据集清单，这份清单应以机器可读格式免费提供，并允许企业通过应用程序编程接口批量下载。我国的数据立法应侧重于推动各行业数据共享，在保障公共及个人数据安全的前提下，鼓励各方主体开放其数据源。

二、加强行业自律，协调跨功能的冲突性目标

　　数据治理共同体中的多元治理主体虽有具体的不同参与维度的界定，但多元主体存在功能上的交叉和对立，互联网广告数据治理必须要协调跨功能的冲突性目标。例如，在2020年的脸书大战苹果事件中，脸书就针对苹果公司推出的隐私新规——"开发者在跟踪用户行为之前须经过用户'明示同意'才可获取苹果设备的广告追踪标识符"——在《纽约时报》等各大媒体上公开发布了反对声明。脸书称苹果的做法不仅损害了小型企业的利益，而且该行为是赤裸裸的反竞争行为，其目的是抽取付费订阅佣金。脸书作为以定向广告为主要收益来源的开发者，主要依靠用户行为数据进行广告推送，从而增加广告收益。苹果公司则考虑到未经用户同意的追踪行为可能会引发公司的信誉危机，但公司的首席执行官也担忧开发者联合控诉可能带来潜在规制反弹风险。互联网广告企业背后不同的商业模

---

① 陶盈. 我国网络信息化进程中新型个人信息的合理利用与法律规制[J]. 山东大学学报(哲学社会科学版), 2016(2): 155-160.

式是引发"数据大战"的根本原因，因此仅凭企业一己之力无法从根本上化解矛盾，为规避治理风险和阻碍，必须充分发挥行业联盟的协调作用，加强行业自律，不断完善行业协同治理机制。

1. 行业联盟协商制定统一的数据标准，促进广告交易规范化

互联网广告行业在迎来快速发展期的同时，也面临着数据失范行为的治理难题。[①]当前，我国互联网广告在实际操作中尚缺乏统一的数据流动标准与规范，受访者 SH02-E10 也提到了这一现实状况：

> 目前，数据的流动和流出缺乏统一的标准，特别是在标签的规范性
> 上。各家数据管理平台的标签体系各不相同，有的公司采用 20 个大类、
> 80 个小类的划分方式，有的公司少一些，可能仅有 8 个大类、30 个小类。
> 这些标签体系具有个性化特点。各家对于人群包的定义也不统一，同样
> 缺乏标准。（受访者 SH02-E10）

因此，为进一步规范行业数据的流动，保障数据的真实性，行业联盟有必要制定统一的数据标准。世界广告行业联盟类别多样，主要分为广告行业协会和互联网广告自律组织两大类。目前发展较为成熟的包括：国际广告协会、世界广告主联合会、国际广告自律委员会、美国广告主协会、美国媒体评级委员会、美国互动广告局、中国广告主协会、英国广告协会等。美国互动广告局为规范互动广告的执行标准，保障数据处理的公平性和真实性，制定了《数据的使用与控制》《移动广告效果评估指南》等比较权威的行业技术标准。[②]2020 年 6 月，美国互动广告局技术实验室发布了合规框架，用于指导出版商和技术公司的交易行为。合规框架首次提出了数据删除请求处理的技术规范，统一了提供信号通知消费者数据删除请求的标准方法。此外，还进一步规范了美国隐私字符串格式标准，用于判断消费者是否选择出售数据，这有助于合规存储数据和保护消费者的隐私，同时，也确保了相关数据能够传输给相关方，以便它们合理处理消费者的个人数据。

这些数据处理标准的建立为从源头上遏制用户的隐私泄露，促使数字交易透明化提供了保障。美国媒体评级委员会发布了广告可视性统一衡量标准，依据该

---

① 刘晓. 互联网媒体平台: 数据造假"重灾区"[J]. 广告大观: 媒介版, 2017(4): 33-37.

② 王磊. 美国新媒体广告法律规制初探[N]. 中国工商报, 2014-4-26(003).

标准，数字平台上达到 50%像素的展示类广告在个人电子显示屏上至少能连续展示 1 秒钟，50%像素的视频类广告至少能连续展示 2 秒钟。[①]当下，脸书、谷歌等互联网公司均采用媒体评级委员会的广告可视性统一衡量标准，向利益相关方公开展示毫秒级的广告效果数据。中国广告协会也在朝这一方向迈进。2014 年以来，中国广告协会积极拓展统一网络广告标准实践，制定了《中国互联网定向广告用户信息保护行业框架标准》《中国移动互联网广告标准》等一系列标准，为规范广告市场化奠定了基础。此外，中国广告协会参考美国互动广告局、美国媒体评级委员会等制定的行业标准，联合各方不断完善《互动广告》国家标准，明确了广告互动效果、品牌提升效果、可见系数、效用系数等的测量指标和方法。2019年 9 月，中国广告协会通过《数字媒体价值评估标准》，详细规定了评估数字媒体价值的相关指标，如媒体覆盖用户数、日活用户数、异常流量比例、广告可见性等。中国广告协会还于 2021 年 1 月 1 日正式实施了《中国互联网广告投放监测及验证要求》，其中对可见曝光的计数做出详细的规定，如在客户端计数、过滤无效流量、采用缓存清除技术以及在移动端广告渲染时开始计数曝光。与此同时，还为广告点击量、独立访问者数、独立点击者数等效果测量指标的确定提供了可行标准。由此可见，不管是广告效果监测标准还是数字交易技术规范标准，行业联盟制定的统一数据标准，在建构权威的数据评审体系、促进广告交易的规范化、发挥不同数据源之间的协同效应等方面迈出了实质性的一步。

2. 建立行业联盟间的约束机制，强化数据治理的协同效应

伴随着数字广告的快速发展，广告主体日益多元，互联网广告行业出现了以不同主体为代表的行业联盟。各联盟均建立起了适用于本联盟成员的自律协议或公约，但不同联盟之间存在一定的认知鸿沟，利益冲突和治理诉求之间的张力要求广告行业联盟尽快建立完善的约束机制，在维护多元利益的基础上实现治理效果最大化。美国广告代理商协会、美国广告主协会、美国互动广告局等联合发布的《在线行为广告自律原则》指明了在线行为广告行业应遵循的七大原则，分别是教育原则、透明原则、数据安全原则、消费者控制原则、变化原则、敏感数据原则、问责原则。这些原则的提出为各协会建立起共同遵守的行业道德规范，以更好地协调多方的数据治理工作。

---

① MRC. MRC viewable ad impression measurement guidelines[R]. New York: Media Rating Council, 2015.

美国广告联合会、网络广告促进会、美国互动广告局等七家自律组织共同组成美国数字广告联盟，于 2013 年 7 月发布了《移动环境中自律原则的应用》，设置了包括多站点数据、深度数据、精确位置数据、个人目录数据在内的数据自律规范，对第三方搜集数据及敏感数据等做出专门规定，要求确保数据安全。[①]为了打破由程序化购买引发的黑箱操纵，提升行业联盟之间的信任度，美国广告代理商协会、美国广告主协会和美国互动广告局等美国数字广告行业组织还联合创办了可信问责小组。可信问责小组规定在广告程序化购买中的需求方平台应设置含有公司 ID 的支付协议，并要求互联网媒体平台公开流量的来源。宝洁公司为建立良性的媒介供应链，要求与其合作的数字媒体公司必须进行可信问责小组认证，这意味着供应商必须首先接受全球媒体认证组织的严格审计。2021 年 3 月中国广告协会与可信问责小组正式发布面向中国市场的可信问责小组国际标准。同年 4 月，上海腾徽软件科技有限公司凭借良好的无效流量过滤能力，获得了国内首个由可信问责小组认证的数字广告流量反欺诈证书。据广告安全机构的调查，经过可信问责小组认证后，2019 年欧洲五大广告营销重要市场遭遇的广告流量欺诈降低了 94%。除了与国际行业联盟合作，中国广告协会还主动推出了"一般无效流量数据"服务，目前已有 20 多家行业机构加入这项服务所依托的"分布式无效流量过滤器联盟链"项目，该项目包含的黑名单机制有效遏制了互联网广告的数据失范行为。新公共治理理论主张主体间的关系经营，即竞争优势日益表现为强大的合作能力而不是敌对能力，而这种合作关系的关键是信任。[②]互联网广告行业联盟之间的自律协定或标准的建立，不仅提升了广告主对供应商的信任度，也有效约束了数字广告产业供应链上各方的广告行为，强化了行业数据治理的公共性和协同性。

三、强化行业数据监管，净化广告数据监测环境

当前互联网技术飞速发展，注意力经济崛起，在技术和流量的加持下，数据违规现象更为隐蔽且频繁，这使得广告数据监管难度逐渐加大，"人工+机器"的双重审核机制也难以完全消除种种数据乱象。要加强广告数据监管，塑造健康

① 孟茹. 美国在线行为广告的自律规制研究[J]. 新闻界, 2016(10): 60-67.
② 竺乾威. 新公共治理：新的治理模式?[J]. 中国行政管理, 2016(7): 132-139.

的数据环境，首先要强化"把关人"意识，使相关人员自觉承担起监管责任，其次要升级再造数据监管技术，提高行业数据监管效率。

1. 完善互联网媒体平台的数据审核管理机制

互联网媒体平台掌握着大量的用户数据，其借助算法、大数据等人工智能技术，能够用较低的成本为用户提供精准化的个性广告服务，因此成为广告主和广告代理公司优先选择的广告投放热门渠道。但低成本却不一定总能带来高回报，近年来，随着广告作弊手段的多样化，广告数据造假、用户隐私泄露、流量欺诈等问题凸显，成为严重阻碍互联网媒体平台有序健康发展的不利因素。弗吉尼亚州民主党参议员马克·华纳直言，网络广告是"各种欺诈和诈骗的一个关键载体"，由此可见，互联网媒体平台必须加强对广告数据违规行为的监管力度，营造良好的广告数据监测环境。谷歌在数据审核方面为各大媒体平台提供了行之有效的操作模板。

第一，在内容数据审核方面，谷歌致力于维护平台内容的版权。早在 2011 年，谷歌就在油管上线了 Content ID 机制，该机制能够无偿为版权用户提供查封、追踪和盈利三种方式以进行内容数据管理。为了加强审核力度，Content ID 还支持通过画热力图的方式对影片进行数据可视化处理，以便识别出那些经过模糊化处理的影片。

第二，在效果数据审核方面，谷歌凭借自身强大的程序化广告产品矩阵，能够在广告投放过程中使用同一条代码监测广告曝光量、点击量、转化量与消费者行为数据。此外，谷歌还支持用同一套监测体系分析广告主的各类效果广告和品牌广告，通过建立归因模型更为直接地找出广告、品牌、效果之间的关联。广告效果的实时监测和分析解决了传统监测方式的滞后和割裂的问题，能够帮助广告主依据及时的反馈来完善广告营销策略。

第三，在用户数据审核方面，谷歌通过制定严格的规定和条款对供应商实施合规审查。2020 年 8 月，谷歌更新了对其平台上所有应用的数据审核流程，新的审核原则将重点关注应用后台采集用户数据的合理性。谷歌将依据用户是否同意位置数据授权、位置数据对应用运行的必要性以及对用户价值的大小做出相应的判断。同时，谷歌还为用户审核自己的数据开设了一系列通道，如用户可以使用"Why this ad"功能实时监测个性化推荐广告所采集数据的透明度。

谷歌严格的数据审核方案将迫使应用商不得不谨慎考虑采集用户数据的必要性，这不仅提升了应用商在数据保护方面的自觉性，更净化了媒体平台运营环境，在提升监管效率方面取得了实质性的成果。在我国，以BAT为代表的互联网媒体平台，也逐步建立起了严格的广告数据审核机制。目前，腾讯已建立贯穿资质审核、广告审核、广告巡查三大环节的全链路审核机制。为整个互联网广告行业的数据治理提供了新思路。例如，自动巡查机制会对存在风险的广告进行风险值计算，优先巡查高风险的广告，审核通过的广告每隔一小时还会接受再次巡查。为规避自动巡查的漏洞，腾讯还引进了人工审核机制，安排专门的广告巡查人员对问题广告进行层层把关。"智能+人工"的广告数据审核机制能够实现对异常广告数据流量的高频度、全方位、深层次监督排查，确保数据的安全、合法和有效。互联网媒体平台还充分利用自身的数据中台不断完善智能审核机制。例如，百度开发的百度统计分析云功能，不仅可以帮助媒体平台实现对互联网、移动通信终端、APP数据全程跟踪统计，还能对广告的跨屏投放、用户转化路径等全链路营销效果进行分析和监测。受访者SH02-E10也提到了其对用户数据的全链路监测：

> 我们打通了全链路，涵盖了其中的每一个节点。我们记录了用户可能访问的内容、在淘宝上的搜索行为以及后续的加购行为，从而促成最终的数据转化。我们掌握了整个链路，相当于掌握了用户的整个行为流程以及他们的心理变化和反应，实现了全链路归因分析。（受访者SH02-E10）

目前，除了百度，环球网、一点资讯、薄荷健康网等媒体平台均采用了分析云对自家网站的广告效果进行全方位的效果监测，这将在很大程度上提升广告投资回报率，进而赢得广告主的青睐。总之，互联网媒体平台作为集广告生产、投放、传播于一体的平台，着实应当树立起"数据把关人"意识，在加强自律的同时要承担起广告数据治理的重任，投身于积极研发平台监测技术的阵列，不断完善平台的审核机制，致力于推动平台乃至整个广告行业的发展。

2. 加强第三方数据监测机构的智能技术规制

伴随着人工智能的进一步发展，计算广告的发展按下了"快进键"，涌现了如行为广告、信息流广告等多元化的广告形态。这些新生广告在技术的赋能之下使得互联网广告营销真正迈向了场景化时代,但技术的局限性以及不法分子的"别有企图"却使得这些广告成为数据欺诈的重灾区。由于互联网媒体购买主要依赖技术驱动,因而还需采用技术手段防控薄弱环节,规制互联网广告行业的数据作弊问题。[①]为此,第三方数据监测机构有必要发挥自身的数据资源和技术资源优势,加强技术创新,建立专门化、系统化的技术治理体系。

(1)打造跨平台全流量监测链路,加强监测的全面性

在传统广告时期,广告代理公司和第三方调查公司是广告主获知广告效果的主要渠道,这种事后监测导致广告效果具有延迟性,进而迫使广告主陷于被动地位。[②]现今,智能技术的应用使得第三方数据监测机构实现了对跨平台广告运行的监测。美国互联网流量监测机构康姆斯克公司能够监测同一用户在不同设备的广告曝光量和转化率,公司还推出"In APP 分析"产品服务,将监管的触角深入APP 内部,全流量一体化的效果监测有效规避了广告运作各个环节的数据造假行为。我国第三方数据技术公司秒针系统推出的一系列数据监测技术处于国内领先地位。秒针系统研发的 Sales Impact 通过整合秒针系统在线广告、活动、官网中的曝光数据和电商平台的用户数据,设计曝光组和控制组对照试验,来评估在线广告、活动、官网分别对用户网购行为的影响,以保证数据监测的真实性和全面性。[③]这种全方位的广告评估能够帮助广告主及时发现异常流量。精硕科技将总收视点计算方式引入移动视频监测中,创建了移动端触达广告评估体系。精硕科技还把交互式网络电视列入跨多屏的监测领域,并支持多屏之间的数据印证、去重,真正建构了跨 PC 端、移动端、电视端的一体化广告数据评估体系。广告数据的科学化、全方位监管既能够压缩数据作弊的空间,加强评估的科学性,又可以通过不同渠道的效果对比找出数据漏洞,从而使得投资有章可循。

(2)依托深度学习技术提供一站式监管方案,实现监管的智能化

从整体上讲,第三方数据监测机构的数据监管技术还处于弱人工智能阶段,这一阶段的智能技术往往只能在人工辅助之下,针对某一特定任务开展机器学习,从而提供相应的解决方案。这种监测服务的成本相对较高,并且无法充分利用数

① Swant, M. & Carmody, T. Is Facebook winning the battle against ad fraud?[J]. *Adweek*, 2018, 3(4): 4-5.

② 张辉锋, 金韶. 投放精准及理念转型——大数据时代互联网广告的传播逻辑重构[J]. 当代传播, 2013(6): 41-43.

③ 武志军. 秒针系统: 让传统品牌"赢"销大数据时代[J]. 中国品牌, 2015(1): 62.

据资源，一旦出现新的数据欺诈行为，模型将无法识别和应对，从而导致数据监管的灵活性和拓展性受阻。为此，必须要利用深度学习技术开发更加智能化的数据监管服务。深度学习技术能够将海量视频、音频和文本等形式的数据转化为计算机可以理解的语言，运用多层次的神经网络模拟大脑，可以像人类一样去处理和学习复杂事物。[①]目前，主流的深度学习技术包括循环神经网络、自然语言处理，以及无监督学习和卷积神经网络等深度学习算法。反数据欺诈服务公司维择科技推出一项托管欺诈监测服务，能够为广告主提供一站式数据监管服务。该服务集合了第三方数据和异构数据源，采用了无监督机器学习算法，在没有历史标签的情况下也能够通过训练模型，利用相似性关联分析，自动识别可疑连接和不同类别的欺诈，并创建集群，发掘集群中不同的欺诈行为模型，自动生成训练数据。此外，该服务还能依据数据监测结果为广告主提供最佳解决方案。托管欺诈监测服务具备一站式监管能力，配合精细化的运营优化服务，大大降低了广告主的监管成本，能有效应对各种数据欺诈手段，还能提供全面的智慧解决方案，进一步增强了广告主应对数据风险的能力，提升了广告信任度。在数据造假技术不断升级的大背景下，数据造假、数据欺诈等现象的隐蔽性也日益增强，第三方数据监测机构必须升级监测技术，开展一站式的数据监测服务，让数据作弊行为无处遁形。

3. 完善对第三方数据监测机构的监督约束机制

数据市场庞大的交易需求催生了一大批第三方数据监测机构。以求真、公平为经营原则的第三方数据监测机构坚守行业操守，凭借海量的数据资源和先进的技术手段对行业数据乱象重拳出击，很大程度上改善了数据市场的状态。但是越来越多的第三方数据监测机构打着"数据治理"的旗号，私下与广告主合作，被资本裹挟的客户关系逾越了二者之间原有的关系界限。此外，有些第三方数据监测机构除了提供广告监测服务，还将业务拓展到广告投放领域和需求方平台，这种既当裁判员又当运动员的行为，严重扰乱了广告业公平竞争的生态，进而为数据造假和欺诈提供了契机。[②]2020年"618"期间，京东发布的3C数码家电官方

---

① 刘珊，黄升民. 人工智能：营销传播"数算力"时代的到来[J]. 现代传播(中国传媒大学学报), 2019, 41(1): 7-15.

② 张国华. 净化广告数据监测环境，促进广告产业繁荣发展[J]. 中国广告, 2017(5): 30-32.

声明称，第三方数据监测机构——易观国际在"618"京东店庆之日发布的《618
主流电商平台 3C 数码家电品类销量监测》报告存在数据作假行为，报告中展示
的 3C 数码家电品类销量行业排名违背事实，并且在该报告刚发布时，平台中就
出现了数千条诋毁抹黑京东集团的链接。该事件表明第三方数据监测机构一旦加
入数据造假的阵营，将很可能推动行业"黑公关"产业链条的形成。此外，某些
第三方数据监测机构在处理数据的过程中还存在侵犯用户隐私权的行为。受访者
BJ05-E20 提到可以对第三方数据监测机构进行监测：

> 广告主可以自行为其外链添加监测。第三方监测工具通常遵循其特
> 定的统计规则。在页面内，点击行为通常可以通过第三方监测工具进行
> 追踪。通过数字信号处理器投放广告时，广告主会特别关注是否有外链
> 和跳转发生。当投资回报率转化不理想时，这些环节往往会成为质疑的
> 焦点。在监测过程中，由于数据延迟、统计误差等，实际数据与监测数
> 据之间可能存在差异。在评估广告效果时，我们需要注意，量不是唯一
> 的衡量指标。（受访者 BJ05-E20）

因此，面对鱼龙混杂的互联网广告数据监测市场，仅仅依靠第三方数据监测
机构的自律行为已经无法有效应对行业乱象，有必要引入多元监管主体，加大力
度完善对第三方数据监测机构的监管机制。

首先，行业协会及相关部门要采取措施完善对第三方数据监测机构的监管机
制，依据行业现状，规范和完善第三方数据监测机构的监测体系和标准，为利益
相关的各方主体提供权益保障。欧洲民间社会组织——隐私国际曾在 2018 年分别
对法国、英国和爱尔兰的数据中介机构提出投诉，指控七家数据中介机构依据对
用户个人数据进行衍生、推断和预测所得的数据，建立了复杂且可能不准确的个
人生活监测档案，这违背了欧盟规定的数据保护原则。中国也十分重视对广告监
管领域的治理。中国广告协会和中国信息通信研究院合作创建了互联网广告技术
实验室，并创建了互联网广告数据服务平台，通过发布透明、公正的数据规范和
监测标准，严格制约第三方数据监测机构的市场行为。因此，监测规范和标准的
体系化运行成为重要的监督和管理机制之一。

其次，优先鼓励和支持符合监测规范和标准的第三方数据监测机构开展数据

监测和评估服务，通过多种数据来源的交叉印证，提供权威且有公信力的监测评估结果，打破现有监管机构的市场垄断局面。2015年，秒针系统为保持相对独立的第三方数据监测机构身份，将广告交易平台业务转售给灵集科技公司。秒针系统创始人吴明辉认为，这一举措更加凸显了秒针系统作为第三方数据监测机构的相对独立性，而且这项交易是一场双赢的合作。在国际上，欧盟各国的数据保护机构作为综合性的数据监测机构，承揽着具有公信力的数据监管业务，它们尤为关注科技领域和广告行业的数据监管。例如，法国数据保护机构经过数据监测认定，在谷歌的个性化广告服务中，用户数据的处理活动违反了《通用数据保护条例》关于透明度、知情同意的法律要求，因而对谷歌开出高达5000万欧元的罚单。权威数据监管机构的介入能够打破数据监测来源单一的局面，通过开拓正规渠道的数据源，能为混杂的数据监管市场树立风向标。第三方数据监测机构的失范行为不但为黑灰产业的出现提供了可乘之机，而且加大了广告主的投资成本和数据治理成本，同时也扩大了数据泄露的潜在风险。行业协会亟须加强跨部门协同治理，建立统一的数据监测标准，同时也要鼓励合规的第三方数据监测机构的发展，利用数据和信息流动的"公共领域"营造意见的自由市场，聚合各主体的利益。

4. 政府创新数据监管方式

在数字经济时代，以数字化、智能化为主要特征的数字广告已经进入快车道。传统的政府监管方式已经无法应对当下互联网广告行业出现的数据滥用问题，也难以满足广告业健康持续发展的需要，政府亟须创新数据监管方式，填补数据监管领域的漏洞，建构全新的监管模式。

（1）运用区块链技术提升电子取证能力

当前，互联网广告交易方式以程序化广告交易为主，这种电子交易方式具有虚拟性、开放性、可篡改性等特征。在广告交易过程中，广告主体的数据违法线索往往隐藏在数字信息中，因此提升电子取证能力成为政府监管的必然选择，区块链技术的运用为其提供了良好的技术手段。区块链技术凭借不可篡改、安全性高、共享式存储等特征，能够保证数据的真实性和唯一性。目前，我国诸多政府部门已经落地区块链监管平台，如领御区块链-北京方正公证取证平台。该平台基于腾讯安全的大数据，通过全网实时监测，全面对比内容和图片的相似度，迅速判别数据违法行为，并将电子数据链入司法系统，从而实现监管、取证、核验的一体化。2020 年 7 月，浙江省市场监督管理局搭建的区块链电子取证平台上线，该平台集"探针固证系统"和"在线取证系统"于一体，保证每条线索数据都具备可验证性，还能在线生成执法文书和可供当事人校验的电子保全证书。[①]由此可见，基于区块链的电子取证平台有助于提升广告交易数据取证的权威性和透明度，从而降低数据监管成本，这将会成为政府部门数据监管的新利器。

（2）实行互联网广告数据治理专项行动计划

近年来，数字广告市场中潜在的数据风险已经转变为威胁广告产业生态健康发展的严峻挑战。在相关法律法规尚未成熟的情况下，为规避治理风险、提升治理效率，可以实施互联网广告数据治理专项行动计划。专项行动计划能够以灵活、权威、有针对性的手段严厉查处行业中存在的数据造假、流量欺诈等问题，对企业形成一定的威慑力。2021 年 12 月，国家互联网信息办公室正式部署开展"清朗·打击流量造假、黑公关、网络水军"专项行动，覆盖各大网络平台和传播渠道，重点整治网络平台中的网络水军、数据造假、流量劫持、僵尸账号、非法交易等问题，全面打击炒作、抹黑、诋毁、作假和黑公关乱象。互联网广告数据治理专项行动深入平台和基层，建构起长效治理机制，及时曝光违法行为，联合各方共同打造风清气正的网络广告空间。

5. 公众积极参与监督，提高数据素养

面对无比广阔的数字广告市场，仅仅依靠政府、行业组织、第三方数据监测机构、平台的监管是远远不够的，还需要鼓励广大公众积极参与行业数据监督，维护自身的合法权益，提升数据素养，从而营造具有公信力的舆论监督氛围。首先，要不断开拓公众参与数据监督的新渠道。鼓励互联网媒体平台健全广告数据治理的监督、投诉和反馈机制，采取奖励措施激发公众参与监督的热情，安排专业的广告审核人员及时查证和处理，并将处理结果第一时间反馈给相关公众，保证广告数据治理的时效性。其次，可以开展数据扫盲运动，从整体上提升公众数据素养。数据素养指的是个人阅读、使用、分析和论证数据的能力。[②]公众数据素养的欠缺会降低其对数据的敏感度，无法真正合理精准地参与监督管理工作。

① 张翱, 李鸣涛. 数字经济时代网络市场监管创新的思考[J]. 信息通信技术与政策, 2021, 47(3): 49-54.

② Bhargava, R. & D'Ignazio, C. *Designing Tools and Activities for Data Literacy Learners*[C]. Wed Science: Data Literacy Workshop, 2019: 1-5.

为加强数据监管能力，有些国家已经开展了一系列数据扫盲运动。例如，作为非洲经济增长最快的国家之一，卢旺达十分重视数字基础设施的建设，它曾在数字大使项目中全力支持培养数字技能的倡议。尼泊尔与世界银行和联合国开发计划署合作制订覆盖范围广泛的数据扫盲计划，该项计划打算在大学开发一门数据驱动的课程，明确提出为期100个小时的模式化、定制化教学法。欧盟各国的许多数据保护公司也致力于提高公众的隐私权保护意识，如强化公众对数据权利、数据采集、追踪行为等的认识，以期帮助公众更好理解《通用数据保护条例》提出的各项规定。目前，中国的数据扫盲运动刚刚起步。我们可以尝试定期邀请计算机科学、统计学、经济学、法学等多学科背景的专家为大学生开展"数据素养训练营"，还要深入基层面向社区公众开展数据素养教育活动，在传授基本的数据知识的同时，增强公众的隐私权、表达权等权利意识。当权利意识和数据素养提升后，公众的数据辨别、分析、传播的能力才会提升，进而在全行业形成一种具有公信力的舆论监督环境，使数据造假、流量欺诈、隐私侵犯等行为难以立足。

四、联通广告数据主体，促进行业数据可信共享

在当前的互联网广告生态中，拥有海量用户和完整产品布局的互联网巨头以及各大运营商也拥有绝对的流量话语权，互联网巨头在争夺流量的过程中也将权力的触角伸向数据市场，掀起了一场"数据圈地"狂潮，导致广告市场中出现了体量巨大却各自独立的数据孤岛。每一个数据孤岛都有独特的属性，例如用户搜索数据主要由百度主导，阿里在消费行为数据和交易信息方面占据领先地位，腾讯则通过其强大的社交媒体产品矩阵聚合了用户社交数据和行为数据。[①]由此可见，各大企业掌握的数据类属不同，广告主和广告代理公司很难打通不同平台的用户数据，无法精准勾勒出目标消费者的画像，在很大程度上影响了其程序化广告效果。数据孤岛的形成不仅仅是由商业模式的差异引发的利益冲突导致的，从更深层次上讲，也是数据共享缺乏信任的结果。为此，必须打通广告产业上下游各方的数据，建立可信任的数据共享机制，激活和释放出数据的巨大价值，从而实现数据赋能。

---

① 段淳林，杨恒. 数据、模型与决策：计算广告的发展与流变[J]. 新闻大学，2018(1): 128-136, 154.

1. 联邦学习技术助力联合建模，优化程序化广告交易效果

隐私计算作为一种支持由多个参与方联合计算的技术和系统，能够保证在不泄露数据的前提下实现参与各方的数据共享和价值创造。一般来讲，隐私计算主要通过三个环节保障模型隐私和数据安全。首先是数据的去标识化，即合作方不能通过数据识别出数据主体，但能够挖掘数据价值，做到共享信息的"可算不可识"；其次是通过安全沙箱、访问控制、数据脱敏、流转管控、实时风控等技术手段营造可信的执行环境；最后在多方安全计算、差分隐私、联邦学习等技术的支持下完成联合建模和联合分析，提取对各方有价值的信息。[①]联邦学习是隐私计算领域重要的技术手段，它应用于程序化广告交易过程中，有助于实现多方主体的数据可信共享。联邦学习在保障合作双方各自数据隐私的前提下，通过打通广告方和流量方的数据，融合双方的数据优势，实现数据联合建模、训练模型、优化效果。2021 年 4 月 18 日，腾讯研究院等在"腾讯大数据高峰论坛"上发布的《腾讯隐私计算白皮书（2021）》指明，当前，联邦学习在优化游戏、金融、教育、电商行业的广告交易方面取得了显著成就，在某电商广告交易平台模式中，投资回报率取得了 10% 以上的增长。[②]在未来，伴随着隐私计算技术的成熟应用，其技术红利将覆盖更多的广告空间。据咨询调查机构 Gartner 预测，到 2025 年，将有 50% 的大型企业会通过隐私计算赋能多方数据协作。

2. 运用区块链技术签订智能合约，提升数据的透明度

区块链凭借共享账本、共识算法等技术可以实现数据的去中心化、交叉验证、上链存证和不可篡改，从而保证数据的可验证性和可追溯性。当前，区块链的智能合约技术已经成为促进数据合规、提升信任的主流技术手段，为实现广告主、平台和用户等各方主体的价值连接及共同参与数据协作提供了强有力的技术保障。基于区块链的智能合约技术能够依据链上数据的存储记录与合规认证，按照唯一的标识关联链上数据，与多数节点不一致的数据被视为无效数据。此外智能合约还能在广告交易中建立自动奖惩的计算机协议，协议一旦确立便无法私自篡改，逐步形成一种防范数据造假的联合惩戒机制。[③]美国广告科技公司 MetaX 与

① 陈道富. 数字经济需发展隐私计算下的数据共享[N]. 证券时报, 2021-4-16(A01).

② 腾讯研究院等. 腾讯隐私计算白皮书(2021)[R]. 深圳: 腾讯研究院, 2021.

③ 方兴东. 数据造假并非无药可治[N]. 环球时报, 2018-9-25(015).

区块链软件科技公司 ConsenSys 共同推出应用于数字广告供应链的区块链协议——AdChain，该协议基于区块链连接数字广告产业中各方的数据源，采用加密技术对广告展示量等进行审计和验证，基于智能合约曝光欺诈行为，为广告主提供合作方的可信名单。建立在数据透明基础上的智能合约从源头上预防了数据欺诈行为，同时为打通主体间的数据源、提升各方信任度提供了保证。

3. 广告主深入拓展场景营销，打通用户的场景数据

场景成为数字广告信息消费的核心。多年来，受算法技术的制约，广告主和用户之间的数据壁垒成为阻碍场景建构的一大难题。目前，移动端 APP 的流量入口逐渐开放和多元，成为广告场景营销的利器。但是流量的碎片化、广告种类的差异性以及场景切换的频繁性都使得广告主难以把握连续的用户行为数据，不利于品牌与用户深入互动，从而导致用户的场景数据存在空白与缺失。因此，广告主要转化用户价值，提升品牌知名度，就必须建构多元化的场景流量入口，全面打通用户的场景数据。受访者 SH03-E08 认为应从前端媒体链路数据与最后的销售数据入手，打通用户的标识与消费场景数据：

> 应整合前端媒体链路数据以及最后的销售数据，前端链路数据反映了用户在广告方面的偏好，如他们更喜欢哪一类广告，更关注哪类广告，后端销售数据则包含软件开发工具包提供的数据，如用户下载了哪些应用，以及应用内的事件触发和消费场景。基于这些数据，我们实现了用户标识的打通，既包括了他们的兴趣、爱好，又包括了基本信息。我认为，这些基本信息更像人的骨骼，而兴趣偏好则像人的血液和肌肉，它们共同组成了整个人，让人得到更充分的表达。（受访者 SH03-E08）

在打通用户场景数据方面做得比较好的是在线旅游企业。受疫情影响，在线旅游企业一度面临生存发展的严峻挑战。随着疫情形势逐渐放缓，在线旅游企业迎来了重生的契机，其打破发展瓶颈的关键就在于进一步挖掘用户的潜在需求，打造全新的消费场景，拓展新的用户触点。例如，同程旅行积极探索多元场景的建构，布局多样化的流量入口，依托腾讯广告投放端为小程序引流，在小程序端同步拓展新的营销场景，还与腾讯广告合作打通 QQ 天气广告入口，全面覆盖 QQ 生态中的年轻用户群体，通过订阅、购票优惠等营销手段带动用户下单，在同一

场景中实现流量拉新和交易转化。此外，同程旅行还与《奇葩说》合作深耕综艺广告，构建创意短片、口播、深度植入等多元场景，深挖用户看点，运用多接触点的数据整合和智能算法全方位描绘用户画像，从而实现广告与用户场景的深度适配。算法和大数据支撑下的场景营销归根结底是以用户为中心，为用户提供个性化和人性化的消费体验，逐步建立起根植于广告场域的参与式文化。这种参与式文化能够增强用户对品牌方的信任感，进而与品牌方共享行为数据，同时为广告主获取广泛的场景数据提供极大便利，最终实现广告投放效果的最大化。

4. 政府制定开放数据政策，为数据共享提供制度保障

政府部门的数据是互联网广告行业重要的数据源，行业数据的开放与共享离不开包括政府、行业组织在内的所有主体的通力合作，还需要政府在制度层面助推各方的数据共享，为数据共享提供强有力的制度保障。英国开放数据研究所认为，数据开放政策的关键要素应该包括对开放数据的明确定义以及指导开放数据发布和再利用的一般原则声明。因此，政府在制定开放数据政策时应对数据由封闭到开放的程度进行分类，界定开放数据的范围。例如，消费者个人数据和企业的核心数据在没有具体保护措施及相应的风险评估机制的状况下，不能在政府数据开放平台公布。政府可以制定相关政策，使这些受到限制的数据能够通过数据池或者数据沙箱在受控环境下，如在带有保密技术的数据存储库中进行分享与处理，还可以通过数据去标识化、限制数据使用目的等手段实现数据开放。

截至 2020 年 4 月底，我国已有 130 个省级、副省级和地市级政府搭建了数据开放平台，但是其中大部分平台的数据格式不统一、更新不及时，数据获取也比较困难，这在一定程度上影响了数据共享效果。2020 年下半年的《中国地方政府数据开放报告》显示，虽然已有 74%的平台无条件开放数据集，但仅有 4%的平台提供了分级获取，只有 27%的平台开通了对有条件开放数据的申请功能。为此，政府应制定统一的数据开放标准，并以机器可读的格式发布数据。为提升用户、广告主及其他主体获取数据的便捷性，政府可以制定相关政策确保数据的"默认开放"。此外，政府还可以建立许可制度，如开放数据许可证，通过具有约束力的数据契约，消除数据共享壁垒。制定完善的开放数据政策具有三点好处：一是允许更多用户访问数据，并保障他们自由分享和使用数据库的权益，从而提高数据生产力；二是有助于降低广告行业与其他行业的数据沟通成本，释放广告数据

价值，维护消费者的合法权益；三是数据存量的扩展和治理能力的提升也能够带动整个社会的进步，激发社会对"数据向善"理念的认同感，最终实现社会价值。沃伦和佩斯托夫认为，共同生产的初衷是提供更好的社会服务，其在提高社会公共管理和公共服务的质量方面发挥重要作用。共同生产既能减少成本，又能使用户享受更好的服务，获得更多的机会。①广告主体实现共同生产，缩减运作成本，必然要依赖建立在信任基础上的数据共享。

总之，数字经济已然全面融入互联网广告行业，并不断向行业上下游扩张，越来越多的数据利益相关者将会被纳入广告数据治理生态体系。传统的政府一元化数据治理模式因无法灵活、迅速地应对市场环境而被淘汰，而多主体协同的数据治理模式能够以开放、透明、包容的方式降低治理成本，高效地建构健康、良好的产业数据生态。

本章第一节首先提出了数据协同治理的理论框架，即以协同治理和公共治理相关理论去解读数据治理路径。互联网广告数据治理与数据协同治理理论框架思路相一致，都强调政府应由"经济人"和"掌舵者"转变为"服务者"，鼓励多元主体之间加强协作，促进信息的开放共享与低成本沟通，以维护并增进各主体的共同利益。其次，从治理理论出发，提出在互联网广告行业构建数据治理共同体的倡议，同时对构建数据治理共同体的契机和可行性进行深入探析，对数据治理共同体的内涵加以阐释。最后，从公共价值的伦理导向、"多维互嵌"的互动逻辑和智能技术的深厚支撑这三方面勾勒出数据治理共同体的全景图。本章第二节从数据立法、行业自律、外部监管、数据共享四个方面搭建了多主体协同治理体系，从务实的角度出发对政府、行业组织、互联网媒体平台、第三方数据监测机构、广告主、广告代理公司、公众等各主体的治理举措提出优化建议。

值得关注的是，全球数据体系不平等已经对我国互联网广告数据治理构成严峻挑战。近年来，我国企业出海之路受到重重阻碍，其中有相当一部分企业由于"数据违规"被压制反弹，与此同时，某些国家的企业在我国境内开展不正当竞争，利用其不合理的政策实施"搭便车"行为，严重破坏了全球数据治理生态。尽管我国互联网广告数据治理以国内为重点，但在全球一张网的大背景下，我国必须承担国际责任，将国际主体纳入互联网广告数据治理体系中，实时关注国外的数

---

① 翟文康, 韩兆柱. 多维视角下的新公共治理[J]. 学习论坛, 2017, 33(7): 52-58.

据治理动态，有的放矢地调整我国数据治理策略，以维护国内行业数据生态系统的协调稳定。同时应加强国际多边合作，坚决抵制数据违法行为，扩大跨境溢出效应。现阶段，多主体协同模式大放异彩，被互联网广告行业中各利益相关方所认同和推崇，有力推动了互联网广告数据治理进程，但同时也面临着一系列困难和挑战，如自律框架下数据治理效力问题、初创广告企业的边缘化问题、数据治理权力的不对称问题等等。正如美国网络治理领域研究学者劳拉·德纳迪斯和马克·蕾蒙德所言，"多利益攸关方主义"作为一种数据管理方式，其本身不是目的，目的是发挥各方的协同作用，以取得更好、更持续的治理成果。[1]为此，各方数据主体应充分发挥协同作用，当以公共价值为伦理导向，遵守"多维互嵌"的互动逻辑，以智能技术为深厚支撑，合理建构协调、互信的数据治理共同体。在此基础上，以数据为驱动，利用智能化技术的核心优势，充分发挥人的主体性，在挑战与回应中积极探寻协同治理新模式，不断巩固数据治理共同体，提升各方之间的信任度，协同构建公平、透明的互联网广告数据生态。

---

① Denardis, L. & Raymond, M. Thinking clearly about multistakeholder internet governance[J]. *Social Science Electronic Publishing*, 2013(2): 1-18.

结　语

本书对我国互联网广告数据应用失范行为、治理理念、体系构建与实践模式做了多视角的分析和探索，以探究我国互联网广告数据治理的困境所在与根本症结，同时寻找有效的治理路径。

一、构建具有中国特色的互联网广告数据治理体系

我国互联网广告产业发展起步较晚，产业基础也较为薄弱，在产业发展之初一些企业的数据安全意识也较为淡薄，这导致数据失范现象屡屡发生。为扭转这一局面，我国《网络安全法》《数据安全法》《个人信息保护法》等法律法规陆续出台，对维护数据安全做了严格且细致的规定。这些法律法规对我国互联网广告产业也产生了深远影响，广告信息传播过程中一切有关数据安全、应用与流通等问题都应被纳入国家网络安全和数据安全的总框架中，广告信息传播过程中涉及的个人信息数据，也要从国家安全、企业财产权益和个人信息权益这三个维度去考虑。

未来，只有在数据合规应用上投入更多的互联网广告企业，才可能发展壮大，并获得一定的生态能力。伴随各项法律法规的落地执行，我国互联网广告相关行业主体的数据规范化操作意识也越来越强，已经产生自我规制的市场需求，并主动要求相关法律法规落实到互联网广告行业时，增加一些适配的具体原则以供参照。我国互联网广告行业有自己独特的发展节奏与特征，因而需要充分考虑我国的具体情况，按照我国互联网广告行业自身独特的规律和技术特点，结合行业在

实践中遇到的具体问题，有针对性地开展数据治理与监测，构建起具有中国特色的互联网广告数据治理体系，在保护用户数据安全与规范操作的前提下促进互联网广告行业健康发展。

未来我国互联网广告数据治理将会形成多元协同的元规制管理体系，即在政府规制的支撑下发挥行业自我规制作用。政府为互联网广告行业主体提供数据应用方面的事前合规指引和事后归责框架，并形成对行业主体的责任威慑机制，推动督促行业主体建立数据技术应用层面的自我规制管理机制。相较政府规制而言，行业自我规制往往成本较低。经过 20 多年的发展，我国互联网广告行业在行业动力、市场环境、市场结构等方面已经具备实施自我规制的基本条件。进行行业自我规制可以充分发挥行业多元主体的权利、技术和专业优势，变事后监管为事前防范，降低规制成本并预防风险与危害的发生，从源头防范互联网广告数据应用过程中可能出现的各种失范问题。我国互联网广告行业具有主体多元、角色复杂、分工细化等特征，构筑互联网广告数据治理共同体将有助于促进行业的健康繁荣发展。

二、互联网广告数据治理共同体的形成

互联网广告数据治理主要是指在互联网广告传播过程中涉及数据使用的一整套管理行为，数据治理活动的目的在于，确保数据使用符合行业外部的法律法规监管要求以及行业内部的监督和管控标准。互联网广告数据治理的主体应包含政府、广告主、广告代理公司、互联网媒体平台、第三方数据监测机构等行业各利益相关方。

数据治理是一个复杂且多维度的问题，互联网广告数据治理主体更是复杂多元，涉及政府管理部门、互联网媒体平台、广告主、广告代理公司、第三方数据监测机构等多方参与者，各不同利益主体间的碰撞和博弈增加了行业标准的议定难度。我国互联网广告数据治理是一项长期的系统工程，需要政府和多方行业主体相互协同、优势互补，共同建构一个科学完备的治理体系。

互联网广告数据治理的主体责任呈现出下沉的趋势，嵌入式的治理结构和治理权力的纵向发展使得数据治理越来越朝着多元化的方向发展。传统政府主导治理的一元模式已经不再适应当下数据治理的生态和经济社会发展的需要。互联网

广告数据治理越来越注重政府、社会和组织间互助合作关系的建构，通过主体间的协同治理，广告行业能够对外部环境的变化做出灵活且迅速的反应，在谋求互利互补的基础上有效降低治理成本。为此，互联网广告行业亟须建立一个跨行业、跨层级的网络式治理模式。协同治理理论和公共治理理论的整合为进一步探讨互联网广告数据治理共同体的构建以及数据治理体系的建设提供了科学的理论指导。

构建数据治理共同体将以一种崭新的思维方式，为优化互联网广告数据治理开辟新愿景。数据治理共同体的伦理价值包含广告伦理和数据伦理两个维度，蕴含着韦伯所谓的价值理性和工具理性两种价值取向。数据治理共同体不仅要观照广告的人文主义精神，还要强化广告数据的公共治理理念，也就是要围绕公共价值这一核心理念，调动多主体广泛参与，在多元共治中实现公共利益的最大化。这要求数据治理共同体奉行"善治"的治理理念，以公共利益为导向，加强主体间的对话协商，重视微观主体的诉求和意见，并及时就不同意见做出客观、公正的反馈，体现出更多的回应性，最终达到"数据普惠"的治理效果，实现我国互联网广告数据治理的行业协同、全员参与以及智能协作。

三、加强智能技术在互联网广告数据治理中的运用

由于互联网广告数据信息实时动态更新，具有较强的技术性和隐蔽性，而常规的监管和治理方法具有滞后性，因此我国互联网广告数据治理体系必须坚持动态化、智能化与定期评估的建设原则，注重源头防范和过程管理，而不是单纯的事后处理。针对新技术所带来的具有隐蔽性、复杂性的各类问题，可以考虑从技术治理技术的角度出发，搭建一个完备的基于全流程智能管控的技术治理体系，将技术治理思维贯彻到协同治理全方位。

以智能技术为深厚支撑，实现数据治理的精准化、科学化、高效化是构建数据治理共同体的大势所趋。数据治理共同体研发和利用智能技术的前提是要加强互联网广告数据治理的顶层设计，从根本上打破各个主体之间的数据区隔，促进数据的自由流通与交换共享，避免在治理过程中陷入自说自话、条块分割、数据孤岛的泥沼。此外，数据治理共同体以智能技术为深厚支撑也应遵循以人为本的伦理精神，始终坚持用户本位，关注用户的人性化需求和情感状态，将工具理性

和效率为先的价值取向置于合理的可控范围之内。同时通过技术共享、数据共享、信息共享将更多的治理主体纳入核心领域的治理范畴，依托智能技术提升数据治理共同体的智能责任落实、治理运行监管以及治理效果评估等方面的能力。

依托智能技术实现数据治理的智能化发展，可以利用深度学习技术提供一站式数据监管服务。当前主流的深度学习技术，结合精细化的运营优化服务，可以大大降低广告主的监管成本。运用计算机算法技术对数据监测评估体系进行技术上的完善，再配合专业的人员辅助，有助于提高监测评估体系对各类数据失范行为的识别、筛查、归纳与整理能力，从而对广告传播过程中出现的数据信息进行全方位的监测与评估，保障广告营销活动的数据信息透明化。数据监测评估体系进行技术升级后，便于互联网广告行业主体对广告营销活动的整个过程进行监督，实现监测评估流程的标准化管理，即在广告投放之前监测过往数据，评估其真实性，在广告投放过程中监测广告效果，评估其有效性，在广告投放之后，从更全面的角度对广告营销活动中的所有数据进行评估，以有效应对数据欺诈等各种数据失范问题，并提供全方位的智慧解决方案，进一步增强广告主应对数据风险的能力，提升广告信任度。

在各种数据失范行为应用技术不断升级的大背景下，无论是第三方数据监测机构，还是政府相关监管部门，都必须不断升级自身的数据监管技术，依托智能技术开展一站式的数据监测服务，让各种数据作弊行为无处遁形，从而实现数据监测与效果评估机制的形式多样化、手段专业化、效果明显化。

四、推进互联网广告数据应用的合规可控

在互联网广告行业中，数据是广告主、广告代理公司进行广告投放、营销策略选择的指挥棒，也是网络媒体平台自身的内容价值和商业价值的最直观体现，还是用户进行观看、确定选择的风向标。数据对于互联网广告行业内所有的参与者来说都是不可或缺的，互联网广告行业的数据失范问题也需要全行业各个参与者的协同共治。因此，市场的所有参与主体都应对广告数据进行把关，共同参与制定行业市场认可的规则和标准。广告主、广告代理公司、网络媒体、第三方数据监测机构等必须明确自身责任，加强合作、各司其职、公平监督，形成统一的行业规范和数据标准，建立科学透明、公正有效的数据监测评估体系，促进我国

互联网广告行业的健康发展。

构建互联网广告行业的数据标准管理流程,可以从互联网广告数据治理的"质量"与"管理"两方面着手,为日常的数据治理工作搭建更加完整有效的管理流程,保证数据质量以及数据的价值。互联网广告日常数据质量监测单靠任何一方或任何一步的数据管控都无法完成,而且不同领域对数据的需求不同,相关数据问题也存在偏差,数据治理工具也并非一成不变。互联网广告行业需要实事求是地根据行业具体问题与特征建立数据治理工具体系,完善互联网媒体平台的数据审核管理机制和对第三方数据监测机构的监督约束机制,创新智能化的互联网广告数据治理模式。在确保用户数据安全以及行业数据应用合法合规的前提下,推动行业快速健康发展。

在我国互联网广告行业开展数据治理工作,对于净化我国互联网广告数据监测环境具有重要意义,有助于抑制或解决由不良数据行为所引发的违规经营和不正当竞争问题,方便社会公众准确衡量媒体及内容信息价值,确保用户数据权利与平台数据权力之间的平衡,提升政府部门和行业组织数据监管与治理的有效性,有利于推进我国互联网广告数据治理决策科学化、智能化和协同化以及治理目标的精准化,促进企业在实现数据价值的过程中做到运营合规与有序可控,并促进我国整体广告市场的繁荣健康发展。

参考文献

一、中文著作类文献

阿拉斯戴尔·麦金太尔. 追寻美德: 道德理论研究[M]. 宋继杰, 译. 南京: 译林出版社, 2008.

阿里尔·扎拉奇, 莫里斯·E·斯图克. 算法的陷阱: 超级平台、算法垄断与场景欺骗[M]. 余潇, 译. 北京: 中信出版社, 2018.

长铗, 韩锋. 区块链: 从数字货币到信用社会[M]. 北京: 中信出版社, 2016.

大卫·萨普特. 被算法操控的生活——重新定义精准广告、大数据和AI[M]. 易文波, 译. 长沙: 湖南科学技术出版社, 2020.

董超华. 数据中台实战: 手把手教你搭建数据中台[M]. 北京: 电子工业出版社, 2020.

弗兰克·帕斯奎尔. 黑箱社会: 控制金钱和信息的数据法则[M]. 赵亚男, 译. 北京: 中信出版社, 2015.

弗里德利希·冯·哈耶克. 法律、立法与自由(第二、三卷)[M]. 邓正来, 张守东, 李静冰, 译. 北京: 中国大百科全书出版社, 2000.

韩伟. 数字市场竞争政策研究[M]. 北京: 法律出版社, 2017.

赫尔曼·哈肯. 大自然成功的奥秘: 协同学[M]. 凌复华, 译. 上海: 上海译文出版社, 2018.

华为公司数据管理部. 华为数据之道[M]. 北京: 机械工业出版社, 2020.

黄建中. 比较伦理学[M]. 北京: 人民出版社, 2011.

凯西·奥尼尔. 算法霸权[M]. 马青玲, 译. 北京: 中信出版社, 2018.

肯·奥莱塔. 广告争夺战——互联网数据霸主与广告巨头的博弈[M]. 林小木, 译. 北京: 中信出版社, 2019.

劳伦斯·莱斯格. 代码: 塑造网络空间的法律[M]. 李旭, 姜丽楼, 王文英, 译. 北京: 中信出版社, 2004.

刘鹏, 王超. 计算广告: 互联网商业变现的市场与技术(第 2 版)[M]. 北京: 人民邮电出版社, 2019.

刘小茵. 云端数据治理[M]. 北京: 电子工业出版社, 2017.

《伦理学》编写组. 伦理学[M]. 北京: 高等教育出版社, 人民出版社, 2012.

罗彬. 新闻伦理与法规[M]. 北京: 北京师范大学出版社, 2012.

罗伯特·基欧汉, 约瑟夫·奈. 权力与相互依赖(第四版)[M]. 门洪华, 译. 北京: 北京大学出版社, 2012.

吕乃基. 科学方法论视野下的技术哲学[M]. 北京: 中国社会科学出版社, 2004.

马克斯·韦伯. 新教伦理与资本主义精神[M]. 康乐, 简惠美, 译. 上海: 上海三联书店, 2019.

米歇尔·福柯. 规训与惩罚: 监狱的诞生[M]. 刘北成, 杨远婴, 译. 北京: 生活·读书·新知三联书店, 2019.

尼古拉·尼葛洛庞帝. 数字化生存[M]. 胡泳, 范海燕, 译. 北京: 电子工业出版社, 2017.

桑尼尔·索雷斯. 大数据治理[M]. 匡斌, 译. 北京: 清华大学出版社, 2014.

唐·伊德. 技术与生活世界: 从伊甸园到尘世[M]. 韩连庆, 译. 北京: 北京大学出版社, 2012.

王峰, 邓鹏, 沈冲. 区块链通识课 50 讲[M]. 北京: 清华大学出版社, 2021.

王兆君, 王钺, 曹朝辉. 主数据驱动的数据治理: 原理、技术与实践[M]. 北京: 清华大学出版社, 2019.

维克托·迈尔-舍恩伯格, 肯尼思·库克耶. 大数据时代[M]. 盛阳燕, 周涛, 译. 杭州: 浙江人民出版社, 2013.

尤瓦尔·赫拉利. 未来简史: 从智人到神人[M]. 林俊宏, 译. 北京: 中信出版社, 2017.

约翰·罗尔斯. 正义论[M]. 何怀宏, 何包钢, 廖申白, 译. 北京: 中国社会科学出版社, 1988.

詹姆斯·韦伯斯特. 注意力市场: 如何吸引数字时代的受众[M]. 郭石磊, 译. 北京: 中国人民大学出版社, 2017.

张莉. 数据治理与数据安全[M]. 北京: 人民邮电出版社, 2019.

张新宝. 隐私权的法律保护[M]. 北京: 群众出版社, 2004.

张艳. 中国互联网广告行业自我规制研究[M]. 北京: 人民出版社, 2021.

祝守宇, 蔡春久. 数据治理: 工业企业数字化转型之道[M]. 北京: 电子工业出版社, 2020.

DAMA 国际. DAMA 数据管理知识体系指南(原书第 2 版)[M]. DAMA 中国分会翻译组, 译. 北京: 机械工业出版社, 2020.

DAMA International. DAMA 数据管理知识体系指南[M]. 马欢, 刘晨, 等, 译. 北京: 清华大学出版社, 2012.

F. 拉普. 技术哲学导论[M]. 刘武, 康荣平, 吴明泰, 译. 沈阳: 辽宁科学技术出版社, 1986.

二、中文期刊文献

包娜. 我国与欧美国家广告行业自律的异同[J]. 中小企业管理与科技(下旬刊), 2017(11).

蔡立媛, 龚智伟. 人工智能时代广告的"时空侵犯"[J]. 新闻与传播评论, 2020(2).

蔡立媛, 李晓. 人工智能广告侵犯隐私的风险与防御[J]. 青年记者, 2020(18).

曹细玉, 吴卫群. "互联网+"环境下社会组织三方协同监管的演化博弈研究[J]. 华中师范大学学报(自然科学版), 2021(2).

陈昌凤, 张梦. 智能时代的媒介伦理: 算法透明度的可行性及其路径分析[J]. 新闻与写作, 2020(8).

陈昌凤. 以人为本, 传播才有意义[J]. 新闻与传播评论, 2021(2).

陈纯柱, 王唐艳. 大数据时代精准广告投放的隐私权保护研究[J]. 学术探索, 2020(4).

陈火全. 大数据背景下数据治理的网络安全策略[J]. 宏观经济研究, 2015(8).

陈苗青. 移动互联网广告监管模式研究[J]. 中国集体经济, 2019(20).

陈氢, 刘文梅. 基于关联数据的企业数据治理可视化框架研究[J]. 现代情报, 2021(6).

陈太清, 郁倩. "互联网+"时代下计算广告的法律问题及对策展望[J]. 山东商业职业技术学院学报, 2022, 22(4).

崔聪聪, 许智鑫. 机器学习算法的法律规制[J]. 上海交通大学学报(哲学社会科学版), 2020(2).

崔淑洁, 张弘. 数据挖掘对个人信息的侵害与保护路径[J]. 西安交通大学学报(社会科学版), 2020(6).

崔亚冰. 《加州消费者隐私法案》的形成、定位与影响[J]. 网络法律评论, 2017(1).

刁胜先, 李絁芩. 欧盟数据可携权的困境与本土化思考[J]. 重庆邮电大学学报(社会科学版), 2020(2).

丁云龙. 打开技术黑箱, 并非空空荡荡——从技术哲学走向工程哲学[J]. 自然辩证法通讯, 2002(6).

董梦圆. 从法律角度看互联网点评社区的生态乱象——以"马蜂窝"数据造假事件为例[J]. 新闻传播, 2019(12).

董雪兵, 赵传־. 双边市场、不完全信息与基于购买行为的价格歧视[J]. 社会科学战线, 2020(4).

窦春欣. 区块链技术将如何改变广告产业[J]. 传播力研究, 2018(34).

段淳林, 宋成. 创造性破坏: 人工智能时代广告传播的伦理审视[J]. 广告大观(理论版), 2019(10).

段淳林, 宋成. 用户需求、算法推荐与场景匹配: 智能广告的理论逻辑与实践思考[J]. 现代传播, 2020(8).

段淳林, 杨恒. 数据、模型与决策: 计算广告的发展与流变[J]. 新闻大学, 2018(1).

方师师. 算法机制背后的新闻价值观——围绕"Facebook 偏见门"事件的研究[J]. 新闻记者, 2016(9).

傅萍. 互联网经济下价格歧视反垄断的国际经验及启示[J]. 改革与战略, 2017(3).

高宁宁. 数据可携权的建构与隐私保护[J]. 北京城市学院学报, 2020(4).

高重迎, 李晔. 数据平台价格歧视行为的反垄断规制问题分析[J]. 中国价格监管与反垄断, 2020(7).

葛思坤. 算法视域下媒介伦理失范的表现与规制[J]. 青年记者, 2020(26).

郭林生, 李小燕. "算法伦理"的价值基础及其建构进路[J]. 自然辩证法通讯, 2020(4).

郭林生. 论算法伦理[J]. 华中科技大学学报(社会科学版), 2018(2).

郭小平, 秦艺轩. 解构智能传播的数据神话: 算法偏见的成因与风险治理路径[J]. 现代传播, 2019(9).

韩文静. 基于用户画像的数字广告智能传播[J]. 青年记者, 2019(18).

韩旭至. 信息权利范畴的模糊性使用及其后果——基于对信息、数据混用的分析[J]. 华东政法大学学报, 2020(1).

郝雨, 田栋. 媒介内容生产取向性偏差及"合理性"调适——基于工具理性、价值理性的辩证视角[J]. 国际新闻界, 2019(6).

何波, 李韵州, 马凯. 新形势下网络数据治理研究[J]. 现代电信科技, 2016(5).

何朔, 黄自力, 杨阳等. 基于 IP 信誉的在线交易风险侦测技术研究[J]. 信息网络安全, 2017(9).

侯林. 互联网数据泄露背后的黑色产业链及发展趋势分析[J]. 无线互联科技, 2015(20).

化国宇, 杨晨书. 数据可携带权的发展困境及本土化研究[J]. 图书馆建设, 2021(4).

黄程松, 王雪, 胡哲. 移动社交媒体用户自我披露行为研究[J]. 新世纪图书馆, 2019(11).

黄升民. 魔鬼就在数据中[J]. 媒介, 2017(4).

姜野, 李拥军. 破解算法黑箱: 算法解释权的功能证成与适用路径——以社会信用体系建设为场景[J]. 福建师范大学学报(哲学社会科学版), 2019(4).

姜智彬, 崔艳菊. 区块链赋能互联网广告数据安全管理研究[J]. 当代传播, 2022(4).

姜智彬, 马欣. 领域、困境与对策: 人工智能重构下的广告运作[J]. 新闻与传播评论, 2019(3).

金元浦. 论大数据时代个人隐私数据的泄露与保护[J]. 同济大学学报(社会科学版), 2020, 31(3).

晋瑞, 王玥. 美国隐私立法进展及对我国的启示——以加州隐私立法为例[J]. 保密科学技术, 2019(8).

鞠宏磊, 黄琦翔, 王宇婷. 大数据精准广告的产业重构效应研究[J]. 新闻与传播研究, 2015(3).

鞠宏磊, 李欢. 程序化购买广告造假问题治理难点[J]. 中国出版, 2019(2).

郎平. 从全球治理视角解读互联网治理"多利益相关方"框架[J]. 现代国际关系, 2017(4).

李涵. 网络环境下个人信息"被遗忘权"研究[J]. 当代传播, 2016(3).

李连开. 谷歌正式发布数据可视化工具[J]. 计算机与网络, 2018(20).

李文静, 栾群. 人工智能时代算法的法律规制: 现实、理论与进路[J]. 福建师范大学学报(哲学社会科学版), 2020(4).

李璇. 腾讯公司盈利模式的问题及对策研究[J]. 现代商贸工业, 2021, 42(7).

李永军. 论《民法总则》中个人隐私与信息的"二元制"保护及请求权基础[J]. 浙江工商大学学报, 2017(3).

李昭熠. 智能传播数据库偏见成因与规制路径[J]. 当代传播, 2020(1).

李卓卓, 马越, 李明珍. 数据生命周期视角中的个人隐私信息保护——对移动 app 服务协议的内容分析[J]. 情报理论与实践, 2016(12).

廖秉宜. 中国媒介市场数据失范现象与治理对策[J]. 编辑之友, 2018(10).

林升栋, 李丹瑶, 李伟娟. 计算与失算: 广告算法的迷思[J]. 中国广告, 2022(12).

令倩, 王晓培. 尊严、言论与隐私: 网络时代"被遗忘权"的多重维度[J]. 新闻界, 2019(7).

刘宝珍, 马孝真. 程序化广告的侵权风险及管控对策[J]. 今传媒, 2022(11).

刘婵, 谭章禄. 大数据条件下企业数据共享实现方式及选择[J]. 情报杂志, 2016, 35(8).

刘存地, 徐炜. 能否让算法定义社会——传媒社会学视角下的新闻算法推荐系统[J]. 学术论坛, 2018(4).

刘海, 卢慧, 阮金花等. 基于"用户画像"挖掘的精准营销细分模型研究[J]. 丝绸, 2015, 52(12).

刘佳. 人工智能算法共谋的反垄断法规制[J]. 河南大学学报(社会科学版), 2020(4).

刘金芳. 关于大数据安全与隐私保护[J]. 电子技术与软件工程, 2020(6).

刘珊, 黄升民. 人工智能: 营销传播"数算力"时代的到来[J]. 现代传播, 2019(1).

刘珊. 传媒产业: 踏上数据智能化之路[J]. 国际品牌观察: 媒介, 2020(6).

刘铁光. 风险社会中技术规制基础的范式转换[J]. 现代法学, 2011(4).

刘晓. 互联网媒体平台: 数据造假"重灾区"[J]. 广告大观: 媒介版, 2017(4).

刘晓春, 李梦雪. 2020 年数据竞争与个人信息司法案例盘点[J]. 中国对外贸易, 2021(1).

刘燕南, 吴凌诚. 互联网原生广告中隐私悖论的嬗变与规制[J]. 当代传播, 2019(6).

刘云. 欧洲个人信息保护法的发展历程及其改革创新[J]. 暨南学报(哲学社会科学版), 2017(2).

刘再行, 刘毅, 郜洵. 人工智能语义分析技术在用户研究中的应用[J]. 包装工程, 2020(18).
刘志杰. 算法把关失灵与编辑价值重塑[J]. 中国编辑, 2020(5).
柳庆勇. 数字广告流量造假的区块链智能合约治理——基于BAT平台应用的个案研究[J]. 全球传媒学刊, 2021, 8(2).
伦一. 互联网精准营销中的算法规制问题初探[J]. 网络信息法学研究, 2020(1).
罗莉. 主数据管理在信息化建设中的应用[J]. 电子世界, 2012(7).
马建光, 姜巍. 大数据的概念、特征及其应用[J]. 国防科技, 2013(2).
毛湛文, 孙曌闻. 从“算法神话”到“算法调节”: 新闻透明性原则在算法分发平台的实践限度研究[J]. 国际新闻界, 2020(7).
孟茹. 美国在线行为广告的自律规制研究[J]. 新闻界, 2016(10).
孟小峰, 慈祥. 大数据管理: 概念、技术与挑战[J]. 计算机研究与发展, 2013(1).
倪宁, 董俊祺. 重新定义广告——从戛纳国际创意节主题的演变说起[J]. 国际新闻界, 2015, 37(8).
牛静, 赵一菲. 数字媒体时代的信息共享与隐私保护[J]. 中国出版, 2020(12).
彭兰. “数据化生存”: 被量化、外化的人与人生[J]. 苏州大学学报(哲学社会科学版), 2022, 43(2).
彭兰. 假象、算法囚徒与权利让渡: 数据与算法时代的新风险[J]. 西北师大学报(社会科学版), 2018(5).
彭兰. 如何实现“与算法共存”——算法社会中的算法素养及其两大面向[J]. 探索与争鸣, 2021(3).
彭兰. 增强与克制: 智媒时代的新生产力[J]. 湖南师范大学社会科学学报, 2019(4).
彭训文. 精准推送、大数据杀熟……我们需要什么样的“算法”[J]. 决策探索, 2021(1).
冉从敬, 张沫. 欧盟GDPR中数据可携权对中国的借鉴研究[J]. 信息资源管理学报, 2019(2).
芮必峰, 孙爽. 从离身到具身——媒介技术的生存论转向[J]. 国际新闻界, 2020(5).
邵国松, 杨丽颖. 在线行为广告中的隐私保护问题[J]. 新闻界, 2018(11).
佘朝虎. 互联网广告的伦理问题及其治理路径[J]. 新闻战线, 2018(6).
申楠. 算法时代的信息茧房与信息公平[J]. 西安交通大学学报(社会科学版), 2020(2).
盛小平, 焦凤枝. 法律法规视角下的数据隐私治理[J]. 图书馆论坛, 2020(6).
师文, 陈昌凤. 驯化、人机传播与算法善用: 2019年智能媒体研究[J]. 新闻界, 2020(1).
施春风. 定价算法在网络交易中的反垄断法律规制[J]. 河北法学, 2018(11).
时明涛. 大数据时代个人信息保护的困境与出路——基于当前研究现状的评论与反思[J]. 科技与法律, 2020(5).
苏照军, 郭锐锋, 高岑等. 基于组合模型的农产品物价预测算法[J]. 计算机系统应用, 2019(5).
孙少晶, 陈昌凤, 李世刚等. “算法推荐与人工智能”的发展与挑战[J]. 新闻大学, 2019(6).
孙晓东. 媒体广告管理信息化和审计[J]. 青年记者, 2020(35).
汤琪. 大数据交易中的产权问题研究[J]. 图书与情报, 2016(4).
唐童洲. 浅谈大数据背景下数据治理的网络安全策略[J]. 网络安全技术与应用, 2018(5).
陶盈. 我国网络信息化进程中新型个人信息的合理利用与法律规制[J]. 山东大学学报(哲学社会科学版), 2016(2).
汪靖, 符梦婷. 美国儿童网络隐私保护法律制度经验与启示——基于1998—2018年处罚案例分析[J]. 中国青年社会科学, 2019(4).

王聪. "共同善"维度下的算法规制[J]. 法学, 2019(12).

王菲, 姚宗宏. 构建全新信任范式: 论区块链对广告业的变革[J]. 当代传播, 2021(5).

王菲. 互联网精准营销的隐私权保护: 法律、市场、技术[J]. 国际新闻界, 2011(12).

王佳炜, 杨艳. 移动互联网时代程序化广告的全景匹配[J]. 当代传播, 2016(1).

王军. 从脸书"泄密门"看人工智能时代隐私保护的困局与出路[J]. 北方传媒研究, 2018(4).

王丽萍, 周序生, 何地等. 大数据背景下的广告智慧监管[J]. 电脑知识与技术, 2020(31).

王利明. 数据共享与个人信息保护[J]. 现代法学, 2019(1).

王淼, 马晶晶. 理性的"吊诡": 由韦伯学说到现代性悖论思考[J]. 宁夏社会科学, 2020(1).

王淼. 数据驱动的互联网广告效果监测研究[J]. 广告大观(理论版), 2017(4).

王敏. 大数据时代如何有效保护个人隐私? ——一种基于传播伦理的分级路径[J]. 新闻与传播研究, 2018(11).

王名, 蔡志鸿, 王春婷. 社会共治: 多元主体共同治理的实践探索与制度创新[J]. 中国行政管理, 2014(12).

王茜. 批判算法研究视角下微博"热搜"的把关标准考察[J]. 国际新闻界, 2020(7).

王晓升. 从存在论上理解价值——海德格尔的《存在与时间》及其启示[J]. 社会科学家, 2019(12).

王晓晔. 数字经济反垄断监管的几点思考[J]. 社会科学文摘, 2021(8).

王岩, 叶朋. 人工智能时代个人数据共享与隐私保护之间的冲突与平衡[J]. 理论导刊, 2019(1).

魏远山. 算法透明的迷失与回归: 功能定位与实现路径[J]. 北方法学, 2021(1).

吴沈括. 欧盟《一般数据保护条例》(GDPR)与中国应对[J]. 信息安全与通信保密, 2018(6).

夏超群. 移动互联网广告发展现状、问题及对策[J]. 中国广告, 2016(9).

夏义堃. 试论政府数据治理的内涵、生成背景与主要问题[J]. 图书情报工作, 2018(9).

肖珑, 陈凌, 冯项云等. 中文元数据标准框架及其应用[J]. 大学图书馆学报, 2001(5).

徐琦. 辅助性治理工具: 智媒算法透明度意涵阐释与合理定位[J]. 新闻记者, 2020(8).

徐顽强. 社会治理共同体的系统审视与构建路径[J]. 求索, 2020(1).

徐卫华. 大数据时代个人信息保护与互联网广告治理[J]. 浙江传媒学院学报, 2017(2).

许多奇. 论网络平台数据治理的私权逻辑与公权干预[J]. 人民论坛·学术前沿, 2021(21).

许根宏. 人工智能传播规制基础: 伦理依据与伦理主体的确立[J]. 学术界, 2018(12).

许正林, 杨瑶. 基于大数据的移动互联网 RTB 广告精准投放模式及其营销策略探析[J]. 上海大学学报(社会科学版), 2015(11).

荀雨杰, 魏景茹, 陈昱含. 《数字身份监管指引》解析[J]. 银行家, 2020(12).

杨海红, 邱惠丽, 李正风. 托马斯·休斯"技术–社会系统"思想探微[J]. 自然辩证法研究, 2020(8).

杨建国. 大数据时代隐私保护伦理困境的形成机理及其治理[J]. 江苏社会科学, 2021(1).

杨燎原. 中美广告行业协会比较研究[J]. 广告大观(理论版), 2013(5).

杨嫚, 温秀妍. 隐私保护意愿的中介效应: 隐私关注、隐私保护自我效能感与精准广告回避[J]. 新闻界, 2020(7).

杨嵘均. 论政府数据治理的价值目标、权利归属及其法律保障[J]. 东南学术, 2021(4).

杨正军, 陈婉莹. 数据法治背景下, 互联网广告合规发展路径初探[J]. 现代广告, 2021(22).

叶皓涵. 区块链应用中的隐私保护策略[J]. 信息技术与信息化, 2021(10).

叶兰. 研究数据管理能力成熟度模型评析[J]. 图书情报知识, 2015(2).

叶明, 郭江兰. 数字经济时代算法价格歧视行为的法律规制[J]. 价格月刊, 2020(3).

余鹏, 李艳. 大数据视域下高校数据治理方案研究[J]. 现代教育技术, 2018(6).

喻玲. 算法消费者价格歧视反垄断法属性的误读及辨明[J]. 法学, 2020(9).

袁帆, 严三九. 新闻传播领域算法伦理建构[J]. 湖北社会科学, 2018(12).

袁康. 社会监管理念下金融科技算法黑箱的制度因应[J]. 华中科技大学学报(社会科学版), 2020(1).

曾琼, 曹钰涵. 冲突与忧思: 广告算法中的主体性缺乏——基于技术哲学的视角[J]. 传媒观察, 2021(9).

查语涵. 欧盟个人数据保护立法上的数据可携权研究[J]. 北京印刷学院学报, 2020(3).

翟文康, 韩兆柱. 多维视角下的新公共治理[J]. 学习论坛, 2017, 33(7).

张德进, 王磊, 尤静等. 企业主数据分析与表达技术研究[J]. 机械设计与研究, 2008(2).

张国华. 净化广告数据监测环境, 促进广告产业繁荣发展[J]. 中国广告, 2017(5).

张红梅. 身份管理与认证系统2.0的设计与实现[J]. 中国管理信息化, 2020, 23(5).

张辉锋, 金韶. 投放精准及理念转型——大数据时代互联网广告的传播逻辑重构[J]. 当代传播, 2013(6).

张力, 郑丽云. 算法推荐的歧视与偏见[J]. 中国报业, 2020(7).

张韬, 李鸣涛. 数字经济时代网络市场监管创新的思考[J]. 信息通信技术与政策, 2021, 47(3).

张晓静. 协同治理与智慧治理: 大数据时代互联网广告的治理体系研究[J]. 广告大观(理论版), 2016(5).

张新宝. 我国个人信息保护法立法主要矛盾研讨[J]. 吉林大学社会科学学报, 2018(5).

张艳, 程梦恒. 人工智能营销传播算法偏见与元规制路径研究[J]. 中国出版, 2021(8).

张艳, 王超琼. 互联网广告数据治理的智能技术应用——基于防范数据造假的视角[J]. 青年记者, 2020(15).

张艳, 张帅. 福柯眼中的"圆形监狱"——对《规训与惩罚》中的"全景敞视主义"的解读[J]. 河北法学, 2004(11).

张艳. 美国互联网广告业自我规制: 多元主体与路径选择——以广告数据欺诈防范为切入点[J]. 编辑之友, 2020(7).

张玉清, 吕少卿, 范丹. 在线社交网络中异常帐号检测方法研究[J]. 计算机学报, 2015(10).

赵雅慧, 刘芳霖, 罗琳. 大数据背景下的用户画像研究综述: 知识体系与研究展望[J]. 图书馆学研究, 2019(24).

赵月奇. 浅析互联网广告虚假流量的常见类型及产生原因[J]. 传播力研究, 2019, 3(27).

郑巧, 肖文涛. 协同治理: 服务型政府的治道逻辑[J]. 中国行政管理, 2008(7).

郑志峰. 2019. 人工智能时代的隐私保护[J]. 法律科学(西北政法大学学报), 2019(2).

周茂君, 潘宁. 赋权与重构: 区块链技术对数据孤岛的破解[J]. 新闻与传播评论, 2018, 71(5).

周晓琳, 周艳, 吴殿义. Google: 互联网巨头的数据生态[J]. 国际品牌观察, 2020(33).

朱一. 法国网络广告规制研究[J]. 广告大观(理论版), 2011(1).

朱珠, 邱玉婷, 刘瑛. 一种基于RACI的政府数据共享权责体系构建[J]. 中国科技信息, 2019(22).

竺乾威. 新公共治理: 新的治理模式?[J]. 中国行政管理, 2016(7).

邹辉鸿, 张镱洋, 李爽. "大数据价格歧视"现象的合规性探究[J]. 电子商务, 2020(3).

三、外文文献

Barocas, S. & Selbst, A. D. Big data's disparate impact[J]. *California Law Review*, 2016, 104(3).

Bhargava, R. & D'Ignazio, C. *Designing Tools and Activities for Data Literacy Learners*[C]. Wed Science: Data Literacy Workshop, 2019.

Borgeslus, F. Z. Discrimination, artificial intelligence, and algorithmic decision-making[R]. Strasbourg: Council of Europe, 2018.

Bruns, A. *Are Filter Bubbles Real?*[M]. Cambridge: Polity, 2019.

Cheng, L., Liu, F. & Yao, D. Enterprise data breach: Causes, challenges, prevention, and future directions[J]. *WIREs Data Mining and Knowledge Discovery*, 2017, 7(5).

Christensen, L. & Cheney, G. Peering into transparency: Challenging ideals, proxies, and organizational practices[J]. *Communication Theory*, 2015, 25(1).

Clifford, D. EU data protection law and targeted advertising: Consent and the cookie monster—Tracking the crumbs of online user behaviour[J]. *JIPITEC*, 2014(5).

Denardis, L. & Raymond, M. Thinking clearly about multistakeholder internet governance[J]. *Social Science Electronic Publishing*, 2013(2).

Drozdenko, R. & Drake, P. *Optimal Database Marketing: Strategy, Development, and Data Mining*[M]. London: SAGE Publications, 2002.

Fatehkia, M., Isabelle, T., Ardie, O., et al. Mapping socioeconomic indicators using social media advertising data[J]. *EPJ Data Science*, 2020, 9(1).

Frances, E. & Zollers, J. D. Can administrative agencies cope with technological change[J]. *The Journal of Technology Transfer*, 1989(14).

Gregurec, I., Vranešević, T. & Dobrinić, D. The importance of database marketing in social network advertising[J]. *International Journal of Management Cases*, 2011, 13(4).

Griffel, D. & McIntosh, S. ADMINS: A progress report[R]. Cambridge: Massachusetts Institute of Technology, Center for International Studies, 1967.

Hill, R. K. What an algorithm is [J]. *Philosophy & Technology*, 2016(29).

Hu, S., Al-Ani, J., Hughes, K., et al. Balancing gender bias in job advertisements with text-level bias mitigation[J]. *Frontiers in Big Data*, 2022(5).

Johnson, M. *Moral Imagination: Implications of Cognitive Science for Ethics*[M]. Chicago: University Of Chicago Press, 1993.

Kraemer, F., Overveld, K. & Peterson, M. Is there an ethics of algorithms?[J]. *Ethics and Information Technology*, 2011 (13).

Kumar, T. S. Data mining based marketing decision support system using hybrid machine learning algorithm[J]. *Journal of Artificial Intelligence and Capsule Networks*, 2020, 2(3).

Lee, N. T., Resnick, P. & Barton, G. *Algorithmic Bias Detection and Mitigation: Best Practices and Policies to Reduce Consumer Harms*[M]. Washington: Brookings, 2019.

Lohia, P. K., Ramamurthy, K. N., Bhide, M., et al. Bias mitigation post-processing for individual and group fairness[J]. *ICASSP 2019-2019 IEEE International Conference on Acoustics, Speech and Signal Processing (ICASSP)*, 2019.

Lohr, S. The origins of 'Big Data': An etymological detective story[N]. *The New York Times*, 2013-2-1(B4).

Manyika, J., Silberg, J. & Presten, B. What do we do about the biases in AI?[N]. Harvard Business Review, 2019-10-25.

Marcoux, A. M. Much ado about price discrimination[J]. *Journal of Private and Enterprise*, 2007, 9(1).

Mayer-Sch'onberger, V. *Delete: The Virtue of Forgetting in the Digital Age*[M]. Princeton: Princeton University Press, 2009.

McGilvray, D. *Executing Data Quality Projects: Ten Steps to Quality Data and Trusted Information*[M]. San Francisco: Morgan Kaufmann Publishers Inc, 2008.

MIT Technology Review Insights. The rise of data capital[R]. Boston: MIT Technology Review, 2016.

MRC. MRC viewable ad impression measurement guidelines[R]. New York: Media Rating Council, 2015.

Mueller, S. Algorithmic literacy—tomorrow's #1 skill everyone needs to learn[J]. *HR Future*, 2020(1).

OECD. OECD glossary of statistical terms: Complete edition-ISBN 9264025561[J]. *SourceOECD General Economics and Future Studies,* 2008(4).

Oentaryo, R., Lim E. P., Finegold, M., et al. Detecting click fraud in online advertising: A data mining approach[J]. *Journal of Machine Learning Research*, 2014, 15(3).

Piotr, M. Moral norms, moral ideals and supererogation[J]. *Folia Philosophica*, 2013(29).

Qin, J., Crowston, K. & Kirkland, A. A capability maturity model for research data management[R]. New York: School of Information Studies, Syracuse University, 2014.

Radhakrishnan B., Shineraj G. & Anver K. M. Application of data mining in marketing[J]. *International Journal of Computer Science and Network*, 2013, 2(5).

Rink, D. R. & Swan, G. E. Product life cycle research: A literature review[J]. *Journal of Business Research*, 1979, 7(3).

Sadowski, J. When data is capital: Datafication, accumulation, and extraction[J]. *Big Data & Society*, 2019, 6(1).

Sidortsova, S. Bias in the algorithm[J]. *2019 Michigan Tech Magazine*, 2019(1).

Smith, B. *The Future Computed: Artificial Intelligence and Its Role in Society*[M]. Washington: Microsoft Corporation, 2018.

Soriano, J., Banks, D., Lowe, M., et al. Text mining in computational advertising[J]. *Statistical Analysis and Data Mining: The ASA Data Science Journal*, 2013, 6(4).

Stole, L. A. Chapter 34 Price discrimination and competition[J]. *Handbook of Industrial Organization*, 2007(3).

Swant, M. & Carmody, T. Is Facebook winning the battle against ad fraud?[J]. *Adweek*, 2018, 3(4).

Taylor, C. R. Artificial intelligence, customized communications, privacy, and the General Data Protection Regulation(GDPR)[J]. *International Journal of Advertising*, 2019, 38(5).

Thomas, G. The DGI data governance framework[R]. Washington: The Data Governance Institute,

2009.

Turilli, M. & Floridi, L. The ethics of information transparency[J]. *Ethics & Information Technology*, 2009, 11(2).

Werhane, P. H. *Moral Imagination and Management Decision-Making*[M]. Oxford: Oxford University Press, 1999.

Wichmann, H. J. & Klein, W. Report from the Commission to the European Parliament and the Council[J]. *Zeitschrift fuer Luft-und Weltraumrecht*, 2021, 70(1).

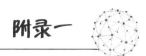

深度访谈受访者人口统计学特征

序号	编号	职业	从业经验	访谈地点
1	BJ01-E15	互联网广告销售总监	15年	北京
2	SH01-E16	广告部经理	16年	上海
3	GZ01-E20	品牌大区经理	20年	广州
4	GZ02-E18	数字营销高级总监	18年	广州
5	BJ02-E15	互联网媒体集团副总裁	15年	北京
6	SZ01-E10	移动端媒体平台CEO	10年	深圳
7	BJ03-E13	数据平台项目经理	13年	北京
8	SZ02-E10	互联网产品经理	10年	深圳
9	SZ03-E08	数据总监	8年	深圳
10	BJ04-E15	政府监管部门工作人员	15年	北京
11	BJ05-E20	政府监管部门工作人员	20年	北京
12	BJ06-E10	政府监管部门工作人员	10年	北京
13	BJ07-E15	数据监测机构总监	15年	北京
14	SH02-E10	大数据主任工程师	10年	上海
15	BJ08-E20	数据监测机构副总经理	20年	北京
16	SH03-E08	数据分析师	8年	上海
17	BJ09-E18	互联网广告代理公司创始人	18年	北京
18	SH04-E20	广告代理公司总监	20年	上海
19	BJ10-E20	行业专家	20年	北京
20	GZ03-E23	专业学者	23年	广州
21	BJ11-E22	相关专业学者	22年	北京

访谈提纲

一、面向监管机构的访谈问题

1. 数据在当下的互联网广告中发挥重要的作用，同时也出现了一些应用不规范的现象。您认为目前我国互联网广告行业在数据应用方面，主要有哪些不规范的地方？可否请您举例介绍？

2. 您认为出现这些现象的原因主要有哪些？

3. 从监管角度看，贵司出台了一系列条款对互联网广告中的数据使用进行规范，可否请您介绍一下大概的监管思路？

4. 您认为当前互联网广告监管的核心课题有哪些？

5. 您认为互联网广告数据治理的主要难点体现在哪些方面？

6. 您认为当前互联网广告行业在治理虚假数据和流量欺诈问题时面临哪些困境？该如何解决？

7. 您认为互联网广告投放过程中用户数据安全保护问题的责任主体是谁？

8. 算法技术在当前互联网广告应用方面存在哪些局限性？

9. 针对互联网广告数据使用规范的相关规定应如何落地？与地方如何合作？

10. 贵司是否进行了配套的法规或者其他措施（如系统）的设计？

11. 您认为有关互联网广告数据治理的配套措施应如何建设？投入和效果如何？

12. 您认为在互联网广告的数据治理中，各方的关系应该如何调整？

二、面向学术机构的访谈问题

1. 数据在互联网广告行业发展中起着重要的驱动作用，但在数据应用方面，出现了一些失范的现象。您认为目前我国互联网广告行业的数据应用不规范主要体现在哪些方面？

2. 您觉得这些数据失范行为产生的主要原因是什么？

3. 哪些领域应该列为重点治理领域？

4. 当前互联网广告的数据应用监管方面存在哪些不足？

5. 您认为互联网广告数据治理的主要难点体现在哪些方面？

6. 从治理视角出发，您认为互联网广告数据治理的主体应该是哪一方或哪几方？

7. 您认为在互联网广告数据应用方面应该建立哪些行业标准？

8. 您如何看待近年来的互联网广告数据生态的变化？

9. 其他国家在互联网广告的数据治理方面亦有所探索，您认为目前国际上有哪些先进的数据治理工具和方法能够运用于互联网广告领域？

10. 您认为当前在互联网广告数据治理方面，各方的关系以及法律、技术等环境呈现出何种特征？

11. 请问您如何看待数据开放、数据应用、数据保护三者的关系？

三、面向媒体平台方的访谈问题

1. 数据是媒体平台的核心资产，对于广告投放的全流程起着重要的作用。在数据应用方面，贵司建立起了怎样的规范作业流程？

2. 贵公司哪个部门主管数据的建设？

3. 广告部门与技术部门如何对接与合作？

4. 在合作中，数据合规如何体现（如会涉及个人数据隐私保护问题等）？

5. 广告部门是否对数据拥有话语权？您如何看待这样的合作机制？

6. 您如何看待近年来的互联网广告数据生态的变化？

7. 贵司相关广告投放产品、营销服务产品的更新思路是否反映了数据生态的变化？

8. 贵司所合作的广告主对于第一方数据的重视程度如何？

9. 广告主对于数据中台的建设情况如何？

10. 贵司与第三方数据监测机构、行业协会、监管方建立了怎样的联系？

11. 贵司加入了哪些协会？分别担任什么样的角色？

12. 如何评价这些协会？与国外协会相比国内的协会有什么特点吗？

13. 参与了什么类型的标准制定？如何看待标准的效果？

14. 贵司与哪些第三方数据监测机构合作？是否有变化如最近停止合作？为什么？

15. 与第三方数据监测机构的合作形式是怎样的？合作中的数据流动是怎样的？

16. 哪个部门或者哪些部门负责与监管层对接？

17. 如何对接和进行日常沟通？沟通是否顺畅？

18. 在正在进行的相关案例中，业务部门、技术部门和政府部门如何联动？

19. 请问您如何看待数据开放、数据应用、数据保护三者的关系？

四、面向广告主的访谈问题

1. 数据在当下的互联网广告投放中占据重要地位，贵司在营销活动中，针对数据体系，进行了哪些布局？

2. 贵司是否建设了营销中台，或者采购了相关的数据技术服务？与谁合作？

3. 贵司是否考虑打通市场部门与销售部门的数据，或者打通线下销售与线上销售的数据？投入如何？

4. 在数据应用方面，组织结构是否有所调整？市场部或者销售部是否专门设定了数据相关的组织？

5. 数据对于公司营销活动的考核是否有影响？

6. 在互联网广告数据的获取方面，贵司如何与各大媒体平台建立起良好的关系？可否列举主要合作的平台予以说明？

7. 如何监测平台或者获得平台的数据？使用什么样的技术方式？

8. 与平台的什么部门对接？

9. 贵司主要与哪些第三方数据监测机构建立合作？您如何看待第三方数据

监测机构在整个互联网广告数据生态中的地位和作用？

10. 贵司与第三方数据监测机构的合作形式是什么样的？是项目式、定期采买，还是有接口形式的合作？

11. 与不同机构的数据合作内容是否不同？

12. 贵司与第三方数据监测机构合作的效果如何？监测结果是否准确？哪家更为准确？出现差异的原因是什么？

13. 近期第三方数据监测机构出现了什么样的变化？为什么？

14. 除第三方数据监测机构外，是否有从其他渠道购买数据？是如何购买的？

15. 当下的互联网广告数据监管趋于收紧，您如何看待这一趋势？

16. 针对监管方面的相关法律法规，贵司正在进行哪些方面的更新和调整？

17. 贵司在互联网广告投放中的隐私保护、数据安全性方面是否有技术的布局？

18. 这些布局是否带来了与媒体平台或者第三方数据监测机构合作的不便利？

19. 在数据治理方面，贵司形成了哪些内外部的合作机制？

五、面向第三方数据监测机构的访谈问题

1. 数据在互联网广告的运行中发挥重要作用，第三方数据监测机构在互联网广告数据生态中占据重要的地位，可否请您介绍近年来贵机构的互联网广告数据监测产品演进思路？

2. 为什么做这样的改进？改进采用了什么样的技术手段（如采集手段、样本范围等）？

3. 改进带来了什么样的效果？

4. 内部部门是否有相应的变动？如何变动和调整？

5. 您能否介绍一下贵机构互联网广告数据监测产品的核心功能？

6. 在互联网广告数据监测方面，贵机构如何与媒体建立良好的关系？遇到过哪些问题？

7. 贵机构如何监测平台？使用什么样的技术方式？

8. 与互联网媒体平台的什么部门对接？

9. 最近有没有发生变化的（不再监测的）平台？为什么发生这样的变化？有无影响？

10. 从广告主的视角出发，您认为目前企业应主要关注互联网广告数据的哪些方面的问题？

11. 贵机构如何予以回应和协助解决这些问题？

12. 贵机构主要与哪些类型的广告主合作？

13. 您认为广告主的关注点都有什么差异？

14. 贵机构与广告主合作的付费方式是什么？

15. 贵机构有没有监测广告效果平台或者电商平台？

16. 如何实现互联网广告的效果分析与流量欺诈的识别？有什么技术手法？

17. 您认为当前在互联网广告数据领域，各方的关系和总体环境呈现出何种特征？

18. 您如何看待行业协会和监管机构在互联网广告数据生态中的作用？

19. 贵机构参与了哪些行业标准的制定？可否请您结合案例介绍相关标准的落地情况和效果？

后　记

　　数据作为新型生产要素，是数字化、网络化、智能化的基础，在驱动经济社会发展中的基础性作用日益凸显，维护数据安全、实现高效能数据治理是发展数字新质生产力的基础支撑与有效保障。高效能的数据治理要在保障数据安全的前提下进行，以推动数据资源有序开发、合法利用，目的是筑牢安全屏障，而非抑制数据开放流动，需注重"数据保护与开发平衡并重"。互联网广告数据治理是一项系统工程，要完善政府负责、行业协同、法治保障、科技支撑的数据治理体系，构建集互联网广告数据治理人才链、数智技术应用链、产业协同链、创新机制链于一体的综合体系，以形成强大的创新驱动力。

　　本书是 2019 年国家社会科学基金项目"中国互联网广告数据治理体系构建研究"（项目编号：19BXW106）最终成果。该选题源于笔者主持完成的 2018 年教育部人文社会科学研究青年基金项目"中国互联网广告行业自我规制研究"，该项目探究了互联网广告在内容生产、传播过程及传播效果衡量方面的失范行为，以及规制措施，研究过程中发现可以继续聚焦其中一类数据应用的问题，开展进一步的研究，基于此，成功申请了国家社会科学基金项目。项目在研期间，笔者围绕该选题发表了《智能广告传播中的数据垄断及敏捷治理》《人工智能营销传播算法偏见与元规制路径研究》《美国互联网广告业自我规制：多元主体与路径选择——以广告数据欺诈防范为切入点》《互联网广告数据治理的智能技术应用——基于防范数据造假的视角》等系列论文，并将研究成果及产业前沿动态融入"数字营销""数字广告创意"等课程的讲授环节，实现了"科研反哺教学"的资源整合应用，本研究成果也得益于笔者多年来坚持的"教研相长、以研促教、于教中研"的理念。

项目研究持续四年时间，并在结项鉴定中获评"良好"等级。本书付梓之际，不胜欣喜。欣喜之余，要对项目组成员送上真挚的谢意，没有他们的支持与努力，本书不可能顺利完成，尤其是中国传媒大学副教授吴殿义，在访谈调研中不辞劳苦，做了大量的工作。感谢学院和系领导给予的帮助和支持，使本书得以出版；感谢商建辉副院长多次为本书的内容框架提出的中肯的指导意见；感谢北京外国语大学何辉教授就出版相关事宜给出的许多可行性建议；感谢北京工业大学教师陈柏霖多次为项目的调研方法与过程提出的宝贵建议；感谢科学出版社王丹编辑对本书所做的细致的校订；特别感谢河北大学新闻传播学院陈瑶、程梦恒、李聪慧、杨洋、汪文静、丁悦、郭冰冰、陈然、崔燚铎同学，他们为本书的资料搜集与整理做了大量贡献，祝愿他们学业有成、工作顺利！最后还要特别感谢一直默默支持我的家人！

本书在撰写过程中参考了大量前期成果和资料，谨向相关研究者表达最诚挚的感谢和敬意！全书撰写力求完善，但受限于自身学力与智识，书中难免存在疏漏和不足，敬请诸君多多批评指正。

张　艳

2024 年 9 月